Elogios a las OPCIONES

"Para mí, siempre es una gran bendición adicional conocer al autor personalmente. ¡En este caso y con Ron James, él es el verdadero negocio! Su historia es estimulante, desafía mi corazón y su historia es un verdadero cambio de página; ya que siempre me pregunto "qué sigue" y "qué pasaría si". No puedo esperar para comprar mis primeras 10 copias y darlas como regalos a mis mejores amigos y ver cómo este libro puede cambiar sus vidas y las Opciones que hacen".
John M. Langel Sr. - compañero de trabajo y amigo

"Ron James ha escrito un libro que tiene un mensaje para cada persona, ya sea que se encuentre en una prisión física o en una prisión hecha a sí misma. El libro de Ron, Opciones, ayuda al lector a aprender de la experiencia de vida de alguien que tomó el camino equivocado y luego descubrió el camino correcto. Me conmovió profundamente la humildad y el profundo deseo de Ron de liberarse de los viejos hábitos y cambiar su vida. Su compromiso de dar fe del poder de Jesucristo para transformar su vida es un sermón en sí mismo. Espero que el libro de Ron, Opciones, se comparta en todas las cárceles de Estados Unidos y que cada prisionero del alma encuentre en él el aire fresco de la liberación".
Dilip R. Abayasekara, Ph.D.
Autor de El camino del genio
Presidente Internacional de Toastmasters, 2005-2006
CEO, Dr. Dilip, LLC

"Ron James es un hombre que sabe de lo que está hablando. Opciones te humillará, te inspirará y marcará una diferencia positiva en tu vida!"
Tracey C. Jones, autora superventas y presidenta de
Tremendos libros de vida

"Lo primero que descubres sobre Ron James, más bien a través del encuentro personal o de sus escritos, es una personalidad increíblemente carismática que está completamente enamorada de la vida. El libro de Ron, Opciones, es un viaje increíble desde las profundidades de la desesperación y la desesperanza hasta las alturas emocionantes de una vida plenamente vivida. La opción es una historia personal convincente que no se puede ignorar: un mensaje inspirador de esperanza y triunfo. ¡El mensaje de Ron está tocando corazones y cambiando vidas! Los lectores de su libro estarán personalmente conmovidos, como lo he estado yo, por el poder transformador del mensaje de Ron James. ¡A través de Opciones ganará una mayor apreciación por las libertades que disfrutamos y un renovado entusiasmo por la vida!"

Russell G. Kulp, Ed.M.
Decano Asociado, Central Penn College
Escuela de Negocios y Comunicaciones

OPCIONES

LECCIONES APRENDIDAS DE UN REINCIDENTE

RONALD L. JAMES
Con prólogo de **ROB JOLLES**

OPCIONES
LECCIONES APRENDIDAS DE UN REINCIDENTE

Derechos de autor © 2022 Ron L James.

Todos los derechos reservados. Ninguna parte de este libro puede ser utilizada o reproducida por ningún medio, gráfico, electrónico o mecánico, incluyendo fotocopias, grabaciones, grabaciones o cualquier sistema de recuperación de almacenamiento de información sin el permiso por escrito del autor, excepto en el caso de citas breves incorporadas en Artículos críticos y reseñas.

ISBN 978-1-945169-96-0

In Partnership with
Ron L. James CHOICES
PO Box 7402
York, PA 17404
&
Orison Publishers, Inc.
PO Box 188
Grantham, PA 17027
717-731-1405
www.OrisonPublishers.com

INTRODUCCIÓN

ESTA AUTOBIOGRAFÍA PROGRESIVAMENTE EXPRESIVA no es un libro instructivo de autoayuda para mantener a uno fuera de la cárcel, ni se trata de delitos, adicciones, abusos, religión, teorías de conspiración ni de hacerse rico. Más bien, es una cuestión de urgencia e importancia: ¿QUIERES IR A LA CÁRCEL HOY MISMO?

Al lector se le presentan vívidas imágenes de las experiencias del autor, sus batallas personales, sus OPCIONES, y las consecuencias y trágicos resultados de esas opciones.

El lector típico puede leer este libro con la intención de juzgar el estilo de vida del autor, con la seguridad comparativa de que lo que le sucedió al autor nunca les sucederá.

Lo que encontrarán son las duras realidades en las similitudes que reflejan sus propias vidas y, si no se abordan, podrían conducirlos por el mismo camino. Se han cambiado algunos nombres para proteger a los que aún viven; sin embargo, la mayoría de los nombrados en este libro lamentablemente han sucumbido a esas duras realidades de vivir la vida en la calle, persiguiendo el sueño de vivir mejor a través de la química moderna ... por así decirlo.

Si otros aprenden de nuestros errores y la salva del dolor que nosotros mismos experimentamos, entonces no todo fue en vano.

Our Daily Bread, 15 de marzo de 2012

AL CRÉDITO DEL AUTOR:

- El autor ha tenido notables experiencias de vida como autoridad en materia de encarcelamiento dentro del sistema penitenciario. Sus experiencias de más de 25 años, habiendo servido en cuatro prisiones estatales, diez cárceles del condado, un hospital estatal y cinco centros de rehabilitación en tres estados, abarcaron los años 1984 a 2012 y le brindan al autor una visión tremenda de la vida en la prisión.

- El objetivo de este encuentro literario es permitir que el lector se identifique con las experiencias y el estilo de vida del autor. Sean buenas o malas a los ojos del lector, estas opciones le hicieron pagar el precio final con su vida y su tiempo. La esperanza es que este libro mantenga a la gente libre, supere todas las expectativas de todo aquel que lo lea, y que se sientan tocados, afectados y cambiados para siempre por los acontecimientos de la vida del autor... y, con suerte, queden impactados de tal manera que consideren sus propias opciones y no se encuentren con las mismas consecuencias indeseables.

- Único y revelador, este libro es detallado, emotivo, divertido, sincero y estimulante. En su lectura, sea de mente abierta sobre el propósito de tomar buenas decisiones de vida al estar informado, equipado, elevado y fortalecido por las lecciones compartidas.

- Gracias y que Dios bendiga a todos los que lean esto y compartan las lecciones aprendidas.

DEDICACIÓN

ESTE LIBRO ESTÁ DEDICADO A MI MADRE

A Miriam Louise Eberhart James (31/05/36 - 19/12/04), mejor conocida por todos como "MiMi". Es el don del amor celestial que posees lo que te permitió soportar las dificultades, el dolor y el sufrimiento que tan inmerecidamente te di. Me viste destruirme a mí mismo con puro egoísmo, pero me amaste a pesar de todo.

Doy gracias a Dios por mis buenos recuerdos de ti. Fue su amabilidad y amor lo que pasó de su corazón al mío, lo que ahora me permite compartir este libro con el mundo. Por siempre te amare.

La segunda persona a la que me gustaría llamar la atención en esta página de dedicación es Jacqualyn Freire. Más conocido por muchos como Jackie. Esta persona dinámica pasó innumerables horas reelaborando y traduciendo este libro del inglés al español. Su esperanza es paralela a la mía en un esfuerzo por ayudar a cada lector a hacer de su próxima elección su mejor opción. Gracias Jackie por ser tú. Comuníquese con Jacqualyn Freire si necesita su ayuda en jackievfreire@gmail.com

AGRADECIMIENTOS Y GRACIAS ESPECIALES

PRIMERO DE TODO, A los amigos y familiares que creyeron en mí y vieron algo bueno en mí a través de todo mi desastre, este libro es un reflejo de su esperanza durante mi viaje de más de 25 años.

Para mi mentor, maestro y amigo, Robert L. Jolles ... cuyas habilidades persuasivas me motivaron e influenciaron para escribir este libro. Comenzó con tres palabras simples ... "Escribir es escribir" ... y me animó a tomarlo desde allí y, por eso, estaré eternamente agradecido. Este libro está dedicado a ti y a tu amistad especial. Nos vemos en el hoyo. Además, gracias especiales a Wanda Clayton por su talento para escribir mi manuscrito.

Mi cuñado, George A. Rucker (entrenador) ... quien me permitió la oportunidad de llenar los zapatos de su hermano en su ausencia y, sin dudas, sabía que llegaría este día. Siempre serás "Entrenador" para mí, y muchas gracias a ti.

A mis hermanos, John, Lori, Marsan y Susan ... a quienes agradezco su apoyo y nunca me negué a renunciar a mí. Lori, mi corazón está con usted por posicionarse en mi nombre sin importar las circunstancias; Estoy eternamente agradecido Mi DIVA, Ottamissiah (Missy) Moore ... se han tenido muchas amistades a lo largo de los años, pero ninguna se ha acercado a la armonía incondicional que compartimos. Viste esta historia mucho antes de que fuera escrita porque (no es de extrañar) eso es lo que haces.

A mis amigos Thomas Armstrong, David Artist, Thelma V. Brosko, Lisa Bankert-Buck, el capellán Drew Degier, John Hill, Larry Neff, Amanda Hipple, mis hermanos espirituales John Langel, Steve Sands y Keith Sultzbaugh, y a Elliott Pinkcus ... todos de los cuales me han ayudado a realizar mis dones y talentos como líder. Su amistad continua, oraciones y creencia en mis habilidades me permitirán alcanzar constantemente niveles más altos.

Para mi hija, Lanaya James ... que soportó crecer sin mí a través de sus años jóvenes. Me has dado la esperanza de ser el mejor padre que una hija tendría en esta temporada y las que vendrán.

Y finalmente, para mi futura esposa y familia ... si la información revelada no los aleja, espero compartir, dar y satisfacer todas sus necesidades ... desinteresadamente ... para toda nuestra vida.

PD Mi futura esposa ... la conocí y nos casamos 21 de septiembre de 2013, ¡incluso DESPUÉS de que ella leyó el libro!

PREFACIO

ROBERT L. JOLLES

Opciones. Qué título tan sencillo y apropiado para este libro. El cómico Buddy Hackett dijo una vez: "De niño, el menú de mi familia consistía en dos opciones: tómalo o déjalo". Optar suena muy fácil, pero la verdad es que tomar la decisión correcta es cualquier cosa menos fácil.

Ron James es mi amigo. Tomé esta decisión hace años. Tomé esa decisión sin hablar con él, verlo o saber mucho sobre él. Tomé esa decisión leyendo una carta que me envió desde la prisión.

Cuando la carta de Ron llegó a mi escritorio, de inmediato, me llamó la atención. Aunque puedo recibir más de cien correos electrónicos al día, no había recibido una carta escrita a mano en años. Ron tomó la decisión de escribirlo, y yo decidí leerlo ... cuidadosamente.

Esa carta, y las muchas letras que siguieron, cambiaron el destino de no una, sino dos personas. Cuantas más cartas leía de Ron, más sentía que había una historia más profunda que Ron necesitaba contar.

En mi vida, he asesorado a muchas personas que tienen esperanzas y sueños de escribir un libro. En algún momento, tienes que superar el sueño de escribir un libro y hacerlo realidad. Tienes que poner las manos en el teclado de una computadora y hacerlo.

En una de mis cartas a Ron, descarté la idea de escribiendo su propio libro. Le envié esta cita para ayudarlo en su camino:

> Planear escribir no es escribir.
> Pensar en escribir no es escribir.
> Hablar de escribir no es escribir.
> Investigar y delinear para escribir no es escribir.
> Nada de esto es escribir.
> Escribir es escribir.

La mayoría elige no seguir adelante, pero Ron tomó una decisión diferente. Eligió poner ese poema en su pared, mantenerse fiel a su sueño, contar su historia y escribir su libro. No podía darse el lujo de sentarse frente a una computadora, configurar archivos y manipular el texto a medida que avanzaba. A Ron James le dieron papel y un bolígrafo, y comenzó a escribir ... ¡oh, este hombre escribió! Diez páginas crecieron a cincuenta y luego a cien páginas. Superó quinientas, y luego mil páginas.

Finalmente, recibí una carta de Ron diciéndome que había terminado el primer borrador de su libro. Aparentemente, revisó muchos bolígrafos, usó una gran cantidad de papel y se perdió mucho "tiempo de yarda" al escribir en su celda porque su primer borrador tenía exactamente 1.825 páginas.

Cuando a regañadientes le informé a Ron que tendría que acortar esto un poco, tomó otra decisión. Decidió seguir trabajando y editó ese manuscrito.

Para la mayoría de los que escriben, editar significa copiar y pegar, mover texto por aquí y por allá en la pantalla de una computadora e ingresar bits y piezas según sea necesario. Sin embargo, para Ron, significaba estudiar lo que había escrito y volver a escribirlo. Trabajando cuidadosamente su manuscrito existente, lo reescribió. Luego lo reescribió nuevamente y, finalmente, lo redujo a solo 538 páginas. Yo debería saber; me lo envió por correo, y cuando necesito inspirarme, lo miro. No solo pienso en el texto en la mano; Pienso en las más de 3.000 páginas de autodescubrimiento para llegar a este punto.

Claramente, Ron James decidió moler, trabajar y no darse por vencido porque tenía una historia que quería que escucharas. De hecho, ha creado una descripción poderosa de las décadas de elecciones de vida que ha hecho: algunas buenas y otras no tan buenas, y las consecuencias que vinieron con esas elecciones. Vivió esas elecciones y durante sus veinte años de encarcelamiento, tuvo un asiento en primera fila que le permitió ver el impacto de estas elecciones. Su sincera pasión es ayudar a los demás enseñándole lo que ha aprendido.

Al buscar el significado en las elecciones que ha hecho, él ha evolucionado de un hombre de pensamiento a un hombre de acción. Al buscar el significado en su vida, tomó la decisión de convertirse en un hombre de fe y trabajar duro para ser un mejor hombre todos los días. Al buscar una manera de ayudar a otros, tomó la decisión de hacer una crónica de estas elecciones. No hizo esto porque quería descargar su alma; lo hizo porque quería ayudar a otros a aprender de estas elecciones.

Esta es una historia sobre un hombre que ha elegido un nuevo camino. Es un camino de redención y es un camino de auto-divulgación. Él ha elegido este camino porque su último deseo no es solo decirte lo que ha hecho o lo que tiene la intención de hacer. Él ha elegido este camino porque, a través de estas páginas, tiene un sincero deseo de acercarse y ayudarlo con sus elecciones.

Siempre he creído que la sabiduría consiste en tres cosas: éxito, fracaso y conocimiento consciente de las lecciones aprendidas de cada uno. Si a lo largo de tu vida solo has tenido éxito, te considero una persona afortunada, pero no necesariamente una persona sabia. Si a lo largo de tu vida solo has conocido un fracaso, te consideraría una persona menos afortunada, pero no necesariamente una persona sabia. Sin embargo, si ha experimentado tanto el éxito como el fracaso, y puede articular lo que ha aprendido, lo consideraría una persona sabia.

Ron James es una persona muy sabia y se convirtió en una persona sabia de la única manera que sabía cómo: se lo ganó. No viviendo una vida de éxito y fracaso, sino documentando, analizando y aprendiendo de la vida que ha vivido.

El poeta George Herbert escribió una vez: "La respuesta más corta es hacer". El viaje que está a punto de emprender, mientras lee las palabras de Ron James, refleja ese mismo sentimiento.

En una celda de la prisión, con lápiz y papel en la mano, Ron fue más allá del sueño de escribir un libro y ayudar a otros a aprender sobre mejores opciones. Actuó en este sueño y ahora, a través de sus palabras y su sabiduría, extiende su mano y ofrece ayudarlo con las decisiones que pueda tomar. Agarra esa mano y escucha sus palabras. Vienen de un hombre, un hombre muy sabio, que sabe acerca de elecciones.

CONTENIDO

INTRODUCCIÓN v
DEDICACIÓN ix
AGRADECIMIENTOS Y GRACIAS ESPECIALES xi
PREFACIO xiii
PREFACIO xix
MEJOR xxiii

OPCIÓN UNO
    SUEÑO 1

OPCIÓN DOS
    YO 37

OPCIÓN TRES
    YO, YO MISMO y YO 63

OPCIÓN CUATRO
    GYPSY 91

OPCIÓN CINCO
    MAGGIE MAE 131

OPCIÓN SEIS
    PRINCESA D 177

OPCIÓN SIETE
    LATANYA 227

OPCIÓN OCHO
   YO, MISMO Y YO ... OTRA VEZ 231
OPCIÓN NUEVE
   EL REY 243
OPCIÓN DIEZ
   CONCLUSIÓN DE LAS OPCIONES 251

PREFACIO

He oído decir que la locura está haciendo lo mismo una y otra vez y esperando resultados diferentes. Siento disentir. Esta declaración suena profunda viniendo de aquellos que reclaman su propia cordura. Mi opinión sobre la locura es hacer lo mismo una y otra vez y esperar exactamente lo que sucedería, asumir el resultado y hacerlo de todos modos. Loco, ¿verdad? Yo no estoy tan seguro.

Si echas un vistazo a algunos de los mejores hombres y mujeres que alguna vez caminaron por la tierra, como la Madre Teresa, Thurgood Marshall, Albert Einstein, George Washington Carver y Steve Jobs, solo por nombrar algunos, se los consideraba personas brillantes: genios por derecho propio. Tenían un deseo interno de seguir adelante a pesar del odio, los fracasos, los desafíos, la oposición y la sabiduría convencional, incluso a pesar de la cordura. Algo en el interior los impulsó a seguir adelante y no rendirse. Comparto ese impulso interno con aquellos en grandeza, que es la delgada línea entre la locura y mi propio genio.

Hablando francamente, a lo largo de los años me permití convertirme en el mono de investigación o en un muñeco de prueba de choque con un estilo de vida increíblemente egoísta que de otro modo me hubiera dejado por muerto. A medida que lea las consecuencias de mis acciones a lo largo de este libro, comenzará a comprender que he pasado suficiente tiempo en las instalaciones de la prisión para pasar la prueba y convertirme en ese mono o muñeco certificado.

Opciones no es simplemente un título, sino una evidencia del hecho viviente. He pasado más de 25 años de mi vida encarcelado ... lo que significa que me confinaron, caminé, comí, dormí y me desperté en cárceles, prisiones o instalaciones correccionales de alguna forma todos los días durante un período acumulado de 25 años.

No se corrió al distribuidor por una caja de cerveza con los muchachos, ningún viaje a la tienda de comestibles cuando tenían hambre, no entregaban pizza el día del juego, no salían de noche con sus amigos a ver la última película clasificada R, no pasaban el tiempo después de la escuela, no tenían actividades extracurriculares, y ciertamente no tenían celular Teléfonos a tener!

Mis experiencias serán compartidas para ayudar a los lectores, jóvenes y viejos por igual, personas de todas las etnias y credos, delincuentes por primera vez, hombres y mujeres endurecidos, y aquellos que quizás nunca vean la luz del día para no cometer los mismos errores que cometí ... o al menos para tomar mejores decisiones una vez que se lanzan.

Independientemente de tu situación, tu próximo movimiento puede ser tu mejor movimiento: debes confiar en Dios en todos los aspectos de tu vida y experimentarás una vida más grande de lo que jamás imaginaste.

Este libro comenzará con una pregunta e irónicamente terminará con la misma pregunta. Serás el factor decisivo en la respuesta. Entonces pregúntate: "¿Quieres ir a la cárcel hoy?"

Si su respuesta fue afirmativa, al menos está seguro en el hecho de que si continúa haciendo lo que está haciendo actualmente, o saliendo con amigos que le dicen que está bien y que no lo atraparán, es probable que termine en un lugar no tan familiar, sentado dentro de una celda fría de cemento de hormigón o bloque de cemento de 9 'x 9', o agujero, para aquellos que ya están encarcelados, con un lavabo de acero y un inodoro que se compartirá con su 'celie' de quién sabe qué parte del país, y se fue a sus propios dispositivos.

Si su respuesta a la pregunta fue no, es más probable siendo sincero Mi declaración para usted es que si alguna de sus acciones o estilo de vida refleja alguna parte de violar la ley, existe la posibilidad de que pueda terminar en la cárcel ... a menos que cambie sus acciones y estilo de vida.

Mi sugerencia para usted es comenzar ahora tomando mejores decisiones porque todas las acciones producen consecuencias, ya sean buenas o malas, y espero que todos los que lean que su vida esté llena de buenas consecuencias.

La locura, a los efectos de este libro, irá a la cárcel cuando no sea necesario. Quiero ahorrarte el tiempo; Te ruego que no cometas el crimen. La vida es mucho más agradable sin la carga del encarcelamiento.

MEJOR

POEMA DE: MIRIAM 'MIMI' JAMES

Bueno mejor mejor,
que nunca descanses
Hasta que lo bueno mejore
y lo mejor mejor

"Nacemos con un valor innato que a veces nunca puede ser disminuido por nadie más; valorarse lo suficiente como para actuar en su propio mejor interés ".
-Mary Steffy

"Planear escribir no es escribir. Pensar en escribir no es escribir. Hablar de escribir no es escribir. Investigar y delinear para escribir no es escribir. Nada de esto es escribir; escribir es escribir".
-Robert L. Jolles

OPCIÓN UNO
SUEÑO

Hubo una gran cantidad de eventos antes de que realmente pusiera la tinta en el papel y decidiera escribir este libro. Ninguno fue tan revelador como la declaración de apertura que acaba de leer. "Escribir es escribir" son las tres palabras que cobraron vida solo después de que decidí ponerlas en práctica y luego en papel. Llámalo desarrollo divino si quieres. Para poder alcanzar esta etapa en mi vida y procesar cada evento de la manera en que lo hice, tuvieron que ocurrir varias cosas: primero, tuve que examinar toda mi vida y sus años de creencias falsas. Tuve que deshacerme de lo que no funcionaba y reemplazarlo con nueva información que creara una nueva mentalidad en la forma en que ahora hago las cosas. En otras palabras, piensa en nuevo y actúa de nuevo.

Cómo percibo y recibo información ahora dicta el resultado de eventos que creo para mí mismo. Las cosas externas que me influenciaron fueron mi madre, mi padre, mi familia y mis amigos, el vecindario donde crecí, las escuelas a las que asistí y ese importante primer beso, pero todos me dejaron con la pregunta de lo que vendría después.

Además, las cosas internas que tuve dificultades procesamiento, cosas como sentimientos, rechazo o vergüenza y abandono, junto con esos factores externos han jugado un papel importante en mi desarrollo. Estos factores han llegado a ser en quién me he convertido ... el Ronald Lloyd James de hoy.

Nos guste o no, lo aceptemos o no, parecería que cada evento en nuestras vidas tiene el potencial de conectarnos con lo que seremos. Mi pregunta para usted es: "¿Tu encuentro con este libro cambiará tu vida?" A medida que siga leyendo, el tiempo lo dirá.

En el mundo de la justicia penal, existe una cosa llamada Ciencia Forense, que ayuda a los investigadores a resolver crímenes. Los expertos dicen que es científicamente imposible que dos seres humanos entren en contacto y no se vean afectados entre sí. Creo que esto es cierto, pero aún más en el ámbito espiritual. De alguna manera, cada evento, ya sea por razones o situaciones complejas, nos afecta de una forma u otra. Todo parece importar, desde el encuentro más trivial hasta la experiencia más profunda. Todo importa, y mi nacimiento ocupa un lugar intermedio.

Nacido el 16 de junio de 1962, era un niño amamantado y, después de alimentarme, me pusieron en una cuna, una moisés o, a veces, me acurruqué en los brazos de alguien. Esto era común para que la madre tomara un descanso o tuviera tiempo para hacer cosas maternas.

La mayoría de las veces, mi sueño fue de corta duración ya que era un bebé activo tanto en la mente como en el cuerpo, y a menudo me quedaba despierto y lloraba ... tanto que mi madre me seguía amamantando. La alimentación de los gritos era el ciclo repetido la mayoría de las veces porque quería su afecto hasta que finalmente me desmayara y durmiera.

Quería que me recogieran y abrazaran cada vez que lloraba, y se resolvió alimentándome. Mamá determinó que solo era codiciosa, así que dejó de amamantar y me colocó en el biberón.

¿Cómo podría alguien saber que mi verdadera necesidad de afecto era satisfacer una sustancia ... la leche ... y que era algo de lo que nunca podría tener suficiente? Este evento estuvo tan arraigado que me llevó toda una vida descubrir y resolver mis problemas reales.

Todo comenzó en 59th y Lansdowne Avenue en West Philly. Un dúplex llamado hogar con una familia que ya existe. Mi hermano mayor, John, lleva el nombre de mi padre y era cinco años mayor que yo, y él era mi ídolo. Unos 20 meses después de mi llegada, nació mi hermana Lori. Ella era mi ángel, y cariñosamente llamaba Bibba ... "¡Houston, tenemos un problema!" ... Ahora mi madre tuvo que lidiar con dos bebés, la alimentación se hizo territorial y tuvimos que tratar de llegar a un acuerdo.

Durante los últimos 20 meses, se trató de Ron James. Cada botella bajo ese techo estaba destinada a una persona, ¡YO! Ya era bastante malo que mi madre me sacara del pecho y me llamara codicioso, ahora tenía que compartir el tiempo y la leche con un extraño. Dale el pecho y yo tomaré los biberones.

Un día, mientras Bibba se alimentaba, me encontré cometiendo mi primera ofensa. Tenía menos de 2 años y estaba rompiendo y entrando en la cuna de mi hermana porque descubrí que ella tenía algo que quería; Estaba en una misión para conseguirlo. Entré en acción con su botella en la mira y procedí a subir y subir a su cuna.

En cuestión de segundos, tuve la preciada posesión en mi boca cuando, de repente, mi hermana comenzó a llorar. Tenía que encontrar una manera de cubrir mis huellas y apaciguar a la víctima, así que agarré lo más cercano que pude conseguir y fue una pluma. Se lo metí en la boca y la silenció. Pensamiento rápido de mi parte, o eso pensé, pero este solo acto de complacer mis propios deseos casi mata a mi hermana. No pasó mucho tiempo antes de que ella comenzara a vomitar, ahogarse y jadear por aire. La alarma sonó cuando ella comenzó a llorar y mi madre vino al rescate.

El siguiente encuentro de "todo sobre mí" fue el domingo de Pascua de 1964. Mi madre me había engalanado con un traje amarillo y beige con un sombrero a juego. Estábamos todos camino a la iglesia esa mañana cuando ella estaba distraída por algo que necesitaba su atención inmediata.

Así que allí estaba, dejado en el sofá de la sala, todos vestidos sin ningún lugar a donde ir. Decidí dar un pequeño paseo. Agarré mi silla alta y la empujé contra la puerta principal. Subí, abrí la puerta, abrí el cerrojo y solté la cadena. ¡No tenía exactamente dos años y era libre! ¡Gratis por fin!

Lo hice afuera y calle abajo. Sin embargo, mi libertad fue de corta duración, ya que uno de nuestros vecinos pronto me descubrió y me vio jugando en el callejón al lado de su casa. El vecino llamó inmediatamente a mi madre por teléfono para alertarla.

Encontré una lata de pintura a base de aceite, la abrí y luego comencé a agregar diseños negros a mi traje. Cuando mi madre se acercó, supe que algo andaba mal cuando comenzó a gritar: "¡Oh, no!" Cuando apareció, la saludé con una gran sonrisa. Mientras estaba en mi traje amarillo y beige con mis diseños recién pintados, mamá no estaba enojada, estaba agradecida de que estuviera bien y no había pasado nada peor, como salir al tráfico y ser atropellado por un automóvil.

Años después, la vi alabar a Dios con alegría mientras compartía esta historia conmigo y su sonrisa llorosa lo decía todo. Mi mamá nunca dijo que fuera malo; mis acciones solo se explicaron como traviesas o traviesas.

Llámalo como quieras, no importa lo que hice, siempre recibí algún tipo de atención. La atención fue todo lo que siempre quise y aprendí a una edad temprana cómo leer el lenguaje corporal de mi madre para obtener la mayor atención posible. Estaba en sintonía con cada movimiento y todas sus expresiones faciales. Cuando hice algo mal, ella era amorosa y siempre rápida con la disciplina. Cuando hice algo bien, ¡no pude detener la atención que me prestó y me encantó!

Un día estaba con mamá en una de las tiendas del vecindario en Lansdowne Avenue. ¡Tenía cuatro años y era lo suficientemente inteligente como para saber que meter un montón de pescado rojo gomoso en mi boca y bolsillos sin preguntar estaba mal!

La apariencia de mi madre podría cortarte como un cuchillo. Su disciplina comenzaría con la "mirada de muerte"... todos ustedes saben de quién estoy hablando. Primero, ella fijaría ambos ojos en su objetivo (en la mayoría de los casos, era yo), luego, oh, muy lentamente y con precisión, sus ojos establecerían una conexión que se registraría directamente en su alma. En segundo lugar, su ojo derecho se acercaría un poco a los ojos y esta mirada era muy sutil y distinta. Finalmente, si de alguna manera te lo perdiste y no lo entendiste, entonces su ojo izquierdo se abriría ligeramente y te miraría. En este punto, ¡sabías que te esperabas!

Ahora todo esto se hizo en unos segundos, lo que significa... solo para tus ojos. La mayoría de las veces recibía el mensaje y me enderezaba; Sin embargo, este día estaba demasiado lejos. Estaba tan atrapado en disfrutar el sabor de mis peces gomosos que su siguiente movimiento fue un rápido golpe en mi trasero; Fue entonces cuando supe que algo andaba mal. Ella me explicó delante del dueño que estaba mal robar. Dije que entendía, pero de alguna manera me perdí el mensaje de vida de todo el encuentro.

Por esta misma época, tuve mi primera experiencia con el alcohol. Un día después de que mis padres entretuvieron a amigos y familiares, mi madre descubrió que tenía cenizas de cigarrillos en toda la boca. Estaba ayudando a limpiar terminando las cervezas sobrantes que todavía estaban en la mesa de café. Poco sabía que esas botellas se habían convertido en ceniceros para que nuestros invitados apagaran sus cigarrillos. Mi mamá no estaba enojada porque yo era inocente en mis acciones, y quedé satisfecho después de recibir su atención y afecto. Ella me dejó pasar en sus brazos para dormir.

El nombre de mi padre era Johnny Boy, conocido como el rey del castillo que era un agresivo empresario / estafador del norte de Filadelfia. Él no completó el sexto grado, pero nunca hubieras sabido esto cuando hablas con él. El obsequio de gab de mi padre podría darle una oportunidad al presidente Barack Obama.

Su imperio fue fundado en el buen trabajo duro de los viejos estadounidenses. A la edad de 21 años, adquirió su primer garaje, su negocio creció y eventualmente se convirtió en propietario de dos estaciones de servicio en la ciudad. Compró nuestra casa en Wanamaker Street con media cuadra de espacios de almacenamiento de alquiler y estacionamientos con una tienda de autos.

Nuestra casa era un hermoso edificio de dos pisos con cara de estuco blanco, comúnmente conocido como "La Casa Blanca". Fui a una escuela privada llamada Christ Memorial Parrish ubicada en el oeste de Filadelfia, que era una escuela multicultural con una mezcla étnica de niños asiáticos, negros, hispanos y blancos. Algunos niños tuvieron problemas para adaptarse a la escuela. Algunos lloraban por sus padres y querían irse a casa y otros se meaban en los pantalones porque olvidaron decirle a la maestra que tenían que ir al baño.

Sin embargo, como la mayoría de mis compañeros, tenía una vida escolar diaria normal. Hubo aprendizaje visual, siesta, almuerzo y juegos. Estaba bien ajustado en su mayor parte. Tuvimos un matón de clase, pero no me importó pelear o arrojar mi peso. Había una regla impuesta en mi cabeza por mis dos padres y que decía: "¡Ronnie, no debes pelear!"

Un día, cuando el matón de la sala de clase decidió ponerme las manos encima golpeándome repetidamente en el pecho, solo me contuvieron las palabras de mis padres, que resonaron en mi alma mientras se llevaban a cabo sus acciones sobre mí. Cuando llegué a casa, le conté a mi madre sobre el incidente. Ella me sentó y comenzó a explicarme que no quería que me metiera en problemas al comenzar peleas ... PERO si me metía en algo por alguien más, estaba bien que me defendiera.

¡Oh muchacho, eso cambió las reglas o qué! A partir de ese momento, intenté justificar mis acciones mientras manipulaba a otros para que creyeran que era una víctima, pero en realidad nunca lo fui. Causé la mayoría de las situaciones en las que me metí y solo confesé las cosas cuando estaba en una esquina.

Cada día una pequeña camioneta me recogía en la puerta de entrada y me llevaba a la escuela. Fue durante uno de estos viajes que tuve mi primer encuentro con uno mismo. Escuché una voz pequeña, muy sutil y clara hablar, "Ron, ¿por qué estás aquí?" No estaba seguro y no tenía idea de cómo responder esa pregunta. Mientras la camioneta seguía moviéndose, miré por la ventana y noté que la vida parecía tener un significado diferente en ese punto, y me di cuenta de que había algo especial en mí. Sintiendo que nací para hacer grandes cosas, la vida de repente se hizo más grande de lo que era. Las cosas y las personas importaban, sin embargo, me preguntaba de qué se trataba la vida y qué tenía que ver con eso.

A medida que crecía, comencé a notar que a mi madre ya no le preocupaba si confesaba o no cualquier fechoría. Ella se convirtió en jueza y jurado mientras hacía alianzas con objetos domésticos para disciplinarme.

Ahora, debes entender que crecí en la era de los sesenta, lo que significa que, si fuiste irrespetuoso o hiciste algo mal, tus vecinos podrían disciplinarte. Luego te llevaron a casa con tu madre, quien probablemente se saldría con la tuya ... seguido de tu padre, que volvería a casa después de un largo día de trabajo, dejándote lidiar con la peor parte de sus frustraciones.

En la era de hoy, mi madre estaría sentada al norte del estado con un número, en lugar de su nombre, por las palizas que administraba. "¿POR QUÉ?" usted puede preguntar ... porque ella agarraría cualquier cosa que estuviera al alcance y dispararía a mi trasero, incluidas cucharas de madera, espátulas o un periódico o revista enrollado.

¡Ah, sí! No olvidemos el objeto doméstico más temido conocido por todos los niños de los años sesenta como el campeón indiscutible ... La encuesta dice ... ¡EL CABLE DE EXTENSIÓN! Woo wee, apostaste tu dulce trasero, si alguna vez viviste uno de esos eventos, ¡saldrías de él con todo tipo de verdugones y cicatrices de batalla para probarlo! Aprendí rápidamente a respetar el cable de extensión y la furia de la persona que lo controlaba, y, como siempre, lo descubrí por las malas.

Mamá me sorprendió haciendo algo fuera de orden, el veredicto siempre fue "culpable". Antes de ser sentenciado y castigado por el cable de extensión, hice todo lo que estaba en mi poder para salir del peligro. ¡Me aferré a ese cable por mi querida vida! Corrí, grité, lloré, mentí y le supliqué que lo reconsiderara, pero NADA importaba. Mi madre entró en modo de combate con los eventos comenzando como una escena de la película The Matrix. Mi cuerpo tenía movimientos, pero a diferencia de la cámara lenta, no podía seguir el ritmo y mamá estaba en la zona y se estaba saliendo con la suya.

Pude tomar un descanso y grité "¡Mamá, golpeaste a mi skeeter"! (partes privadas) y ella se detuvo. Funcionó ... mi mentira funcionó ... ¡o eso pensé! Mientras agarraba la parte entre mis piernas que supuestamente golpeó, dijo con su dulce voz: "Mueve tus manos para que pueda ver". Ella no compró mi juego ni la disciplina terminó allí. Esta pausa solo le dio un segundo aliento, y cuando lo consiguió, comenzó a balancearse nuevamente. Después de unos cuantos columpios más, se detuvo. Esas palizas solo duran unos minutos, ¡pero parecían una eternidad!

Mamá siempre insistió en que debía ser cortés y me indicó que ejerza un buen comportamiento frente a los demás. Cuando alguien me habló, siempre debería responder. Me enseñaron a decir "No señor, sí señor" o "No señora, sí señora". Me enseñaron cómo abrir las puertas para las personas, especialmente para los ancianos y las mujeres, guardar los comestibles, vaciar la basura, limpiarme y ayudar a mi madre con mis tres hermanas menores: Lori, Marsan y Susan. Disfruté haciendo estas cosas y las hice bien, siempre con una sonrisa. Como resultado, fui recompensado con elogios o, a veces, pequeños obsequios.

Por otro lado, y a diferencia de mi madre, los hombres de la familia eran "buscadores". No tuvieron problemas persiguiendo un dólar. La mayoría de los hombres de nuestra familia estaban asociados con algún tipo de delito, desde la distribución principal de drogas hasta los números corrientes y todo lo demás. Llámalo una gran cantidad de criminales si quieres. Hubo miembros de pandillas callejeras, hombres de la calle, ladrones de bancos, artistas de flim flam, drogadictos, traficantes y gángsters. ¡Qué cartera!

Una parte importante de mi vida fue formada por el sistema de creencias hablado (y no hablado) que fue administrado y exhibido entre mi familia. ¿En qué momento los miembros de mi familia aceptaron fácilmente la actividad criminal? No estoy seguro, pero lo que encontré interesante fue el aspecto significativo del problema. Tenía que ver con la mentalidad de los hombres de la familia que perseguían el dólar y las mujeres que gastaban esos dólares. La actitud de mi familia fue "obtener el dinero primero, y nos ocuparemos de lo que venga después".

En algún momento, desarrollé una mentalidad para desafiar el sistema y los responsables. Entre las edades de seis y ocho años, comencé a arriesgarme incluso si traía dolor o vergüenza ... tanto, que estaba dispuesto a ir en contra de "El hombre".

Recuerdo que un día en particular, elegí a un oficial de policía para ser el peor de mis bromas. Conducía por nuestra calle con las ventanas bajadas y comencé a golpearlo con un aluvión de palabras que comenzaron con las letras M, F, B y P. Un marinero puede haber apreciado mi nueva jerga, pero el oficial ciertamente lo hizo. no. Detuvo su patrulla y salió.

Esta figura grande, de corte limpio y aspecto abuelo de un hombre irlandés en uniforme se paró sobre mí con placa y pistola. Su superioridad, estatura y autoridad eran evidentes y la postura de su cuerpo y tono en su voz exigía respeto. Hasta este momento, pensé que mi madre era la única persona en la tierra que poseía la "mirada de muerte", pero me equivoqué, y después de una severa conferencia me colocó en la parte trasera de su patrulla. Lo único que me pasaba por la cabeza era: "Por favor, no dejen que mis padres descubran lo que acaba de suceder".

Entré en mi modo de supervivencia. Aprender este tipo de pensamiento podría activarse y desactivarse a voluntad, se convirtió en una poderosa herramienta de manipulación y se convirtió en parte de mi personalidad. Cambié y me volví muy cordial, ajusté mi actitud y respondí todas las preguntas del oficial con un "Sí señor, no señor". Después de que terminó, me disculpé y funcionó. Unos minutos más tarde, abrió la puerta y me dejó ir.

Mirando las cosas en retrospectiva, me pregunto si los eventos de mi vida hubieran sido diferentes si esta hubiera sido la última vez que estaba en la parte trasera de un auto de la policía. ¿Qué estaba haciendo? ¿Realmente funcionó? ¿Con quién me estaba pasando? ¿La broma fue realmente tuya después de todos estos años?

No importa a dónde fui, mis problemas parecen seguirme. Una tarde, uno de los chicos del vecindario y yo estábamos jugando frente a la casa de mis abuelos. Él y yo comenzamos un juego de insultos y decidió decir algo sobre mi madre. Yo era demasiado protector con mi madre y, en esos días, nadie dijo nada sobre la madre de alguien a menos que estuvieran listos para confundirlo. Todo lo que hizo fue asociar a mi madre con una hormiga, ¡SÍ, una hormiga!

Su momento no podría haber sido peor. En ese mismo momento, mi abuelo estaba conduciendo por la calle y en el asiento del pasajero delantero, estaba mi madre sentada con su sonrisa sureña. Lo único que pude procesar en mi mente fue que este chico acaba de decir algo que no entendí, pero eso me enfureció. No me sentó bien y me sentí desafiado, así que me puse a trabajar saltando sobre él a cuatro patas; Tuve la ventaja de jugar en casa con mamá y mi abuelo como público. Me desempeñé bastante bien levantándolo, y cuando mi ahora ex amigo entró en aturdimiento, mi madre saltó del auto.

Me detuvo y me arrastró al porche de mi abuelo. Ella exigió saber de qué se trataba la pelea y luego preguntó: "¿No es él tu amigo?" Cuando se detuvo para escuchar mi respuesta, le dije: "¡Este tipo te llamó perra!" Su reacción a lo que dije fue más sorprendente que la mentira que le dije a este tipo. Ella dijo: "¿Qué? ¡La próxima vez patea su maldito trasero! Mamá habló en un tono de voz que claramente significaba negocios, y luego fui aplaudido como un héroe.

Mi madre era amable, cálida y amable, y afectuosamente conocida por todos como Mimi. Su disposición era aguda y aguda; ella era entretenida y brillante, sus palabras sabrosas y encantadoras. Sin embargo, ella te maldeciría en un abrir y cerrar de ojos si alguna vez tomaras su amabilidad por debilidad o te metieras con alguno de sus cinco hijos, especialmente conmigo.

Ahora que era un héroe y en las buenas gracias de mamá, sentí que no podía equivocarme. Comencé a creer en mis propias mentiras cada vez menos sobre la verdad absoluta, asumiendo el concepto de que estaba bien ser engañoso para salir de situaciones difíciles ... o cualquier otra cosa.

Mentir se volvió automático, naturalmente diciendo lo que se le ocurrió. La parte preocupante es que mi deshonestidad se convirtió en mi forma normal de pensar. Esta mentalidad me colocó en un curso intensivo autodestructivo que comienza con el engaño, el robo y la ocultación de elementos que no quería encontrar.

Creé un lugar escondido en mi baúl de juguetes ubicado en el sótano de nuestra familia para ocultar mis secretos más valiosos. En lo profundo del cofre de madera contenía una de mis posesiones más preciadas. Esperaría hasta que todos estuvieran preocupados y luego me arrastraría hasta el sótano para revisar mi alijo. Después de llegar al banco, levantaba la tapa y sacaba mis juguetes uno por uno para descubrir mi premio.

Era como si estuviera cavando en busca de un tesoro escondido. Cuando saqué el último juguete del cofre, noté que mi cuerpo comenzó a cambiar con anticipación y emoción, lo que provocó que un subidón me alcanzara. Mi corazón latía rápido y mis oídos resonaban con el sonido de mi respiración jadeante. Cuando levanté el botín a la superficie, me sentí sexualmente estimulado. Ahí estaba, mis ojos fijos en la fruta prohibida ... ¡una revista porno que encontré mientras hurgaba en la basura de alguien en nuestra cuadra!

No importa cuántas veces pase las páginas, las imágenes siempre proporcionan algo nuevo. Disfruté viendo la variedad de mujeres hermosas y, mientras sus imágenes se quemaban profundamente en mi mente y alma, parecía que nunca podría tener suficiente. Allí me senté, observando intensamente cada parte de su cuerpo, desde el color de su cabello hasta el esmalte de uñas. Cuando tuve suficiente, volví a colocar la revista en mi escondite tan cuidadosamente como la saqué. Sabía que estaría en grandes problemas si mi padre alguna vez encontraba esto. Hablando de papá ...

Mi padre era dueño de una estación Sunoco en 54th y Parkside Avenue en West Philadelphia. También era propietario de una estación Exxon en Market Street en Wilmington, Delaware. Su última compra fue una estación de servicio móvil en la ruta 309 en Montgomeryville, PA. También era dueño de la propiedad en Wanamaker, un bar, dos tiendas, la Casa Blanca y los garajes, ¡y todo esto es increíble para un hombre que nunca completó el sexto grado! Quería acercarse a su nuevo establecimiento en Montgomeryville, por lo que compró una nueva casa de cuatro dormitorios en medio de un nuevo desarrollo construido por Haggie Developers llamado Pennwood Gardens. Encontré que mudarme estaba muy emocionado con todo el embalaje, la limpieza y el encajonamiento del camión U-Haul.

Mi emoción se detuvo cuando mi papá descubrió mi tesoro escondido. ¡SI! La revista porno había sido descubierta ... ¡Vaya, estaba en problemas ahora! Los dos padres me azotaron fuertemente la lengua, sabiendo que lo único que me salvó fue el hecho de que estábamos en medio de la mudanza. Si hubiera sido en cualquier otro momento, ¡probablemente no estaría aquí para contar el resto de esta historia!

Mi último recuerdo de Filadelfia fue un verano cuando caminaba por la calle hacia la Casa Blanca, solo pero no solo, y esa voz interior siempre presente estaba claramente conmigo este día. La voz habló y dijo "Mira hacia abajo". Miré al suelo y me pregunto qué se supone que debería estar buscando. Sin embargo, seguí buscando. Estaba parado en la acera y comencé a examinar el área alrededor de mis pies.

Comencé a sentir que estaba en un estupor, sin saber realmente lo que estaba haciendo o por qué lo estaba haciendo, pero seguí escuchando atentamente la voz mientras inspeccionaba la acera. Noté que el bloque de cemento en el que estaba parado estaba recién terminado, liso y aparentemente perfecto. Miré hacia adelante un pie más o menos hacia la siguiente sección de la caminata y vi que este bloque tenía algunas imperfecciones y grietas.

Seguí mirando hacia adelante mientras caminaba repitiendo el proceso. Vi otros bloques con imperfecciones y luego caminé hacia una sección donde el camino estaba lleno de grietas, fallas y cemento roto. Cuando miré más de cerca, la causa del problema fue que las raíces de un árbol se extendían y crecían debajo, haciendo que el cemento se agrietara, partiera y rompiera la pasarela. Si las raíces continuaran creciendo afectaría otras áreas de la caminata. Continuando, seguí mirando y vi que el resto del camino que se dirigía a mi casa era liso y parejo.

Cuando me volví y miré el camino de la acera, me pregunté qué significaba todo. La voz habló y dijo: "Esta es tu vida". Cada sección de la acera representaba una parte de mi vida. El árbol estaba profundamente enraizado, vivo y creciendo. Las raíces necesitaban ser removidas para evitar daños, solo entonces se podía reparar la caminata.

Esto es lo que sentí en base a lo que observé y, en este punto, no tenía idea de que para arreglar mi vida necesitaba eliminar el pecado y los hábitos no saludables de mí. Las cosas malas habían arraigado profundamente en mi vida mientras viajaba hacia mi hogar eterno. A lo largo de los años, había hecho un gran trabajo recortando el árbol aquí y allá y reemplazando la acera, pero las raíces seguían creciendo, haciendo que mis problemas reaparecieran una y otra vez. Mi egoísmo estaba tan absorto que casi me destruyó en muchas ocasiones.

Nuestro movimiento finalmente se completó. Hogar, dulce hogar ... 452 East Eagle Lane. ¡Si! Todos nos mudamos y una gran familia feliz: mamá, papá, mi hermano John y mis tres hermanas menores, Lori, Marsan y Susan.

Nuestra casa era hermosa y espaciosa: mis padres tenían un dormitorio principal con todos los accesorios, Marsan y Susan compartieron una habitación, Lori tenía la suya y John y yo compartimos una habitación. Teníamos un sótano grande, un garaje enorme y un ático. La casa tenía una guarida que conducía a un patio cerrado adjunto, a un patio gigante con un columpio de tamaño industrial, y mi padre tenía una cancha de baloncesto independiente construida solo para mi hermano. Era algo que verías en una escuela primaria del vecindario. La casa se encontraba en una pequeña colina con un gran nogal y un largo camino de entrada desde la calle hasta nuestro garaje. Papá condujo un nuevo Lincoln Continental Mark 4 color cobre para los negocios y un El Camino para el trabajo; mamá tenía una camioneta.

Éramos la primera y única familia negra en nuestro vecindario que consistía en destacados abogados, médicos y cirujanos, representantes influyentes de bienes raíces y corredores de bolsa. También hubo empresarios independientes que hicieron fortuna en todo, desde albañilería hasta tiendas de muebles.

Tuve el privilegio de crecer con sus hijos y vivir en un ambiente rico, asistiendo a una escuela predominantemente blanca llamada Montgomery Elementary.

Después de pasar por las admisiones con mis padres, se determinó que necesitaba repetir el segundo grado. Estaba de acuerdo con eso y no hice ningún escándalo; Tenía muchas ganas de empezar con la escuela. Hice amigos muy fácilmente y mi personalidad galardonada fue genial con mis maestros. Fui servicial, educado y educado. Me llamaban cariñosamente "Ronnie gordo", un apodo dado porque había 3 Ronnie en nuestra familia y yo era el único gordo.

Uno de mis pasatiempos favoritos y momentos destacados de mi día fue la hora del almuerzo. La cafetería de la escuela te permitía traer tu bolsa de almuerzo o comprar el almuerzo escolar, y a veces yo hacía las dos cosas. Incluso ofrecieron casi todos los días mi favorito de todos los tiempos ... ¡galletas!

Aparentemente, no estaba solo y las galletas también eran las favoritas de dos de mis compañeros de clase. Estas niñas pequeñas deben haber estado fascinadas con mi presencia. Estoy pensando que podría haber sido mi afro de seis pulgadas, el único "de aquí para allá" en la multitud. Las chicas se inscribieron en el comité de bienvenida de la escuela y querían que recibiera sus regalos. Inocentemente, se colaron detrás de mí con su risa vertiginosa, pero los ignoré porque me estaba divirtiendo en una zona de leche y galletas. De repente, las migas de galletas del cielo se derramaron sobre mí, y todo lo que podía pensar era por qué alguien desperdiciaba migas en mi cabello.

Sabía que las chicas se estaban divirtiendo y realmente no significaban daño. Ya estaba programado para manejar eventos como este. Me dijeron que no comenzara peleas, pero ciertamente podría terminarlas. El único problema era que mi CPU mental no estaba programada sobre cómo tratar con las chicas, y para colmo me daba vergüenza y no podía calcular el rechazo en ningún nivel.

Como casi todos en la cafetería vieron lo que sucedió, me convertí en el centro de atención y se reían ... Ok, ahora tengo que lidiar con el problema. Tal vez esto fue solo un gran error y alguien vendrá a mí, disculpas, me abrazará y luego me sentiré mejor y todo esto desaparecerá. Bueno, nada de eso sucedió, así que Ronald James entró en acción; Tuve que enseñarles una lección a estas chicas, para no meterme con el "hermano de Fro".

Después de unos minutos, las chicas regresaron a sus asientos y comenzaron a susurrar entre ellas, caminé tranquilamente detrás de ellas, coloqué mi mano izquierda sobre la cabeza de una de las chicas y mi derecha sobre la cabeza de las otras chicas, me presenté golpeándolas juntas. como dos símbolos de latón en una banda de música. De repente, la risa se detuvo y todos los ojos estaban sobre mí cuando me presentaron rápidamente al director, quien resultó ser uno de los padres de las niñas. Me suspendieron por dos días. Fue durante este tiempo que comencé a ser señalado, no porque fuera negro, sino porque sentí que todos pensaban que algo andaba mal conmigo.

Tanto mis amigos de la escuela como los del vecindario me dijeron que era diferente. Caminé y hablé divertido, así que dejé todo lo que pude que me asociaba con ser diferente, incluido ser negro. En esta etapa de mi vida, si me fuera posible cambiar el color de mi piel, lo habría hecho para evitar el rechazo y poder encajar.

Desafortunadamente, no sabía cómo hablar o expresar mis sentimientos sobre esto a nadie, así que hice los ajustes adecuados a lo que podía cambiar: mi discurso y mi caminar. Me libré de la jerga de Ebonics, cambié mi gancho y mis movimientos, y adopté un nuevo tipo de arrogancia. A medida que el hábito se convirtió en una segunda naturaleza para mí, esto se sumó a mi dilema porque me volví bueno leyendo e imitando mi entorno.

Cuando llegó el momento de visitar a mis abuelos en el antiguo vecindario de Filadelfia, mis compañeros se volvieron críticos y me dijeron que sonaba como un niño blanco. Fueron muy rápidos y duros con su juicio, así que tuve que hacer algo rápido para evitar un problema que parecía recurrente.

Me encontré experimentando esa sensación familiar de estar fuera de lugar mientras estaba en mi propia piel, y esta vez con mi propia especie. Me sentí diferente y, una vez más, rechazado.

En el pasado, escuché que decía: "Mientras estés en Roma, haz lo que hacen los romanos", así que volví a mis viejas costumbres y actué como los que me rodean. Cambiaba de un lado a otro con tanta frecuencia que se convirtió en una segunda naturaleza. Aprendí a cambiar mis gestos, mi aspecto y expresiones faciales, hablar, caminar y mi actitud. Los efectos también me hicieron aprender cómo cambiar mis emociones y cómo me sentía por dentro. Me convertí en camaleón de dos pies.

Esto obstaculizó mi crecimiento como joven porque nunca permití a los que me rodeaban la oportunidad de dar testimonio de mi verdadero yo o mis sentimientos. Podía enmascarar con perfección y lo que una persona veía en mí era lo que les permitía ver.

Me sucedió una situación cuando estaba en cuarto grado. Mi maestra me pidió que me parara frente a mi clase y leyera una parte solicitada de una historia. Mientras leía, comencé a tener dificultades con el flujo y la pronunciación de las palabras y algunos de mis compañeros de clase comienzan a reírse; En mi opinión, parecía como si fuera toda la clase.

Reaccioné cerrando mi libro, golpeándolo en mi escritorio y diciéndole a mi maestra que ya no iba a leer. En ese momento decidí que leer no era divertido y lo odiaba. Solo así, dejé de leer ... y me llevó más de doce años recoger otro libro y leer de principio a fin.

Estaba frustrado y decidí cerrarle la puerta a Ronald James y sus verdaderos sentimientos. No di más explicaciones sobre el asunto. Pensé que al no leer, me estaba volviendo contra ellos por reírse de mí ... cuando en realidad, yo era el único herido. Durante años, llevé este tipo de resentimiento, y solo ahora he aprendido que nadie más fue herido, excepto yo.

Sentí que tenía una infancia decente y lo consideré seguro, agradable y normal, en su mayor parte, especialmente desde el traslado a los suburbios. Ahora que estábamos viviendo en el vecindario de "los Jones", tuve que hacer todo lo posible para mantenerme al día con los "pequeños Jones", ya sabes, los hijos de los destacados abogados, médicos y cirujanos, representantes influyentes de bienes raíces. y corredores de bolsa ... así que cuando mis compañeros compraron motocicletas, ¡yo también necesitaba una! Todo lo que tenía que hacer era hacerle la pregunta a mi papá. Reforcé el nervio y solté: "Papá, ¿alguna vez me conseguirás la motocicleta por la que te pregunté? Mi padre regresó con una pregunta propia, "¿Puedes deletrear 'motocicleta' para mí?" Le di mi mejor tiro, pero fallé, así que le pedí a mi madre que me ayudara con la ortografía y ella estaba feliz de hacerme los honores. Mi padre agregó que tan pronto como pudiera deletrear la palabra por mi cuenta, obtendría esa motocicleta.

Mamá y yo pasamos la palabra varias veces y no me llevó mucho tiempo memorizar la ortografía. Memorizar era más fácil que aprender; poco me di cuenta de que me estaba preparando para las habilidades de la vida posterior. Trabajé duro porque sabía que, al final de este esfuerzo, recibiría un premio.

Mi padre llegó a casa un día quejándose mientras cruzaba la puerta. Me llamaron para dirigirme al desordenado garaje. Era mi trabajo mantener el garaje limpio y en orden, pero no entendía de qué se estaba quejando ya que había estado limpiando el día anterior. Siempre estaba al tanto de mis deberes, lo suficientemente castigado como para saber que tenía que hacerse correctamente, por lo que siempre fue así. Traté de explicar que acababa de limpiar el garaje, pero mamá intervino y me dijo que no le respondiera a mi padre. Estaba confundido acerca de lo que estaba pasando y quería decir lo que pensaba.

Ella me indicó que fuera al garaje para ver de qué desastre estaba hablando mi padre. Cuando abrí la puerta de nuestra guarida que conducía al garaje, allí estaba: ¡mi motocicleta! Mis padres me habían engañado, pero la recompensa fue excelente y estaba muy feliz. Salté para probarlo; ¡Estaba listo para montar!

Después de la escuela al día siguiente, saqué mi bicicleta para una prueba. Conduje mi motocicleta a todos lados que mis pies no podían llevarme, viajando con o sin mis amigos. Inspirado por la libertad, fui en todas las direcciones y la independencia fue emocionante.

Creo que fue alrededor del sexto grado cuando comencé a ver el panorama general de que el mundo no giraba totalmente en torno a Ronald James. Mi maestra de sexto grado me ayudó a mirar más allá de mí misma, y nuevamente me enfrenté con preguntas de la vida, solo que esta vez fue formulada por mi maestra y no por mi voz interior.

Presentó la pregunta: "¿Estás aquí por casualidad o por propósito?" Como clase, nuestro maestro quería conocer nuestros pensamientos sobre el tema y lo convirtió en una discusión abierta. ¿Era la vida todo acerca de las posibilidades? ¿Fue casualidad que nos criaran en los Estados Unidos? ¿Fue por un propósito específico que nuestros antepasados desembarcaron en las costas de esta nación? ¿Fue casualidad o propósito que nacimos de nuestros padres?

Estas y otras preguntas fueron estimulantes. Nuestro maestro realmente nos estaba preparando para el futuro. Hablamos sobre la llegada del año 2000 y las cosas que podríamos estar haciendo para ese momento. Hablamos de política, matrimonio interracial, el mercado de valores y la economía.

La clase fue muy interesante y me desafió a hacer algo que amaba, que era una lluvia de ideas y un crecimiento intelectual. Me sentí como un adulto; Sin embargo, las cosas estaban a punto de cambiar.

Un día, mi madre y sus amigas se reunieron en la cocina conversando casualmente cuando ella me pidió que hiciera algo. Mi reacción fue un comentario inteligente de mi boca, "sí, claro". Lo siguiente que supe fue que ella tomó una cuchara y me golpeó. Bueno, no me dolió, y pensé que era divertido, así que comencé a reír.

A mi mamá no le gustó mi sentido del humor y ninguno de sus amigos, que al mostrar su insatisfacción, solo agregaron combustible al fuego de mi madre. Pusieron los ojos en blanco, se chuparon los dientes y silbaron como gatos callejeros, sacudiendo la cabeza con incredulidad.

Claramente, este era el día equivocado y la muchedumbre equivocada para que yo estuviera actuando. Probar a mi madre frente a sus amigos no fue un buen movimiento de mi parte. Crucé la línea y fui irrespetuosa con ella. Nunca vi la mirada de la muerte porque ella pasó de largo y saltó sobre mí a cuatro patas como una leona atacando a un ñu joven en la naturaleza.

Las cosas sucedieron tan rápido que no tuve tiempo de disculparme, y mucho menos salir de su camino. Fui golpeado con una ráfaga de combos de Muhammad Ali; ¡Los golpes aterrizaban en mi cabeza como si estuviera flotando como una mariposa y me picara como una abeja!

Fui a contar y sus amigos dieron su señal de aprobación mientras sacudían la cabeza con satisfacción en nombre de mi madre. En lo que a ellos respecta, ¡mamá manejó su negocio! Me levanté del piso de la cocina aturdido, conmocionado y avergonzado, con sus amigos riendo y diciendo: "Um-hum Miriam, ¡hiciste bien!"

Hasta este momento de mi vida, mi padre toleraba mis acciones y el comportamiento que mostraba, pero mi vida estaba a punto de empeorar drásticamente.

Elegí pelearme con un chico que vivía al otro lado de la calle. Otra estúpida pelea por otra estúpida razón, pero pensé que se lo merecía. Un vecino vino a romperlo y lo maldije como si fuera asunto de nadie cuando dijo que estaba llamando a mis padres. Pensé que iría a casa y si algo salía de la situación, me ocuparía de eso entonces. Lo más probable es que me molestara mamá y luego papá cuando llegara a casa del trabajo.

Para mi sorpresa, mi papá ya estaba allí ... ¡y también el informe de la pelea! El vecino que maldije había cumplido su promesa y llamó a mis padres. Este no fue un día de buenas elecciones.

Papá se puso balístico, fuera de control y en un ataque de ira; Maldijo y gritó en la parte superior de su voz. Nunca antes había visto acciones mostradas así por nadie, especialmente de mi padre. Era muy teatral, apareciendo como si fuera un animal salvaje enjaulado.

No estaba prestando atención a lo que decía porque me enfocaba solo en su lenguaje corporal, sabiendo que sus frustraciones estaban dirigidas exclusivamente hacia mí por las malas decisiones que acababa de tomar.

Con sus ojos centrados en mí, supe que estaba realmente en problemas, y seguí retrocediendo mientras él se acercaba hasta que mi espalda estaba contra la pared de la sala. No tenía a dónde ir cuando papá me miró a la cara y, al sentir su ira, estoy seguro de que mi expresión reveló mi miedo.

En este momento, mi madre intentó involucrarse, pero llegó un paso demasiado tarde. Papá me golpeó directamente en el pecho. La fuerza del golpe fue como si yo fuera un hombre adulto o peor ... su enemigo. Esta fue la primera vez, porque nunca experimenté algo así en mi relación con mi padre. El viento me golpeó por completo. Bajé después de doblar y no podía respirar. Todo lo que recuerdo de ese momento fue que mi madre saltó entre nosotros para evitar que papá hiciera más daño.

Papá estaba actuando extraño en su comportamiento ese día, y los días siguientes también fueron cuestionables. Comenzó a faltar días en casa, a veces semanas a la vez, y cuando regresaba, solo era para recoger ropa, dinero en efectivo y joyas. Más tarde, vino por los autos.

Estaba en el séptimo grado cuando papá salió de la bolsa, cobró sus fichas, se separó y salió corriendo sin explicación. Mi madre compartió años más tarde que papá la había estado corriendo con una de sus camareras.

Había estado muy involucrado con el alcohol, la marihuana y la heroína. Recolectó todo el efectivo de todos sus negocios y les permitió retirarse, incluidas las propiedades de alquiler Y nuestra casa en Eagle Lane, que entró en ejecución hipotecaria. Sí ... ejecución hipotecaria. Nos obligaron literalmente a salir a la calle.

Me doy cuenta de que nada de esto fue mi opción, pero me pregunto si algunas de mis elecciones no tensaron la relación de mis padres. También me doy cuenta de que después de que esto sucedió, tuve la oportunidad de tomar mejores decisiones para ayudar a mi madre a mantener el estilo de vida al que estaba acostumbrada. Sin embargo, era demasiado egoísta para eso e hice las elecciones que más me beneficiaron. Desafortunadamente, la mayoría de esas opciones no beneficiaron a otros en lo más mínimo.

Mamá no quería que nos mudáramos a la ciudad de Filadelfia, por lo que ella, una mujer y ama de casa, comenzó a luchar por sí misma y por el bienestar de sus cinco hijos. Estaba decidida a brindar lo mejor para todos sin importar qué, y se propuso que nos graduáramos de la misma escuela secundaria del área, educados y con diplomas. Ella hizo lo que era necesario y dos, a veces tres trabajos para mantenernos fuera del agua. Ella tomó decisiones desinteresadas.

Tenía tantas preguntas sin responder. ¿Por qué mi vida se estaba convirtiendo en un desorden? ¿Por qué esto? ¿Porqué ahora? ¿Había algo mal conmigo? ¿Por qué mi padre empacó y se fue con mi madre y nuestra familia?

Gente como mi tía Bev intentó alentarme, diciéndome que una vez que aceptara a Jesucristo en mi vida, todo iba a cambiar ... al menos eso es lo que pensaba. La iglesia de mi tía era una gran iglesia bautista en Wayne Avenue en la sección Germantown de Filadelfia. Ahí es donde acepté a Cristo en 1975. Mi vida estaba cambiando, pero parecía ser lo peor.

El predicador preguntó si había alguien en la congregación ese domingo en particular que quería un cambio ese día, ¿alguien dispuesto a tener a Jesús como su Señor y Salvador? Escuché la llamada de esa pequeña voz dentro de mí y esta vez gritó "Sí", ya que mi interior anhelaba un cambio.

Lo siguiente que supe fue que mi mano se enderezó y fui conducida al frente de la iglesia, y luego conduje a la parte de atrás, donde alguien me hizo una serie de preguntas y leyó algunos versículos de la Biblia. Fue entonces cuando le pedí a Jesús que entrara a mi corazón. En este día, el predicador tuvo toda mi atención al decirles a todos en la congregación que estaba orgulloso de mí por dar un paso adelante y presentarse. Dios tenía un llamado y un plan muy especiales para mi vida, pero comencé a sentirme alentado y confundido. ¿Qué querría Dios conmigo y cuándo se supone que sucederá esta cosa especial? "Hola, señor Dios ... ¿cuándo se abrirán los cielos y tus ángeles descenderán sobre mí y dirán," este es tu propósito, Ron James "?"

No, no vi luces, chispas o destellos, ni fui testigo de un gran milagro que me llevara a creer "¡Ronald James, esto es todo!" De hecho, las cosas parecían estar cerrándose sobre mí, especialmente en la escuela.

Me obligué a odiar cualquier cosa que tuviera que ver con la lectura solo por lo que me sucedió en cuarto grado. La puerta estaba abierta para hacer trampa y eso es exactamente lo que hice. Para sobrevivir en el aula, me convertí en un maestro tramposo al pasar más tiempo y energía concentrándome en los movimientos de mis maestros en lugar de estudiar para sus exámenes.

Cuando mis maestros les dieron la espalda o se preocuparon por los asuntos del aula, me puse a trabajar dejando que mis ojos vagaran. No importaba a qué tipo de examen me enfrentara (opción múltiple, completar los espacios en blanco o ensayos), pude tomar una fotografía mental de lo que estaba delante de mí y estudiar la hoja de respuestas de mis compañeros. Para aquellos que se sentaron lo suficientemente cerca de mí, leía algunas líneas de la pregunta del ensayo, luego miraba las declaraciones de apertura y cierre de las tareas de los compañeros de clase y hacía una lluvia de ideas para armar algo para el medio.

Perfeccioné este estilo de trampa solo para recibir las calificaciones lo suficientemente buenas como para aprobar. Comencé a darme cuenta de que algo muy valioso estaba sucediendo debido a este hábito. Estaba desarrollando habilidades para la vida. Aprendí que podía mantener la calma bajo una presión extrema, capaz de mirar y leer las acciones de las personas sin permitirles saber que las estaba estudiando. Pasaría desapercibido y, en muchos casos, podría predecir sus acciones; Esto ayudaría a determinar mis movimientos.

No estoy tolerando este rasgo de carácter, ni creo que hacer trampa sea el camino a seguir. Podría haber aprendido a observar a las personas de una manera diferente; Sin embargo, esto es lo que parecía suceder y lo que funcionó para mí. Ahora que las trampas se agregaron a mi cartera de defectos de carácter, parecía funcionar en conjunto con todo lo demás y, sin previo aviso, mi vida estaba en espiral cada vez más fuera de curso.

Para el décimo grado, se me permitió "probar" como diría mamá. Mientras bebiera en casa, estaba bien con ella. Disfruté bebiendo y saboreando una cerveza helada. Después de golpear uno, encontré placer por el largo eructo que estalló segundos después de consumir una lata, sin mencionar la sensación de zumbido y hormigueo que sentí. Que no haya ningún error al respecto, el alcohol se convirtió en mi "suero maravilloso".

Después de beber una o dos cervezas, me centré extremadamente. En lugar de que mi mente corriera de un tema a otro, que parecía ser mi norma, ahora me enfoqué con atención en lo que tenía a mano. El alcohol parecía darme un vocabulario del "Diccionario Webster" que sonaba como justicia poética ... y por lo menos, tenía mucho sentido para mí. Gané coraje para conversar con las chicas. Pude decirle a la gente cómo me sentía. Busqué cualquier cosa materialista que quisiera y me volví cínico en el proceso.

Sin lugar a dudas, el alcohol me permitió escapar de cualquier dolor, vergüenza, culpa, dolor, vergüenza o miedo que enfrentaba. No estoy seguro de cómo mi consumo de alcohol afectó a otros, pero me ayudó a pensar con claridad y aprendí a usarlo en mi beneficio. No dejo que nada se interponga en mi camino para tener acceso al dinero, las mujeres, el poder y las drogas.

En su mayor parte, podría llevarme bien con cualquiera, a menos que decidiera menospreciarme hablando de manera condescendiente. Desarrollé la capacidad de ajustar mi personalidad para complementar y encajar con cualquier grupo en el que estuviese, independientemente de nuestras diferencias. Esto me dio mucha más libertad al permitirme viajar de círculo en círculo y mezclarme; Mientras hubiera un grupo, yo estaba haciendo contactos. El alcohol me ayudó a montar cada ola. Pensé que finalmente estaba creciendo y madurando en muchos aspectos de mi vida; Sin embargo, todavía había espacio para el crecimiento y el desarrollo en otras áreas.

Hubo un tiempo en que mi madre decidió revisar mi habitación y no pude averiguar por mi vida lo que estaba buscando. No me gustaban las drogas. Ella sabía que tenía algunas revistas Playboy o Penthouse, y si quería una cerveza, todo lo que tenía que hacer era preguntar. Algo pasaba porque muy rara vez venía a mi habitación por algo, incluso solo para ver cómo estaba. Aunque, ese día en particular, apareció de forma rara y estaba buscando algo.

A los dieciséis años, pensé que sabía todo lo que había que saber sobre la vida, entonces, ¿cómo podría saber mi madre lo que estaba haciendo? Compartí algunos de mis pensamientos y sentimientos con ella para tratar de ayudarla a encontrar lo que sea que estaba buscando. Estaba muy claro que no estábamos en la misma página.

Observé a mi madre, la Matriarca, Mimi, la Reina, transformarse en Atila el Hun justo delante de mí. Mientras estaba haciendo huellas hacia mí con la cabeza llena de vapor, siendo el pensador rápido que soy, pensé en empujar el sobre con ella ya que no tenía nada que perder. Ya estábamos involucrados en una conversación de adultos, además, estaba muy claro que estaba a punto de trabajar en el movimiento maternal sobre mí, así que decidí hacer que escuchara la razón. Le dije que me mataría saltando por la ventana desde mi habitación del tercer piso. Debo haber llamado su atención porque se detuvo en seco. ¡Ja, funcionó!

Ella comenzó a sonreír mientras se paraba unos segundos antes de caminar hacia la ventana y abrirla. De pie como Vanna White en Wheel of Fortune, señaló la ventana, como si fuera la siguiente letra de la frase que decía: "Adelante y salta". Bueno, supongo que mi madre sabía algo después de todo porque no estaba a punto de saltar, y continuó con su negocio mientras se alejaba y salía de mi habitación, riéndose a pesar de que nunca encontró lo que estaba buscando. No importa lo tonta que fuera a veces, mamá siempre me respaldaba sin dudar ... y yo tenía la suya.

Una noche, llegué a casa después de pasar el rato con los chicos e hice mi rutina habitual de ir a la cocina a comer algo: los perritos calientes estaban entre mis favoritos. Me di cuenta de que nuestro vecino de al lado estaba de visita y estaba charlando con mamá. Sus cigarrillos estaban encendidos y bebían sus bebidas. El sobrino del vecino estaba sentado a la mesa con ellos. Saludé a todos mientras procedía a preparar mi comida: necesitaba algo en mi estómago para igualar el alcohol.

Después de comer, fui a la sala de estar donde mi hermano John estaba tumbado en el sofá viendo la televisión. Hablamos por un tiempo, que fue una de esas raras conversaciones de hermano a hermano donde ambos disfrutamos de la compañía del otro. Agarré una colcha y me estiré en la alfombra frente al sofá.

Todo estuvo bien hasta que escuché la angustia de mi madre mientras gritaba y el banco en el que estaba sentada fue arrastrado por el piso de la cocina. Puede que me haya tomado un total de tres segundos saltar sobre mis pies, saltar sobre mi hermano y pasar por la sala y el comedor para llegar a la cocina.

Mientras me acercaba a la escena, solo había una cosa en mi mente y era resolver INMEDIATAMENTE cualquier problema que le causara incomodidad a mi madre. Mi objetivo era el sobrino y estaba en camino para cerrarlo.

Cuando entré a la cocina y lo vi alzarse sobre mi madre con el puño cerrado, estaba acurrucada con las manos en el aire cubriendo su rostro. Se había deslizado hasta un extremo del banco y estaba atrapada en la esquina.

Ahora hazte una pregunta simple ... ¿qué harías? Alguien está a punto de hacer daño corporal a alguien que amas ... ¡sí, entiendes mi punto! ¡Destrocé a este tipo! Abrí la cabeza a este bromista al revés, enviándolo a la próxima semana para disfrutar de un sueño. Lo noqueé y nunca lo vio venir. Su cabeza golpeó el suelo y su cuerpo yacía inmóvil en un estado pacífico.

Sin embargo, todavía estaba en modo de ataque y me movía rápidamente para pisotearlo y darle el resto de lo que venía, pero mamá tenía otras ideas. Ella saltó del banco a sus pies y me agarró del brazo y en un tono severo pero dulce dijo: "Ronnie, está bien". La miré a los ojos y se hizo la conexión.

Al mismo tiempo, nuestro vecino me rogó que no hiciera más daño. Miré en su dirección, sonreí para hacerle saber que la escuchaban y, por respeto a ella, me retracté. Me volví hacia mi madre y le fruncí el ceño, mi ceño de desaprobación era una mirada que solo ella podía ver y comprender. Nuestra vecina arrastró a su sobrino de regreso a casa y eso fue todo. Mi hermano nunca se movió del sofá. Más tarde, mamá le preguntó: "¿Qué te pasó?" John dijo: "Sabía que Ronnie iba a manejarlo". Me estaba convirtiendo en un hombre, al menos me sentía como tal, especialmente ahora que mamá y yo teníamos un entendimiento.

Estaba bien, pero solo porque tenía la opción de mear contra la pared. Estaba sin honor, integridad, honestidad y sin egoísmo. Me molestaría y te diría que no te preocupes porque es solo lluvia. Le robé a mi familia, amigos, cualquiera y cualquiera, y eso incluía a los indefensos y los muertos.

A mi amoroso abuelo le diagnosticaron cáncer de colon y murió de repente. Tanto mi madre como mi abuela tomaron su muerte muy difícil. Mi abuela se mudó con nosotros y nuestra familia se unió a ella en apoyo, todos, excepto el suyo de verdad. Mientras la familia la consolaba, vi una oportunidad de oro para espiar y hurgar en la propiedad personal de mi abuelo.

Sí, elegí ir a un lugar prohibido cuando fuimos a la casa de mis abuelos y robarle al hombre que demostró el amor y la amabilidad que un abuelo debería. Mostré mi agradecimiento robándolos. Era hábil en mis actividades. Me deslicé en su habitación y comencé a descubrir y abrir cosas, buscando rápidamente entre sus pertenencias.

Mis acciones pasaron desapercibidas y, al concentrarme en mi entorno, mantuve los oídos abiertos ante cualquier interrupción inesperada. Había adquirido esta habilidad a una edad temprana mientras miraba pornografía en el sótano de la Casa Blanca en la calle Wanamaker.

La habitación de mi abuelo era como la búsqueda del tesoro para mí. Encontré cajas de zapatos, cajas de cigarros y muchas otras cajas de todas las formas y tamaños repartidas por toda la habitación.

Cuando abrí cada caja, me sorprendió encontrar una variedad de artículos ocultos a la vista. Había dólares de Susan B. Anthony, todo tipo de frascos de cambio, naipes con clasificación x, pornografía, dientes de oro, rellenos de oro, joyas, fotos, cartas, libros, lo que sea y parecía estar allí. Incluso encontré un revólver plateado .38.

Después de tomar lo que quería, o mejor aún saquear lo que sentía que me beneficiaría, llevé el botín a una tienda de monedas en el centro comercial local que traía oro, plata y monedas a cambio de dinero en efectivo. Que hombre era yo.

Mi vida comenzó a repetirse haciendo las mismas cosas una y otra vez; un círculo vicioso que solo parecía empeorar. El verano de 1980 no terminó sin un incidente importante. Era tiempo de regreso a la escuela y, por supuesto, necesitaría tener el equipo más reciente. Decidí ir al centro comercial local y ejecutar mis planes de robo minorista, solo que esta vez arrastré a un joven amigo del vecindario para la misión. Siempre me admiraba, ¿por qué no mostrarle lo fácil que era robar?

Nuestra misión comenzó en una de las tiendas de ropa para hombres y procedí a poner mi plan en plena acción. Vi una camisa que me llamó la atención, localicé mi talla y rápidamente fui al vestuario y metí la camisa en mis pantalones.

Al salir de la tienda, el gerente me miró directamente, de pie entre mi salida y yo. No era agresivo, en absoluto, de hecho, era muy suave y simplemente me preguntó si podía volver a hablar con él y acepté: mi segundo error. Él dijo: "Hablemos aquí en mi escritorio", y luego dijo con calma: "Por favor, siéntese". - Mi tercer error.

Cuando me senté, él comenzó diciéndome cuán educado era, algo que ya sabía sobre mí. Me preguntó mi nombre y de dónde era. Mi cuarto error. Luego el gerente cambió de marcha y dijo: "Mira, solo devuelve la camisa y vete de mi tienda". Pensé para mí mismo que este concierto estaba terminado y tendré que darle la camisa y salir de allí, así que me saqué la camisa del pantalón y se la di al gerente. Todo el tiempo, mi joven aprendiz y amigo fue testigo del evento y estoy seguro de que esto tuvo un impacto para que él no robe.

Después de entregar la camisa, el gerente me informó que la policía estaba en camino y que no podía irme. ¡Pero espera un minuto! Me mintieron y me engañaron para que creyera que iba a salir de esa tienda libre de whisky.

Ah, y si te preguntas cuál fue mi primer error ... Fue el 3 de septiembre de 1980, pensando que podría entrar en el establecimiento de alguien y lograr el crimen perfecto. Este fue el primero de una gran cantidad de errores conscientes que elegí cometer que me llevaron a la custodia para ser procesado, fotografiado, con huellas digitales y cuestionado.

Este fue mi primer arresto. Ahora, con los resultados de mis elecciones de vida volviéndose cruciales, pensarías que mi CPU en el piso de arriba me haría cambiar de rumbo, pero no fue tan fácil como eso.

Fue durante este tiempo que el padre de uno de mis amigos me permitió trabajar con ellos limpiando oficinas para su empresa de servicios de limpieza. No importa cuán amables y atentos fueran, mi enfoque y mi agenda permanecieron constantemente en mí ... ¿y cómo los pagué? Robé cosas de las mismas oficinas que limpiamos.

Un día, en presencia de su hijo, el padre me preguntó si recogí un estetoscopio de uno de los consultorios médicos que limpiamos. Por supuesto, dije "¡No!" La única razón por la que sentí que no abordó el tema y decidió creerme es porque la primera vez que los conocí hace unos años, me invitaron a ir de compras navideñas y vi a un hombre que dejó caer su billetera. Lo recogí, le dije al padre de mi amigo y le señalé al hombre. La billetera fue devuelta y todos estaban agradecidos, entonces, ¿cómo podía pensar que robaría algo ahora?

Entonces, un día, cuando estábamos limpiando una oficina, mi amigo sacó un trapo del bolsillo y, junto con él, llegó un billete de $ 10. Aterrizó en el suelo, pero la espalda de mi amigo estaba volteada y no lo pensé dos veces antes de levantarlo y guardarlo en mi bolsillo. No solo robé de la oficina, también le robé a mi amigo.

Cuando miro hacia atrás, no estoy seguro de si ese incidente específico fue una prueba de mi integridad o si mi amigo lo compartió alguna vez con su padre, pero nada de eso realmente importó. Ron James estaba a punto de ser visto por el mundo.

Mis acciones hablaron más fuerte que cualquier cosa que saliera de mi boca. Mi robo continuó mostrando su cara fea donde quiera que fuera. Busqué cualquier ángulo para vencer al sistema, 24/7, y poco a poco desarrollé una mentalidad de superar todo y a todos. Mi egocentrismo me llevó a creer que podía hacer o decir cualquier cosa que quisiera. Me consideraba un oportunista que prosperaba en formas de superar a las personas.

Sabía que nuestra escuela secundaria tenía una vitrina llena de todo tipo de dulces y recuerdos deseables. Un día, mientras estaba en la escuela, vi una puerta abierta de oportunidad y cumplí con mi plan de deslizar la cerradura a lo largo del borde de vidrio para abrirla más; ayudándome a los contenidos del caso. Alguien me vio y me atraparon. Confesé y conté mi versión de lo que sucedió ... recibiendo solo una palmada en la mano.

Esta idea de actuar como si fuera totalmente honesto cuando me atrapan siempre me sacó de cualquier problema en el que me encontraba; por lo tanto, permitiéndome apagar la luz con castigo. No tenía idea de que me estaba hundiendo cada vez más en una red de la que no podría salir por mi propia voluntad.

¿Qué historia de la secundaria estaría completa sin un baile de graduación? Era mi noche de graduación y me detuve para ver a mi madre, recoger mi cita de graduación y luego reunirme con el resto de nuestra fiesta. Fui todo un caballero abriéndole puertas. Fui cortés, cortés y de voz suave. Comimos en uno de los mejores restaurantes de la zona, y la única diferencia entre la amabilidad que le mostré y la amabilidad que me mostró fue que tenía motivos egoístas.

Por primera vez en mi vida, esta joven me trató como a un rey. Estaba recibiendo lo que necesitaba de alguien que estuviera dispuesto a desempeñar su papel, entonces, ¿por qué estaba listo para sabotear esta relación?

Después de comer nos unimos a nuestros compañeros en el baile de graduación. Bailamos, socializamos y lucía mi trofeo en mi brazo. Nos pusimos en fila, nos tomaron una foto, y de repente mi interior se enfrió. Me sorprendió la forma en que resultó la imagen y le eché la culpa directamente. Nuestra fotografía parecía como si estuviera frunciendo el ceño o molesta por algo cuando, en realidad, pudo haber sido tomada por sorpresa. Cualquiera que sea el caso, no fue intencional de su parte; Sin embargo, lo etiqueté como tal. Entonces, aunque estaba planeando una estrategia de salida de esta relación, disfrutamos de algunos bailes más y luego partimos a Atlantic City para más fiesta hasta altas horas de la madrugada.

Era temprano en la mañana cuando regresé a donde vivía en North Wales, PA. Mi cita estaba acurrucada a mi lado en el asiento delantero cuando vi algo muy inusual. Al costado de la carretera vi una camioneta volcada de lado en una zanja. Me refiero a que las ruedas del vehículo estaban fuera de la carretera y en el aire. Escuché esa pequeña voz en el interior que me decía que parara y viera lo que estaba pasando.

Me detuve, salté de mi auto y subí a la camioneta para investigar la situación. Estaba claro para mí lo que estaba mal. Había un hombre mayor, de unos sesenta años, que estaba borracho y atascado en su automóvil. Había salido corriendo de la carretera después de que Dios solo sabe cuántas bebidas de uno de los clubes locales, y ahora estaba incapacitado e inmovilizado. Abrí su puerta, lo saqué y mi cita me ayudó a cargarlo en nuestro auto. Descubrí dónde vivía y lo llevé a su casa.

Realmente sentí una conexión con este hombre, casi como si estuviera destinado a verlo cuando lo hice, como una predicción de mi vida por venir, por así decirlo. Me sentí bien por ayudarlo y no quería nada a cambio. Pude ver que mi cita estaba muy satisfecha con mis acciones y aumentó su impresión de mí. Sin embargo, no tenía idea de que este acto de bondad era el único que presenciaría. Sí, fue real y desde mi corazón, entonces ¿por qué no podría ser así para todos?

Me di cuenta de que sus sentimientos hacia mí estaban aumentando y esto nos permitió disfrutar físicamente el uno del otro una vez más en el sofá de mi madre. La llevé a casa y pensé que ese era el final; que mas había Tengo lo que quería, ¿verdad?

Bueno, ni siquiera tuve la decencia de ser hombre y la llamé para decirle gracias o explicarle mi abrupta partida ... en cambio, me llamó una y otra vez, preguntándose por qué no respondería. Llamó tanto y tan a menudo que finalmente le dije a mi madre que lo manejara porque no quería tener nada que ver con ella. La excusa que di y con la que corrí fue que a propósito trató de arruinar mi noche haciendo una mueca fea cuando llegó el momento de tomar mi única foto de graduación. Esa era mi historia y me estaba aferrando a ella.

Esta joven no tenía idea de que le estaba mintiendo a todos con quienes hablé. Todo lo que quería hacer era seguir adelante con mi vida. Este evento de ruptura causó a esa dulce jovencita tanto estrés que terminó en el hospital. Mi mamá compartió esta noticia conmigo como si esto cambiara mis sentimientos. La verdad es que me podría haber importado menos.

Después de darse cuenta de que todo había terminado, llamó para ver si estaría bien que mi madre al menos le enviara una foto de baile juntos. Le dije a mamá que hiciera lo que quisiera y que había terminado con ella. Fue una locura cómo honesta y sinceramente me importaba más un hombre borracho que encontré en una zanja, sin conocerlo de una lata de pintura que a esta joven.

Quizás para él, debo haber sido un ángel de luz. Sin embargo, por otro lado, había esa dulce persona que se entregaba a sí misma de todas las maneras posibles para mi felicidad y, a cambio, la trataba como una mierda ... y para empeorar las cosas, manipulé a otros para que creyeran en mis mentiras. Distribuir dolor injustificado, como si fuera un ángel de la oscuridad.

Nunca he conocido a un hombre que me haya causado tantos problemas como yo

-D.L. Moody

OPCIÓN DOS
YO

Me sentí triste sabiendo que era hora de pasar a nuestra graduación de duodécimo grado. Algunos dejarían a sus amigos y familiares para ir a los servicios armados, otros irían a trabajar o viajar y un gran porcentaje de mis compañeros de clase fueron a la universidad, incluyéndome a mí.

Sí, era hora de mi debut en la universidad. Todos los exámenes de ingreso se completaron, se envió mi papeleo de admisión y recibí mi carta de aceptación de Brandywine College. A continuación, mis tarifas de solicitud, la Beca Pell, el préstamo estudiantil y todas mis obligaciones financieras estaban en orden, e incluso tenía suficiente dinero para abrir una cuenta de ahorros.

Mi guardarropa estaba recién planchado y actualizado; Me despedí y fui a la escuela. Ahora, cuando crucé las puertas de Brandywine College, llegué con la idea de integridad; Mi intención era cumplir con todas las reglas. Iba a hacer un esfuerzo concertado para tener una mente abierta en el aprendizaje y la comprensión al aplicar mis conocimientos para trabajar con el plan de estudios. Eso significaba no al plagio, prácticas poco éticas o deshonestas o trampas de ningún tipo. Quería hacer el trabajo según mi mérito; recibiendo las calificaciones que reflejan mis esfuerzos más sinceros. Este era mi plan de juego, pero a veces en la vida, lo mejor de ti no es lo suficientemente bueno.

Encontré que el ritmo de la universidad era rápido y mi ritmo lento. Estaba bien con mis cursos de matemáticas, pero cuando se trataba de todo lo demás, necesitaba ayuda. Mi orgullo no me permitió decir: "Oye, realmente no debería estar aquí, gente, mi comprensión de lectura y velocidad están en un nivel de cuarto grado" ¿Por qué? Porque dejé de leer y mi dedicación fue un gran cero. Sin mencionar que mis habilidades de escritura eran horribles, al igual que la estructura de mis oraciones, la gramática, la puntuación ... y mi ortografía era horrible.

Ronald James no tardó mucho en darse cuenta de que necesitaba revisar su plan. Había concluido la necesidad de "engañarme" para alcanzar a mis compañeros de clase.

Comencé a estereotipar a los que quería engañar. Me incliné más hacia los blancos; inconscientemente, sentí que las personas negras no eran tan inteligentes. Por supuesto, sabía que era negro y de ninguna manera me consideraba tonto, ni veía a mis padres ni a ninguno de mis muchachos como carentes de inteligencia. No, en algún momento, recogí esta mentalidad durante mi infancia a través de algún tipo de mensajes subliminales.

En cuanto a hacer trampa, me resultó más fácil hacerlo en la universidad. Me especialicé en usar mi personalidad como palanca en la creación de redes y hacer amigos. Una vez que me hice amigo tuyo, te usé y dificulté que la gente me dijera que no. Esto jugó en mi papel social en el campus.

Faltaba solo una semana para el primer semestre y traté de llegar a todas las fiestas. Hubo una fiesta de algún tipo, por alguna razón, en algún lugar cada noche de la semana. En ocasiones, la fiesta se prolongaría hasta el día siguiente o comenzaría la noche siguiente donde se había quedado.

Brandywine College era una escuela de fiestas y había fiestas en las casas del campus en cualquier piso de los dormitorios de 3 pisos, e incluso en el centro de recreación llamado "The Barn". Los promotores de tales eventos fueron las fraternidades, hermandades y otros grupos sociales ubicados en el campus.

Todos ellos compitieron por los derechos de fanfarronear y las promesas dando las mejores y más grandes fiestas. Además, ninguno carecía de comodidades y fue en una de esas fiestas donde me presentaron el "golpe de grano".

Desde el principio supe que no debía ir demasiado lejos con estas cosas, y que después de solo una taza llena de esta bebida afrutada, comencé a sentir sus efectos. No solo estaba seguro de que alguien más que bebió esto y sintió que algo, como lo hice yo, debería detenerse, deberían haber sabido que algo estaba pasando.

Más tarde me dijeron que el golpe había sido mezclado con gotas de limón, mejor conocido como 714 Quaaludes, que es una combinación tóxica. La mezcla de alcohol de grano y Quaaludes pondría a las personas desprevenidas, principalmente mujeres, a tener un encuentro sexual. A veces bienvenido, pero muchas veces no.

No me llevó mucho tiempo conectarme con una joven. Conocí a esta chica en una de las fiestas y la invité a mi habitación. Disfrutamos de la compañía del otro y el tiempo que pasamos fue corto y dulce. Nos despedimos esa noche y eso fue todo, no había ningún compromiso ... así que pensé.

Continuamos sobre nuestras vidas; sin embargo, ella había dejado algo pequeño atrás. Al día siguiente noté una picazón alrededor del área de mi atleta y esta picazón duró hasta el segundo y tercer día. A medida que empeoraba, probé crema de tiña inguinal e incluso duchas calientes, pero la picazón se intensificó. Tenía que llegar al fondo de esto, así que fui al baño con un espejo de mano, inclinándolo para poder examinarlo e investigar. ¡AYUDA! Estaba siendo comido vivo por lo que parecían miles de pequeños insectos.

Entré en pánico y llamé a mi compañero de cuarto al baño y le pregunté qué demonios estaba pasando. Se echó a reír y me dijo que tenía cangrejos. Bueno, no estaba de humor para bromas, así que fui directamente al consultorio médico y la enfermera del campus no se sorprendió. Ella me atendió con una sonrisa y un champú de plumas que terminó con mi problema de picazón. Pensé para mí mismo, ¿cómo podría una niña tan bonita pasar errores? Después de eso, no la volví a ver ni quería volver a verla.

Luego llegó el día en que hubo una reunión para cualquiera que estuviera interesado en jugar baloncesto para la universidad. Yo era uno de los interesados, así que me reuní con el entrenador. Durante las pruebas, hice lo mejor que pude según las instrucciones: era un jugador fundamental con un juego básico y podía apresurarme. Me fue bien en la escuela secundaria y sentí que podía agregar algo al equipo.

El entrenador reconoció que poseía habilidades de liderazgo, que nunca me di cuenta de mí mismo. Me hizo a un lado, felicitó mis esfuerzos y luego me preguntó si estaría interesado en ser el capitán del equipo junto con otro jugador. ¡Dije sí! Estaba agradecido, pero confundido porque estaba acostumbrado a ser segundo, siempre segundo y siempre un jugador de apoyo para el equipo.

Sin embargo, no con el entrenador, él me quería al frente. Mi mamá siempre me dijo que tendría mi día al sol, mi día para brillar y parecía que finalmente había llegado el día.

Nuestro equipo jugó duro y tuvimos nuestros buenos momentos, y finalmente, mi sueño se hizo realidad. Durante uno de nuestros juegos en casa, le arrebaté la pelota al cristal y se la lancé a mi hijo, quien la pateó a nuestro base, y con un pase de rebote sin mirar entre sus piernas, él lanzó la pelota hacia adelante de mí mientras cortaba la canasta que llenaba el carril. Pude poner mis manos en la pelota y, sin pensarlo, di dos pasos y me embarqué para la volcada.

La emoción que sentí superó con creces mis expectativas; Yo había llegado. Era joven, cachonda y totalmente fuera de control. Era un líder, claro, el líder del ring que siempre buscaba sacar provecho de todas y cada una de las oportunidades que se presentaban.

Un día, tres de mis amigos y yo queríamos tener un concurso de bebidas. La combinación letal de ego y testosterona hizo que los concursos de bebida fueran frecuentes y fáciles de comenzar. Los otros ingredientes esenciales eran medias barriles de los mejores embudos, chupitos, chupitos de Milwaukee y nuestras tazas favoritas de vidrio de 32 oz Dollar Store.

Poco después de esta fiesta de 4 hombres, como justo después de dos tragos, uno de mis amigos y yo, que éramos ambos notorios, decidimos conseguir algo de comer. Desencadenado por un golpe de genio inducido por el alcohol, y con la ayuda de un vigilante, entramos en la cafetería de la universidad y nos ayudamos a lo que quisiéramos.

Esto se convirtió en mi rutina como si estuviera perfectamente dentro de mis derechos. Eso fue lo divertido del alcohol en mi sistema. Me permitió hacer cosas que no haría sobrio. A saber, para cumplir deseos codiciosos y lujuriosos; Con práctica y familiaridad, mi mentalidad se volvió más fija, mis acciones más corruptas y mi justificación más sólida. Estaba obteniendo lo que quería y ese era el objetivo. La tendencia para mí fue más allá del derecho de paso normal asociado con la universidad.

Aunque este caos particular estaba entretejido en mí, mi camino era más oscuro y estaba más profundo de lo que pensaba. Los viajes por carretera y las fiestas de fraternidad eran la norma. Uno de mis muchachos siempre me recogía en su automóvil, un Chevy Impala grande y viejo que era perfecto para nuestros propósitos de dirigirnos a otros campus.

Drexel, Temple, Widener y West Chester se convirtieron en terrenos de pisadas regulares. Estar fuera del territorio recién conquistado solo alimentó aún más lo lejos que podía llevar mi comportamiento indulgente y manipulador. Mentiría, robaría y haría lo que fuera necesario para lograr mis objetivos, que generalmente implicaban beber y tener relaciones sexuales en exceso.

Tenía un tira y afloja constante en mi alma entre Ron Malo y el buen Ron. No es de extrañar que una amiga muy cercana y especial me apodara con el nombre de mascota "Ron-Ron". El nombre me quedó grabado y se convirtió en un apodo en el campus, principalmente debido a la corona que gané cuando ingresé al "Sr. Concurso de Brandywine" en el campus.

Sí, Ron-Ron era el Rey y realmente simbolizaba la dualidad de en quién me estaba convirtiendo. Un Ron, el buen Ron, era justo, sensible, honesto, generoso y solidario, pero también temía ser herido y ocultaba ese miedo al rechazo y la vergüenza en lo más profundo. El otro Ron, Ron Malo, era siniestro y diabólico.

Por fuera, Ron estaba en la cima del mundo, pero por dentro, Ron estaba experimentando vergüenza y culpa tóxica. Me sentí como un fracaso y ninguna cantidad de alcohol podía cambiar el hecho de que no podía leer, escribir o deletrear más allá del 4to grado. El alcohol sirvió para el alivio momentáneo, pero la realidad siempre volvía y me golpeaba en la cara.

El rechazo, junto con la vergüenza, fue una mezcla ardiente que me hizo resentir al mundo y a cualquiera que exagerara su propia inteligencia para exponer o minimizar la mía. Esto alimentó mi excusa para arremeter o dañar a otros porque "las personas que lastiman están lastimando a las personas".

Intenté probar que era inteligente y obtuve un rendimiento superior siempre que pude. Encontré superioridad en la mentalidad de superar y ser engañoso y manipulador. Esto se convirtió en una segunda naturaleza para mí y pensé que tenía razón en mi pensamiento. Recorrí el campus durmiendo con tantas chicas como pude porque traté el sexo como una extensión de mi dolor al autoservicio.

Estaba corriendo desenfrenada, asistía a todas las fiestas que podía y vivía por los efectos del alcohol. Quería que el alcohol les hiciera a las mujeres lo que me hizo a mí, lo que fue tener el coraje de decir lo que necesitaba para llevar a la niña a la cama. Una vez que tomaban unos tragos, era solo cuestión de tiempo antes de que me permitieran mis deseos egoístas.

Estaba enamorado de escucharlos decir: "Oh Ron-Ron ... anoche" y "Oh Ron-Ron esta mañana" ... Seguido de un beso o una pregunta de ¿realmente sucedió? Y mi respuesta siempre fue sí, incluso si no me recordaba.

En su mayor parte, mi primer año en la universidad terminó sin problemas. Varios buenos amigos se mudaron y mis calificaciones estaban por encima del promedio, por lo que la vida no podría haber sido mejor. Sin embargo, por dentro era muy infeliz.

No importaba lo que parecía correcto por fuera, todavía me sentía vacío por dentro. A pesar de todo el prestigio de mi campus, escuchar el sonido de las personas cantando mi nombre, las mujeres con las que dormí, el dinero en mi bolsillo o incluso la ropa nueva y brillante, nada me ayudó a sentirme mejor conmigo misma. ¿Que estaba pasando? Algo no se sentía bien y sentía que me faltaba el propósito de la vida. ¿Había algo más? ¿Dónde estaba la voz que siempre había escuchado? ¿Por qué no lo estaba escuchando ahora? Necesitaba algo que pudiera amar con todo mi corazón, y ese algo necesitaba volver a amarme.

El verano de 1982 llegó y terminó antes de que me diera cuenta; El primer día de la universidad estaba a la vuelta de la esquina. La universidad de Brandywine se había convertido oficialmente en la Universidad de Widener, el cuerpo estudiantil se estaba expandiendo y nuevos estudiantes llegaron de todas partes.

Como de costumbre, el baloncesto, las fiestas y las mujeres estaban en mi mente. Incluso antes de que comenzara el semestre, me sorprendió la cantidad de eventos que comenzaron a desenredarse; Me vi obligado a hacer varios cambios.

Una de mis maestras me llevó a un lado porque quería trabajar conmigo. Se dio cuenta de que tenía problemas para deletrear palabras muy básicas. La primera palabra que me señaló fue la palabra "amigo". Lo deletreé F.R.E.I.N.D. Ella fue muy paciente y servicial, tomándose un tiempo para explicar que podía recordar fácilmente la ortografía de esta palabra colocando la palabra "final" al final. Mi maestra fue amable y una parte de mí se sintió complacida de que alguien estuviera dispuesto a pasar tiempo especial de calidad conmigo. Sin embargo, la vergüenza tóxica se hizo cargo, me dijo que era un fracaso en la vida y que me protegiera de la vergüenza; era hora de Conviértete en un mejor tramposo.

Luego descubrí que mi situación financiera se había deshecho. Necesitaba más fondos o tenía que renunciar a mi habitación y comida. Financieramente, me vi obligado a hacer un movimiento, así que reuní mis cosas, empaqué y me mudé a casa con mamá. Traté de ir y venir al campus de la mejor manera que pude. Mi entrenador de baloncesto acudió en mi ayuda y pude tomar paseos con él durante la semana, pero los fines de semana, me quedaba en el campus.

Conocía a suficientes personas que me mudé de una habitación a otra. Me caí en el piso, sofás, sillas y, por supuesto, en cualquier cama de cualquier chica que me acogiera. Obviamente, esta no era la opción más inteligente y muchas cosas comenzaron a cambiar drásticamente a medida que comencé a ir de fiesta cada vez más a menudo.

Yo, junto con más de otros veinte muchachos, me uní a la promesa de lo que fue una fraternidad de rápido crecimiento. Esta fraternidad nacional nos había abierto la puerta para tener nuestra propia carta. Todos los que pasaron por la agotadora iniciación y la semana infernal fueron elegibles para ser parte de las mejores organizaciones del planeta, Sigma Pi. Fui oficialmente una promesa de Sigma Pi.

Como promesa, hicimos las cosas típicas que uno puede ver en la televisión o en la película Animal House. Actuamos como sirvientes de cualquier hermano Sigma Pi, memorizamos el alfabeto griego, aceptamos desafíos extraños, bebimos hasta que nos desperdiciamos e incluso comimos cosas vivas ... bueno, si consideras que el pez dorado es un manjar.

En cualquier caso, nos sometimos a una avalancha de abuso verbal, físico, emocional y mental que era constante e impredecible. Cada uno de nosotros informó a un Gran Hermano asignado, que actuó como un enlace comprensivo que ayudó a neutralizar el inevitable y puro tormento de la iniciación.

A pesar del alboroto de los medios, las fiestas y la publicidad negativa que reciben la mayoría de las fraternidades, Sigma Pi realmente representaba algo fundamentalmente sólido. Apoyaron el servicio hacia los demás, con la esperanza de ayudar y cambiar a sí mismos y a las comunidades.

¡Esto no era una mezcolanza de personas reunidas para celebrar un buen momento, de ninguna manera! Nuestros padres fundadores predicaron acerca de los valores, la moral y la integridad, por lo que en lugar de tratar de brillar y recibir elogios cada vez que pude, elegí ser un jugador de equipo y líder. Luego llevé los principios del baloncesto y la fraternidad para ayudar a los menos afortunados. Entendí como promesas que necesitábamos ayudarnos unos a otros para reunir a este gran grupo.

Ahora no estoy afirmando que era único o estaba solo en mi servicio hacia estos tipos. Otros hombres dieron un paso al frente y desempeñaron sus roles, lo que nos permitió acercarnos más. Como promesas, compramos los colores de fraternidad de la púrpura y el oro, que lucimos en todo el campus. Nos alentamos y creímos el uno en el otro, éramos un solo cuerpo a pesar de que veníamos de diferentes ámbitos de la vida y poseíamos diferentes dones, rasgos, personalidades y actitudes. Éramos una familia muy unida.

La última noche de nuestra experiencia de compromiso fue ¡PURO INFIERNO !, pero no importa lo que nos arrojaron, superamos los obstáculos, incluso el único foso infame. El foso atravesó los terrenos del campus. Incluso después de ser bautizado en sus frías aguas heladas, la noche pasó como histórica. Recibimos una paleta de madera en la parte trasera, aprendimos el apretón de manos oficial y ahora éramos los padres fundadores de Widener Sigma Pi.

Una gran parte del éxito de este logro se atribuyó a uno de los nuestros, el Sr. Jay Dubbs, que era profesor de derecho en el campus de la Escuela de Derecho Widener. Este hermano honorario más tarde se volvió activo con National y ha hecho mucho por la hermandad como mentor, amigo y hermano para muchos, y también jugó un papel importante en mi vida.

Mi actitud de ir a por ello estaba contaminada de arrogancia. El campus estaba en medio de la limpieza de la imagen que tenía Brandywine College. Ahora que el campus había cambiado a la Universidad Widener, había una fuerte presencia de seguridad del campus. Debido a los estragos que causé en el campus, sabía que estaba atrasado para un encuentro del peor tipo.

Llegó el día en que estaba bajo la influencia de más que suficientes cervezas y tiros de una de las fiestas más salvajes del campus a las que había asistido. Tenía más de lo que podía manejar e hice una decisión. Fui a la derecha cuando debería haber ido a la izquierda … ¿o fue al revés? De todos modos, me atraparon metiendo medio barril de cerveza en uno de los dormitorios … ¡ABURRIDO!

Después de reunirme con el decano, fui expulsado de todas las actividades del campus con la excepción de mis clases. ¿Cómo podía ella hacer esto? ¿No sabía quién era yo? El decano sabía exactamente quién era yo y este evento la llevó a tomar medidas drásticas para mejorar el alumnado y el nombre de Widener.

Después de eso, me vi obligado a arrastrarme por el campus, el mismo campus donde todos cantaban mi nombre. Fui de rey a paria. Rápidamente hice alianzas con todos y cada uno que pude porque necesitaba ayuda. Necesitaba que las personas fueran mis ojos y oídos en el campus; Era evidente que, independientemente de la decisión del decano, aún iba a ser yo.

Estaba molesto con la vida y conmigo mismo en general y seguí tomando malas decisiones. Dejé el equipo de baloncesto justo en la mitad de la temporada, comencé a beber más, comencé a experimentar con drogas livianas, y seguí persiguiendo y aceptando a cualquier chica que me recibiera en su habitación y me diera un lugar de refugio.

De vuelta en el campus, mi popularidad se estaba agotando. Llegué a una de nuestras reuniones de Sigma Pi con poca luz. El sargento de armas no estaba de acuerdo con mi comportamiento negativo. Estaba fuera de línea, así que simplemente me dijo que me pusiera en línea o que saliera.

Bueno, no me importó seguir su última orden; Sin embargo, antes de irme, hice un acto muy infantil pero agresivo al salir. Extendí la mano con ambas manos, agarré el borde de su escritorio y lo volteé con él dentro. Estaba completamente equivocado e hice esto frente a todos mis hermanos Sigma Pi mientras miraban con incredulidad.

Esto tuvo algunas repercusiones importantes: me pusieron en libertad condicional de inmediato y me amenazaron con dejarme en la calle de la fraternidad. Nuestras reuniones generalmente eran divertidas y optimistas, pero siempre seguimos una línea de principios ajustada. Una interrupción sola podría haberme puesto en libertad condicional, pero poner mis manos sobre un hermano era un pecado capital y no sería tolerado.

Ya enfrentado a que me expulsaran del campus, mis calificaciones y el rendimiento en el aula disminuyeron, y mi actitud era de mala calidad en el mejor de los casos, ahora me enfrentaron a una prohibición por parte del único grupo de hombres que me aceptaron por mí. El mismo grupo de hombres que se unieron detrás de mí y me apoyaron en todo lo que hice. La pregunta que me hice ahora fue: "¿Qué haría sin ellos?"

Hice mi propia cama y ahora era el momento de entrar. Sin embargo, para ser excluido, se necesitaría un voto mayoritario, y lo único que tenía a mi favor era un verdadero amigo. Hizo lo que se llamó "arrastrar el arenque rojo". Se tomó un tiempo para hablar en mi nombre, un hermano a la vez pidiéndoles que me dieran otra oportunidad. La razón principal por la que estoy seguro de que lo hizo fue por nuestra amistad. Me reuní con mis hermanos de la fraternidad, les di mi discurso de misericordia de 20 minutos porque necesitaba su apoyo, y luego me pidieron que abandonara la sala mientras deliberaban. Sabía que ningún hombre era una isla, y creía en la hermandad.

Como la mayoría de las elecciones, la votación fue cerrada. Una vez que llegaron los votos, todo se redujo al cable y había resistido la tormenta, solo para descubrir más tarde a través de mi único amigo verdadero que era una decisión dividida a mi favor. Esto me dio una segunda oportunidad y pude seguir siendo un hermano Sigma Pi.

¿Estaba feliz? ¡Diablos no! En lugar de estar agradecido, me molestaba el hecho de que todos no estuvieran dispuestos a soportar mi BS; mi pensamiento estaba MUY BIEN.

Nada parecía ponerme en línea y mis travesuras progresaron mientras cruzaba la línea de ser divertido a criminal. Continué mi carrera como ladrón como si lo hubiera hecho mi vocación. Me arrastré en cualquier dormitorio abierto y me serví lo que quisiera: alcohol, dinero y artículos personales estaban allí para llevar.

Los fines de semana siempre resultaron más lucrativos después de una "gran fiesta en el dormitorio" (que la universidad afirmó que ya no teníamos) y fue una tarea fácil. Elegí esperar hasta las cuatro o cinco de la mañana para hacer mis movimientos. De esta manera podría moverse prácticamente sin ser detectado; Si me encontré con alguien durante estas primeras horas, lo más probable es que fuera una mujer desatendida que estuviera más que feliz de divertirse con Ron-Ron.

Era hora de la final y el cierre de otro año. Después de dos años de universidad, pensé que sería posible que fuera elegible para graduarme de la Universidad de Widener con un título de asociado, pero había un problema.

Estaba a punto de reprobar EnglishComp2. Mi maestro me dijo en inglés muy simple ... "Ronald James, necesitas una A en tu final solo para recibir un promedio general de calificaciones de 2.0".

Ella continuó explicando que, si tuviera suerte y recibiera una B en su final, obtendría un GPA de 1.0 o una D. La 1.0 o D me permitiría graduarme; sin embargo, esa calificación no sería transferible. ¿Qué demonios iba a hacer?

Estaba en problemas principalmente porque sabía que, en el mejor de los casos, podría obtener una D en la final, lo que equivaldría a un promedio general de ... adivinaste que era una F grande y gorda; lo que significa que no hay grado para mí. Además, no pude hacer trampa en este. Si pudiera, habría tenido un mejor GPA en EnglishComp2 para empezar ... oh, si tan solo hiciera las cosas de manera diferente.

Me senté, reflexioné, hice una lluvia de ideas y me destrocé el cerebro tratando de encontrar una solución sobre cómo en el mundo iba a salir de este. Harry Houdini no pudo sacar esto de una vez. Sí, estaba en problemas, de acuerdo. Sin embargo, todavía faltaban algunas semanas para que comenzaran mis exámenes finales y realmente quería graduarme con un título, no es que el papel en el que estaba impreso significara algo, solo quería ser el primero en mi familia en alcanzar este estado.

Aunque era una fachada, sabía que mi madre estaría feliz y orgullosa de mí, así que tenía que idear un plan lo antes posible. Terminé frustrado y me emborraché con un estupor ... ¿qué mejor manera de lidiar con los problemas?

Sabía que de alguna manera había una respuesta a este rompecabezas, una solución, y solo tenía que encontrar algo. Seguí haciendo una lluvia de ideas hasta que finalmente se me ocurrió una idea. Sabía que era muy bueno moviéndome por todo el campus en modo sigiloso, solo que ahora decidí subir el listón.

Empecé a mirar a los que se suponía que me estaban mirando. En lugar de golpear a una persona borracha desprevenida que olvidó cerrar su dormitorio, ahora revisé al personal de seguridad y aprendí cada uno de sus movimientos.

Con mi vista centrada en el edificio del aula, algunas cervezas en mi sistema y una percha de alambre como mi herramienta de opción, entré en acción. Al acercarme a las puertas dobles de vidrio en el costado del edificio, las luces de seguridad nocturnas expusieron mi reflejo, por lo que supe que necesitaba actuar rápido o me verían. Ser atrapado no era una opción.

Rápidamente coloqué el colgador de alambre entre las puertas en ángulo y una vez en su lugar, todo lo que tuve que hacer fue jalar el colgador hacia mí. Esto creó un movimiento que empujó la manija hacia abajo, abriendo la puerta para mi entrada rápida.

Una vez que estuve en el edificio, me arrastré hacia el pasillo donde estaban todas las oficinas de los maestros. Todas las oficinas estaban ubicadas juntas, separadas solo por cubículos. Para mi sorpresa, la mayoría de las puertas estaban abiertas y las que no estaban cerradas. No quedaba nada más que escalar un pequeño muro y yo estaba en pleno acceso a todo lo que necesitaba. Procedí a hurgar en todos sus cajones con una cosa en mente: encontrar el libro con las calificaciones.

Rápidamente localicé todas las oficinas de mi maestro, comenzando primero con mi maestro de EnglishComp2; Sin embargo, por alguna razón, no pude encontrar su libro de calificaciones. Esta era la única clase que necesitaba, pero de mala gana, me decidí por esos libros que pude encontrar y simplemente ajusté mis calificaciones. Si tenía un 82 en una prueba, lo cambiaba a 88; si tenía un 71, lo cambiaba 79, 81, 89 o 94. Me fui sin incidentes.

Repetí este proceso unas noches más tarde, solo que esta vez bendije a alguien en mi clase que era un hermano Sigma Pi o alguien que me gustaba. Sin que ninguno de ellos lo supiera, y para su sorpresa, actué como su ángel de grado y estoy seguro de que hubo una serie de GPA que subieron.

En mi tercer viaje, recibí una sorpresa. Entré en el edificio, como siempre, solo que esta vez no pude localizar el "viejo pie giratorio", el mismo guardia que me atrapó con el barril. Cuando finalmente lo escuché, ya era demasiado tarde. Estaba justo encima de mí y mi corazón comenzó a acelerarse ... estaba tan cerca de mí que podía escucharlo respirar.

Acababa de entrar en la sección del profesor, me agaché y me quedé completamente quieto. Mientras veía su linterna escanear el área, pasar por mi lado y luego guiarlo hacia la salida, me quedé tan quieto que me fue difícil moverme una vez que se fue. En ese momento supe que necesitaba un hombre clave, así que decidí compartir los detalles sobre mis acciones y nuevas intenciones con mi hermano de la fraternidad ... sí, el verdadero amigo que me salvó de ser tachado.

Cuando planeamos nuestro último viaje al edificio del aula, fue el fin de semana antes de que comenzaran nuestras finales. Mientras todos en el campus estaban atestados, nosotros nos arrastramos. Sabía que todas las habitaciones y oficinas en el edificio estaban en la ruta del viejo pie giratorio, excepto la sala de correo / copia. ¡Entonces me golpeó! Si hubiera algo que obtener de esta misión, ¡estoy seguro de que podría encontrarse allí!

Excepto por un problema importante: la puerta estaba cerrada. Al mismo tiempo, mi hermano de fraternidad y yo notamos una pequeña abertura en la parte superior de la puerta hacia el techo. Sin siquiera discutirlo, actuamos por impulso. Sí, es cierto, la idea era escalar la puerta y desaparecer en la abertura.

No estoy seguro de quién pasó por encima del muro, pero cuando todo estuvo dicho y hecho, la puerta se abrió e inmediatamente fuimos a la copiadora. ¡Miramos hacia arriba y vimos el premio gordo! Esto fue mejor que golpear triples 7 en todos los ámbitos en las máquinas tragamonedas progresivas en Harrah's Casino.

Justo en frente de mí estaban los buzones de correo de cada maestro para cada clase que se ofrecía y algo más. En cada caja contenía varias copias de cada examen final para cada clase de cada profesor. Me moví con precisión mientras me ayudaba a sacar una copia de cada ranura de correo.

Con las finales en mano, hicimos una escapada limpia de regreso a los dormitorios. No podía creer que anotáramos todas las finales para ese semestre. Esto fue monumental y requirió una celebración de proporciones épicas. Estaba de vuelta en la cima. Ron-Ron había salvado el día. Era un héroe con una cerveza helada en una mano y mi final EnglishComp2 en la otra. Sentí que estaba en la cima del mundo. Estaba seguro de obtener una A en la final y un promedio general de 2.0 para el curso.

Recopilé algunos de mis amigos de último minuto que se apiñaban, bebían café y tenían los ojos inyectados en sangre que compartían en mi clase de EnglishComp2 e inmediatamente se pusieron a trabajar: toda la prueba se configuró en opción múltiple. Hubo aproximadamente

40 preguntas en total y todas fueron respondidas con especial cuidado.

Una vez que se completaron las preguntas, todo lo que tenía que hacer era copiar cada carta y transferirlas a mi hoja de trucos de confianza y luego estaba listo. ¡Oh, qué dulce pensé que era engañar! Pasé todas las otras finales a cualquiera que las quisiera mientras me recostaba y disfrutaba mi triunfo.

Cuando llegó el lunes estaba listo; Estaba ansioso por comenzar esta prueba una y otra vez. Planeaba tomarme mi tiempo y disfrutar de la "A" que estaba a punto de recibir. Sin embargo, algo salió mal, terriblemente mal. Si Murphy tenía una ley, entró en vigencia una vez que completé la prueba. Me di cuenta de que la última pregunta que quedaba en mi examen no tenía respuesta. Bien ... no hay problema, solo sacaré la vieja hoja de trucos y repasaré mis respuestas. Ahora entendí lo que estaba mal.

De alguna manera, cuando transferí las respuestas de la prueba a mi hoja de trucos de confianza, me perdí una carta a una de las preguntas y, como no conocía el material, no pude alinear las cosas en la hoja. Fue entonces cuando comencé a dudar de mí mismo y comencé a cambiar las respuestas. Entré en pánico porque no sabía si me equivoqué desde el principio, en el medio o hacia el final. Mi espalda estaba contra la pared. Dejé de tratar de adivinar qué era qué y acabo de entregar mi prueba.

Más tarde, cuando llegaron los resultados, mi maestra de inglés me dijo que lo había logrado con la calificación de B- y que recibiría una D de ella para EnglishComp2. No todo estaba perdido y al menos podría graduarme. En un momento en que debería haber estado eufórico, me decepcioné y me decepcioné aún más porque ni siquiera podía hacer trampa correctamente.

Era mayo de 1983 y era hora de ponerse esas gorras y vestidos. Mi madre, mi familia y mis amigos estaban emocionados por mí y asistieron a la ceremonia para apoyarme. Todos los graduados estaban alineados y estábamos listos para partir, y allí estaba yo con una gran sonrisa en mi rostro y un frasco lleno de Jack Daniels debajo de mi vestido; sumergiendo cada oportunidad que podía para tomar un trago.

Verano de 1983: ¡qué gran momento para mí! La vida segura parecía fácil. Acabo de conseguir un trabajo en Philadelphia Coca-Cola Bottling Company, una planta en North Wales, PA. Fui contratado como comerciante de rutas. El puesto pagaba muy bien y estaba literalmente a diez minutos a pie de mi casa. Me asignaron mi propio auto de la compañía para poder viajar a los diferentes supermercados. Tuve la oportunidad de relacionarme con los dueños y gerentes de tiendas. Mi trabajo fue muy desafiante. Por ejemplo, pude competir con otros comerciantes de compañías como Pepsi y Canada Dry. Configuré exhibidores de tiendas, carteles de precios y pude hablar de basura cuando apareció la competencia.

El nombre Coca-Cola significaba algo. Era prestigioso y, en su mayor parte, trabajar para ellos era como caminar con una insignia de honor. Se sintió bien. Me llevé bien con los gerentes de la tienda, así que cuando necesitaba que me cambiaran el cheque, saltaron ante la oportunidad de atender mi solicitud.

Cobrar cheques corporativos nunca fue tan simple. Sin colas, sin cajeros, solo efectivo y listo. Este evento abrió una puerta a mi comprensión de la presentación y la ventaja de aquellas cosas que no eran tan obvias. Estaba ganando mucho dinero, disfrutaba de mi trabajo de verano y me emocionaba la vida en general y la compañía de amigos que mantenía.

Mi verano estaba muy avanzado; Sin embargo, todavía no estaba seguro de lo que haría después. ¿Debo seguir trabajando, continuar mi educación universitaria o encontrar algo más que hacer? Finalmente tomé mi decisión y presenté toda la documentación necesaria, cumplí mis obligaciones financieras con préstamos estudiantiles, subvenciones y todas mis calificaciones fueron transferidas de la Universidad de Widener a la Universidad de Millersville.

Solo así, recibí la luz verde para continuar mi educación. Mamá me dio un auto y lo cargué y me dirigí al país Amish, Condado de Lancaster, PA. La Universidad de Millersville era como la mayoría de los colegios y universidades en las que ya había visitado o en donde había estado de fiesta, aunque era de 4 a 5 veces más grande que el Campus Wideners Delaware. Me quedé en el campus en un dormitorio mixto llamado Gage Hall.

Desde el principio, me encontré luchando académicamente. Me había inscrito en educación para la salud, gestión de ventas, teoría de la organización, medio ambiente mundial y lógica informática. ¡Chico, estaba fuera de mi liga! En consecuencia, recurrí una vez más al engaño, solo que esta vez incluso mis mejores esfuerzos se quedaron cortos.

Finalmente, abandoné la educación sanitaria y la gestión de ventas. Esto ayudó un poco, pero mi mundo se detuvo cuando una de mis maestras me dijo que no tenía idea de cómo había llegado tan lejos y quería saber cómo llegué a la universidad. La dura realidad era que varias formas de manipulación eran la única razón por la que lo había logrado. Mis elecciones y los acontecimientos de mi vida me conectaron de esta manera. Allí me senté frente a mi maestra que me dijo que no debería estar en su clase en absoluto, y ella estaba segura de que no iba a aprobar a menos que supiera cómo expresarme y expresar mis pensamientos en forma de ensayo.

Corte directo al grano: no pude escribir un párrafo con la estructura correcta de la oración, la ortografía y la gramática, y mucho menos un ensayo. Estuve de acuerdo con ella y no había razón para continuar con su clase.

Esto me llevó a preguntarme por qué estaba allí, y de repente fui a donde me sentí aceptado. Regresé al campus de Widener University en Delaware, no para continuar mi educación, sino para continuar donde lo dejé en busca de mí mismo. Viví una vida asquerosa y cuanto más lo hacía, más quería hacer.

Un día, cuando estaba de regreso en Millersville visitando a uno de mis hermanos de la fraternidad y mi novia en ese momento, me encontré en una forma rara. Los tres habíamos estado tropezando con hongos mágicos, bebiendo Yukon Jack con jugo de lima y quién sabe cuántas cervezas en el medio. Lo que recuerdo antes de mi apagón menor fue esto: estábamos ruidosos, riéndonos, y no estaba listo para parar. A un niño que vivía al otro lado del pasillo no le gustó lo que estaba sucediendo, así que llamó a nuestra puerta y nos pidió que por favor mantuviera el ruido bajo. Lo que sucedió después, creo, fue que mi hijo y yo salimos al pasillo y saltamos sobre este tipo. El chico fue tomado por sorpresa y después de que lo agrupamos, volvimos a la habitación de mi amigo y seguimos siendo ruidosos.

Más tarde esa semana me llamaron a la oficina del decano y me pusieron en libertad condicional (¡lo cual es divertido en sí mismo ya que ni siquiera era un estudiante registrado en ese momento!). Estaba molesto y le dije al decano que este tipo comenzó todo el calvario diciendo insultos raciales, una mentira descarada de mi parte. La verdad era que recordaba muy poco sobre esa noche; sin embargo, los resultados de mis acciones fueron muy claros: los ojos de este tipo fueron mapacheados y su orgullo fue aplastado. Era un luchador en muy buena forma y estoy casi seguro de que, si la pelea hubiera sido uno contra uno, me habría dado más de lo que podría haber manejado y algo más.

Un día, cuando me dirigía al baño desde mi dormitorio, él me atrapó solo en el pasillo. De repente sentí esta vibra de que alguien se me acercaba y cuando me di la vuelta supe qué hora era. En lugar de mezclarlo con este tipo que quería una revancha justa, simplemente usé mi ingenio para evitar lo inevitable y me acerqué a él y le dije: "No lo hagas a menos que quieras más de lo mismo". Luego lo mantuve en movimiento y seguí con mi negocio.

Al no estar en la universidad, sabía que necesitaba un Plan B ... ya sabes, algo productivo. Pasar el rato en el campus, beber cerveza y perseguir la cola no iba a hacerlo por mí ni a llevarme lejos en la vida. Necesitaba un ingreso, así que volví a trabajar para Coca-Cola y me inscribí como empleado permanente. Los supervisores apreciaron mi desempeño anterior como comerciante del verano anterior. Pagué mis cuotas sindicales y me asignaron como conductor temporal.

Ganar un sueldo me hizo sentir bien y trabajar duro valió la pena a mi favor. Un día, el gerente de la planta me pidió que llevara un camión de productos a una de las cadenas de supermercados locales. Explicó mi tarea y me fui directamente a trabajar. Mi conducción y mi ética de trabajo me abrieron la puerta para obtener mi propia ruta. Pronto me enviaron corriendo al área de Plymouth Meeting, PA para descargar un camión de refrescos. Mientras descargaba, vi a un supervisor que salió de la nada. Se acercó a mí y me dijo que tomara un descanso, que tenía algo que quería compartir conmigo. Me preguntó si quería mi propia ruta y, antes de que pudiera pensar, la palabra "sí" salió de mi boca. Estaba satisfecho con mi rápida respuesta.

A los 21 años, conseguí mi propia ruta como conductor de una conocida compañía Fortune 500. Estaba en camino. Al día siguiente recogí mi nueva ruta, y aunque no era la crema de la cosecha, era mía, y ahora recibiría un pequeño porcentaje por cada caso que vendí en mi camión.

Mientras conducía y entregaba, construí relaciones con todos en la empresa, desde compañeros de trabajo hasta la gerencia. Fui muy querido y muy abierto a la ayuda. Otros conductores me dieron consejos para descargar productos, atajos en mi ruta y cómo evitar el tráfico, además de cómo vender cajas adicionales de refrescos. Aprecié su perspicacia y disposición para ayudarme. Realmente disfruté el ambiente familiar. Mi trabajo con Coca-Cola fue excelente, hasta que vi la oportunidad de aprovechar mi propia situación.

Mientras trabajaba en una tienda ACME en mi ruta, me resbalé y me caí. Normalmente, esto no sería un gran problema y todo lo que tenía que hacer era levantarme y seguir trabajando, pero decidí abandonar el sistema. Reclamé una lesión en mi rodilla izquierda; Sin embargo, a decir verdad, no había nada malo en mi rodilla, pero había algo muy malo en mi pensamiento. El gerente de ACME hizo un informe. Falsifiqué todo el incidente y volví a contar lo que creía que era una historia premiada de la academia. Después de presentar la documentación necesaria para mi reclamo, me fui de licencia y, como un disco rayado, volví a tocar la misma vieja canción.

1 de junio de 1984 ... un día, no diferente a cualquier otro día en mi vida ese año, pero que vivirá en mi memoria como el comienzo de malas decisiones que comenzaron mis más de veinticinco años dentro y fuera de las cárceles. Mientras volvía a casa desde un bar, me detuve en una tienda local del 7-11 para pedir dos perritos calientes, aún mi comida para "calmarme" después de beber. Reconocí a la chica que trabajaba detrás del mostrador; ella era alguien que conocía de la secundaria. Comenzamos una conversación relajada y civil. Sin embargo, tan pronto como me dio la espalda para preparar mi comida, mis ojos inyectados en sangre vieron dos montones de boletos de la Lotería de Pensilvania, unos 500 en total.

Sin pensarlo, alcancé el mostrador, los agarré y los puse en la cintura de mis pantalones. Cuando se dio la vuelta, no era la más sabia y pagué mis hot dogs y me fui. Cuando volvía a casa, sabía que dentro de las entradas estaba a punto de convertirme en un ganador y todo lo que tenía que hacer era rascar las entradas para averiguar qué gané.

Bueno, no estuve en casa por más de 20 minutos cuando vi los faros de los autos en nuestra cuadra. Cuando miré más de cerca, no eran luces de un vehículo normal, sino la de un coche de policía. El crucero se detuvo frente a la casa y un oficial de policía salió con una linterna y comenzó a mirar en mi auto. Necesitaba hacer algo.

No queriendo que el oficial hiciera todo tipo de preguntas tocando el timbre y despertando a mi madre, inmediatamente salí a su encuentro. El oficial me preguntó si este era mi auto; Ya sabía por qué estaba allí, así que me ofrecí a ayudar. Recuperé los boletos de lotería pensando que todo lo que tenía que hacer era devolverlos y seguiría mi camino feliz. En serio, esa era mi lógica en ese momento.

¡Bueno, mi lógica estaba completamente equivocada! Me subieron al auto de la policía y me llevaron al Departamento de Policía de Lansdale. Estaba seguro de que la chica del mostrador no me vio tomar los boletos; Más tarde descubrí que estaba en lo correcto. Fue su manager, quien estaba en el refrigerador y vio cada uno de mis movimientos.

Cuando salí de la tienda, él actuó rápidamente y procedió a escribir mi número de placa antes de que me fuera. Le preguntó a la chica si ella me conocía y, por supuesto, todos conocen a Ronald James.

Desde el principio, fui franco con el oficial de policía y, sorprendentemente, muy honesto, principalmente porque quería ir a casa, dormir y olvidarme de esta experiencia. Sin embargo, ir a casa no estaba en la agenda del oficial, y su comportamiento me tomó por sorpresa.

Este tipo fue muy agradable cuando me conoció en el jardín de mi madre, cuando me hacía preguntas y cuando sacó su pequeña tarjeta y me leyó mis derechos. Desde el principio me dijo que haríamos un viaje a la estación para poder responder algunas preguntas. "Confía en mí", dijo, "no es gran cosa y volverás a casa en poco tiempo".

Sin embargo, cuando llegamos a la estación y nos sentamos en su escritorio, hubo una transformación completa de él. Se volvió agresivo, arremetiendo con su lengua y una avalancha de preguntas venenosas que me dejaron aturdido. Jugó muy bien los dos papeles del Dr. Jekyll y el Sr. Hyde; ¡su juego fue sobresaliente! ¡Habla sobre la rutina de policía bueno y policía malo! Cada pregunta era muy puntiaguda y solía debilitar mi credibilidad.

A medida que avanzamos en el proceso de reserva, sus preguntas se volvieron más letales que las anteriores. Me sentí impotente, cediendo y derramando mis agallas ante la verdad de lo que había sucedido. Sí, lo dije yo mismo. Me di cuenta de que esto no era stickball, tee-ball organizado para niños o incluso ligas menores. Esta fue la gran liga, la jugada principal, y yo estaba justo en el medio.

Todo esto me quedó muy claro después de pasar una hora con este oficial respondiendo sus preguntas. Luego, para empeorar las cosas, tuve que tomarme una foto en varios ángulos, tomar las huellas digitales y luego encerrarla en una jaula como un animal salvaje sin las comodidades del hogar. ¿Qué demonios acaba de pasar? ¿Por qué estaba en esta situación? ¿Cómo puedo salir de aquí? ¿La policía creyó lo que dije? ¿Iré a la cárcel? Oye, ¿no recibo una llamada telefónica?

Mientras estaba sentado en ese tanque de retención, estas preguntas y cientos de otras pasaron por mi mente durante lo que parecieron horas. Comencé a golpearme con el debería, debería, podría haber. A decir verdad, en el fondo de mi ser, me sentía solo, asustado, humillado y cansado, pero ninguno de los sentimientos que se arremolinaban dentro de mí era lo suficientemente fuerte como para hacerme cambiar o detener lo que estaba haciendo.

¿Por qué no elegí odiar este estilo de vida, tal como elegí odiar la lectura? Hubiera sido muy fácil para mí si hubiera podido asociar estos sentimientos de vergüenza, rechazo y sentimiento insignificante al ser atrapado con esa experiencia para cambiar el curso de mi vida. Todo lo que tenía que hacer era parar, tal como lo hice cuando los niños se rieron de mí frente a mi clase de cuarto grado. Hubiera cerrado el libro de ese estilo de vida y lo hubiera cerrado, para nunca volver a visitarlo. ¿Por qué? Me habría dicho a mí mismo que odiaba ir a la cárcel, odiaba todas esas preguntas, odiaba que me dijeran qué hacer, no tener control, que otros me aprovecharan. Odiaba este estilo de vida y mi forma de pensar, pero la realidad de esta situación era que me gustaba complacerme más de lo que odiaba cualquiera de esas cosas.

De hecho, me encantó porque era como un juego de gato y ratón. Recibí todo tipo de atención y, por alguna razón, disfruté el desafío de regresar después de estar deprimido.

Fui ante un juez de distrito que me presentó más preguntas y luego fijó mi fianza. Fui liberado bajo mi propio reconocimiento por el magistrado, pero no antes de una conferencia de aliento para que pusiera mi vida en orden. Bueno, después de todo, gané el premio gordo con esos boletos de lotería.

El 6 de agosto de 1984, fui ante el juez Yong en el juzgado del condado de Montgomery en Norristown, Pensilvania, y fui sentenciado a dos años de libertad condicional. ¡Sí, otra palmada en la muñeca! Nuevamente, mi vida parecía reciclarse. Mi enfoque se mantuvo en la búsqueda de servirme a mí mismo.

Estaba sin trabajo y mi única fuente de ingresos era el cheque de compensación de mi trabajador quincenal, y para colmo, ahora estaba en libertad condicional. Esto me deprimió mucho y busqué gratificación para cumplir mis deseos personales a diario. Sufrí un caso agudo de síndrome de "pobre de mí" e, incluso después de estas experiencias recientes, todavía no tenía visión, dirección ni flujo de caja real.

Seguí adelante con lo que pensé que era una idea brillante y que se encargaría del 'pobre yo' que estaba sintiendo. Mi primo, Marvin, acababa de llegar a casa de la penitenciaría estatal (la penn). Lo miré, así que lo que dijo tenía sentido para mí para lograr un mejor estilo de vida ... así que comenzamos a vender drogas.

La buena noticia es que en el momento en que decides que lo que sabes es más importante que lo que te han enseñado a creer, has cambiado de marcha en tu búsqueda de la abundancia. El éxito viene desde adentro, no desde afuera.
                                                  -Ralph Waldo Emerson

OPCIÓN TRES
YO, YO MISMO Y YO

Marvin había pasado su tiempo en la prisión estatal de Graterford porque fue arrestado por vender metanfetamina a un policía encubierto en el condado de Montgomery, Pensilvania. Cuando me reuní con Marvin, compartió un mensaje fuerte: predicar la restauración, la familia primero, el capitalismo independiente, y luego él elaborado en la construcción de un imperio para que disfrute nuestra familia. Dejó en claro que nuestra posición era llevar a la familia a su estado financiero original.

Marvin era un tipo de Moisés en mis ojos, llevándonos a la Tierra Prometida. Sí, una tierra llena de leche y miel ... más como millones y miel. Sintió que deberíamos retomar donde otros miembros de la familia habían fallado, y donde su hermano mayor Tyrone lo dejó.

Mi primo, Tyrone Palmer, era un narcotraficante multimillonario. Dirigía el negocio con inteligencia callejera y gracia; Sin embargo, la vida de Ty se vio truncada. Fue asesinado a tiros el domingo de Pascua en Atlantic City, el 2 de abril de 1972, en un club nocturno entonces conocido como Club Harlem. Ha habido una serie de especulaciones, teorías e incluso libros sobre por qué el Sr. Millonario, Fat Daddy o Fat Tyrone Palmer fueron asesinados. Elegí confiar en una fuente que revelaba información que creía que estaba más cerca de la verdad sobre lo que sucedió.

A principios de 1972, Frank Matthews, que era un capo de la droga de la ciudad de Nueva York, envió una gran remesa de drogas cuyo valor se estimaba en $ 250,000 a Filadelfia. Este envío se dividiría con Richard "PI" Smith de South Philly. Sin embargo, la codicia de PI obtuvo lo mejor de él y quería el envío completo de forma gratuita. Se puso en contacto con la Mafia Negra para protegerlo en caso de que surgiera algún problema, y se dijo que esta protección tenía un costo de aproximadamente $ 50,000.

El envío fue enviado a Filadelfia y entregado a PI; Sin embargo, afirmó que nunca fue recibido. Dijo que Tyrone debe haberlo tomado. Mientras tanto, Frank Matthews nunca recibió su pago por el paquete. Se subió a un tren de Amtrak a Filadelfia para localizar el problema. A su llegada y reunión con PI, le preguntó sobre su dinero y las drogas. PI le dijo a Frank que Tyrone había interceptado el paquete. Después de la reunión, Frank se fue y viajó a North Philly para hablar con Tyrone. Durante la reunión, Tyrone afirmó que PI recibió el paquete, pero Frank no estaba listo para los juegos.

Tyrone sintió cierta manera de ser etiquetado como poco confiable y ladrón, así que simplemente sacó un maletín con una cantidad incalculable de efectivo y le dijo a Frank: "Si crees que te robé algo, entonces toma este caso lleno de efectivo". Frank estaba satisfecho de que Tyrone no fuera el problema.

Más tarde, Frank solucionó el problema y los PI fueron encontrados muertos en una sección de Filadelfia llamada "The Bottom". Esto molestó a los asociados con la Mafia Negra que todavía buscaba el pago de PI. Un grupo llamado Black Inc., llamado Sam Christian, ahora exigió el pago de Tyrone, quien se negó a pagar. Cuento este evento solo porque a menudo me pregunto qué habría sido de Tyrone si nunca hubiera sido asesinado, y en quién me habría convertido si Tyrone hubiera vivido para influenciarme.

Ahora estaba en una búsqueda para recuperar el título de nuestra familia. El plan era simple: necesitábamos un paquete. Marvin quería inundar las calles de Filadelfia con coca y droga. Después de completar esta tarea, podríamos mudarnos a otras áreas. Me contaron todo sobre sus conexiones, sus trabajadores de confianza y su política sensata con cualquiera que se atreviera a cruzarnos. Repetí sus palabras repetidamente en mi cabeza; fueron música para mis oídos.

Por primera vez en mi vida, pude ver todo de lo que habló. Estaba a punto de hacer algo que sentí que estaba destinado a hacer. Estaba abierto y vendido en este sueño de no más problemas de dinero. Irónicamente, al principio, el problema era que necesitábamos dinero en efectivo para poner el plan en marcha. Mi cerebro entró en acción y pude obtener un préstamo por mil dólares y el segundo por dos mil dólares.

La primera parte del plan nos llevó a un vuelo intercontinental muy agradable. Marvin y yo aterrizamos en Los Ángeles a medio día, entusiasmados por poner en marcha la siguiente fase de nuestro plan. Inmediatamente recogimos nuestro equipaje y nos registramos en uno de los hoteles del aeropuerto. Marvin hizo la llamada telefónica a su contacto, asumiendo que su conexión nos iba a encontrar en el hotel, pero para nuestra sorpresa, fuimos invitados a quedarnos en el condominio del contacto en Santa Ana, Condado de Orange, California.

El problema era que no podría recogernos hasta más tarde esa noche, así que Marvin le dijo que tomaríamos un taxi. El viaje pareció tomar horas, aunque ciertamente no me importó porque la vista era emocionante. Vi muchos autos deportivos, mujeres, palmeras, kilómetros de grandes autopistas interestatales y mucho sol. La cálida brisa de la costa oeste soplaba en mi cara desde la ventana abierta de la cabina. Me recordó todos los buenos momentos que pasé de joven viajando con mi papá en el asiento trasero de su automóvil.

Cuando llegamos a nuestro destino, quedé totalmente impresionado por lo que vi en este lujoso condominio de

2 dormitorios. Nos llamó la atención el sistema de seguridad del contacto que conectaba las cámaras con el televisor del condominio, por lo que nos vio en el momento en que nos detuvimos. El contacto de Marvin tenía unos seis pies y dos pulgadas de alto y estaba bien construido. Era de piel morena y tenía poco más de cuarenta años. Su conversación fue sólida como una roca y corrió todo lo que Marvin y yo queríamos escuchar. Cubrió todas las bases, especialmente cuando habló de que todos nos hicimos muy ricos y que podíamos comprar tanto producto como quisiéramos de él.

Marvin negoció un trato. Le dimos el efectivo y él nos dijo que se sentaría en la coca y nos daría el producto justo antes de comenzar nuestro viaje de regreso a la costa este. Dijo que no era necesario que tuviéramos cocaína en nuestra persona; esto era para protegernos en caso de que algo fallara. Estábamos de acuerdo con ese arreglo porque yo sería responsable de llevar a la "Chica" (coca) a Filadelfia.

Con varios días antes de nuestro vuelo de regreso, pude descansar a gusto. El contacto se jactó de la calidad de la "Chica" al decirnos que podía soportar un tres, "lo que significa que podría mezclarlo o cortarlo con otros productos para aumentar sus ganancias". Quería que supiéramos, incluso con esa mezcla, que teníamos una mejor coca que nadie en Filadelfia.

Marvin estaba a punto, no bebía alcohol, se metía con drogas ni fumaba. Recurrí a tomar cervezas y avanzar según lo planeado. Me sentí bien por estar en el negocio de vender drogas; sin embargo, mi estado de ánimo se quebró cuando un hermano negro grande, que medía unos seis pies y pesaba 300 libras, salió de una de las habitaciones. Tenía un afro de sal y pimienta con una barba larga y descuidada.

Mi cuerpo se tensó esperando lo peor de la intrusión abrupta mientras miraba a Marvin. Pude ver que estaba tranquilo y en control, pero miré sus ojos y pude ver que estaba calculando la situación sin perder el ritmo. El contacto introdujo su músculo como el solucionador de problemas, que se llamaba "Oso". Era fiel al nombre y le quedaba bien. Él era de Topeka, Kansas y cuando abrió la boca, sonaba tan country como Larry the Cable Guy, ya sabes ... "Git-RDone". Después de hablar con él durante unas horas, me di cuenta de que era un hermano perfecto y apreciamos nuestra compañía juntos.

Marvin y yo estábamos disfrutando de nuestro tiempo de inactividad y decidimos retroceder y estrellarnos en la sala de estar como nuestro alojamiento temporal. Desgastado por el vuelo de Filadelfia a Los Ángeles, el viaje por carretera de Los Ángeles a Santa Ana, y toda la emoción de soñar con ser millonario me dejaron en paz. Nos despertamos tarde al día siguiente y todo lo que podía pensar era en conseguir algo de comer. Mi tanque estaba vacío y los sentimientos de Marvin estaban definitivamente en línea con los míos, así que saltamos, nos lavamos, nos vestimos con nuestro equipo de la costa este y estábamos listos para la acción.

Me tomé la libertad de explorar el refrigerador y noté algo muy mal con la imagen. No había comida, solo agua y algunas cervezas. El contacto parecía tener lugar, pero pensé que todos los jugadores tenían comida a mano. Me encogí de hombros y conté la nevera vacía como si estuviera demasiado ocupado para pasar por el mercado. Mis pensamientos fueron amables. He oído decir: "Lo que se hace en la oscuridad pronto mostrará su cara fea a la luz".

Las cosas ciertamente comenzaron a cambiar y rápidamente. Observé cómo el péndulo se balanceaba lentamente, de bien a mal, y luego totalmente fuera de servicio. Nos voló la cabeza cuando comenzamos a ver a qué nos enfrentamos, notando a Bear y no se pudo encontrar el contacto. Pensamos que debían haber estado fuera, ocupándose de los negocios al estilo de California. Desafortunadamente, no sabíamos cómo desarmar el sistema de seguridad y nos sentimos atrapados, a pesar de que teníamos hambre y queríamos ir a comer algo ... así que nos sentamos y miramos la televisión.

Cuando el contacto finalmente regresó, Marvin dijo: "Hola Jim, nos vamos a buscar algo de comer". El contacto se ofreció a llevarnos, pero lo rechazamos porque queríamos estirar las piernas y ver las vistas. Después de una buena comida, vimos el área, tomamos algunas fotos y luego regresamos al condominio.

Después de que nos acomodamos para la noche, notamos que el contacto se volvió distante. Se quedó en su habitación durante horas, solo para mostrar su rostro por un momento, preguntando si estábamos bien y luego desapareció de la vista. Bear rara vez salía de la habitación y comencé a preguntarme si estos tipos eran homosexuales.

La mañana siguiente fue un hermoso día soleado en California, así que Marvin y yo nos dirigimos a la piscina y al jacuzzi. Me recosté tomando el sol mientras soñaba con comprar bienes raíces, como este condominio ... ¡Sí! Sabía cómo iba a gastar mi primer millón.

Mis sueños fueron interrumpidos cuando volvimos a entrar. Bear y el contacto continuaron actuando de manera extraña en sus movimientos. Cuando aparecieron, eran metódicos y cansados. En este punto, Marvin y yo nos miramos, preguntándonos qué estaba pasando en el mundo. Notamos que ocurrían cosas locas con el contacto: parecía como si viera un fantasma, sus ojos eran del tamaño de medio dólar y gotas de sudor goteaban profusamente de su frente. Marvin observó como un halcón cada uno de sus movimientos. El contacto caminó lentamente hacia la mesa de café de la sala, cogió el control remoto del televisor y hojeó los canales. Se detuvo cuando llegó al canal de seguridad con la vigilancia en la puerta principal.

Usando solo un par de pantalones, de pie con el pecho desnudo y descalzo, su pecho se estaba expandiendo y contrayendo como si acabara de correr a 100 metros de la policía. Miré más de cerca y pude ver su corazón latir con fuerza como si saliera de su pecho. Sabía que algo andaba mal, pero ¿qué? Marvin sabía que algo andaba mal, podía verlo en sus ojos. ¿Habría una emboscada en el condominio? ¿Podrían ser hombres atrapados, los federales o alguien que tuvo algo de carne con estos tipos? Sentí que estábamos en el lugar equivocado en el momento equivocado y estábamos atrapados.

Cuando el contacto se acercó a la cocina, miré a Marvin para intentar anticipar su próximo movimiento. Marvin se levantó de su silla y caminó lentamente hacia el contacto. Antes de que Marvin pudiera hablar, lo cerraron y le dijeron que se callara, así que me mudé a investigar.

No pude determinar qué sucedería después en función del tono de la voz del contacto, pero sabía que no iba a dejar que nada bajara sin luchar. Allí estábamos ... tres guisantes en una vaina acurrucados cerca de la cocina. Nos quedamos completamente quietos ... hasta que el contacto nos indicó que bajáramos. Cuando cayó al suelo primero, lo seguimos rápidamente.

Lo que sea que ocurriera, era serio. El contacto lentamente colocó su dedo índice contra sus labios, indicándonos que permaneciéramos quietos y callados. Había miedo escrito en toda su cara. Me sentí impotente y sin idea de lo que sucedería después.

Agachado en el suelo, comencé a determinar mi próximo movimiento. Mis ojos se centraron en el contacto cuando comenzó a mirar al techo. Luego, nos señaló, luego al techo. Desesperadamente traté de localizar lo que quería que viéramos ... seguramente algo había asustado a este tipo. Noté un objeto que sobresalía del techo; se parecía a una porción de metal que verías conectada a un sistema de rociadores contra incendios. Lentamente se inclinó, juntándonos y susurró con voz infantil: "Nos están escuchando".

Bien, cuando escuché esto, la primera pregunta que estaba pensando, "¿De quién demonios está hablando? ¿Qué demonios estoy haciendo en este piso de la cocina ... espera un minuto, por qué demonios estoy aquí de nuevo? ¿Era este realmente el estilo de vida de las drogas del que tanto deseaba ser parte? Hubo una rotunda presión para que yo mirara más profundo, más allá de esta situación actual, para abordar la pregunta definitoria de por qué estaba allí. ¿Cuál fue o cuál es mi propósito en la vida? Se supone que soy un importante traficante de drogas con dinero, mujeres, poder y riqueza ... siguiendo a aquellos en mi familia que lo hicieron grande. ¿Por qué entonces estoy en el piso de esta cocina?

Tal vez habría algo más fuera de la vida porque hasta ahora, descubrí que vender drogas parecía una locura. Después de veinte minutos de teatro, el contacto saltó como si nada hubiera pasado y simplemente salió de la cocina. Miró hacia atrás y preguntó si estábamos bien, ya que desapareció en su habitación.

¿Qué tipo de pregunta es esa? ¿Estábamos bien? ¡INFIERNO NO! ¡Nunca había visto algo así en mi vida! Para empeorar las cosas, Bear apareció como un gran zombie sin responder incluso cuando se le habló; nos miró a través de nosotros. Rodeó el condominio por unos minutos y luego regresó a su habitación.

Aproximadamente una hora después, el contacto regresó con la misma escena de libro de texto como si hubiera hecho esto mil veces antes. Esta vez, sin embargo, hubo una gran diferencia. Marvin tenía el ceño fruncido y dejó en claro que no pasaríamos por esa misma experiencia otra vez. Le dijo al contacto que no íbamos a la cocina, que no íbamos al piso, ni que íbamos a estar callados. De hecho, comenzamos a reír a carcajadas e imitamos el contacto. Marvin le informó que el concierto había terminado. Explicó que no tenían que seguir haciendo cosas en privado, lo que se hizo en la oscuridad finalmente salió a la luz. ¡Fumaban coca cola, se basaban libremente, para ser exactos!

Ahora que todo estaba a la vista, el contacto comenzó a tomar su equipo y colocarlo. Él fue la primera persona que vi ponerle una pipa de ladrillo a sus labios, mejor conocida como "chupar la polla de vidrio". Me preguntaba por qué alguien pasaría horas de tiempo valioso colocando un instrumento de vidrio en su boca en lugar de contar el dinero.

Quemaron cocaína, literalmente le prendieron fuego y vieron cómo su dinero se convertía en humo. Yo, por mi vida, no podía entender por qué alguien haría algo tan idiota como esto, pero así era como Marvin y yo íbamos a ganar millones ... de idiotas.

Solo para que conste, mi eventual curiosidad sobre el asunto terminó matando a todas menos una de mis nueve vidas.

Al día siguiente, el contacto hizo su movimiento y teníamos la coca en nuestra posesión. Finalmente, era hora de irse; sin embargo, tuvimos el pequeño problema de escoltar a la "niña" en el vuelo. Era mi trabajo transportarla a casa, así que la puse en mi maleta de mano. De camino al aeropuerto, todo lo que quedaba en mis pensamientos era: "por favor, no dejen que me atasque". No recuerdo si esta petición fue para Dios o para mí; Todo lo que sabía era que no quería ir a la cárcel. Aterrizamos sanos y salvos en el aeropuerto de Filadelfia, ¡SÍ!

Ser un "traficante de drogas oficial" no ayudó a mi situación, por qué ... porque también me convertí en un usuario oficial. Comencé a usar coca con amigos y familiares, y, aunque mi uso de drogas fue ligero, no obstante, fue un uso de drogas. Hice un viaje de Filadelfia a Nueva Jersey para ver a una amiga que quería una bola ocho de la "niña". Esto era algo liviano, solo para poner unos pocos dólares en mi bolsillo, así que fui a Marvin y él me lo guardó.

Con la coca cola arrastrada y cansada del ajetreo y el bullicio de las calles de Filadelfia, finalmente hice el viaje de 2 horas de regreso a North Jersey a mi casa en el YMCA en Montclair. Estaba alquilando esta habitación semanalmente para poder estar cerca de mi novia en ese momento. Después de que llegué y me instalé en el viaje, pensé que una pequeña siesta estaría en orden antes de reunirme con mi novio y mi novia.

Me recosté en la pequeña cama y analicé mi situación y, por primera vez, noté las dimensiones de la habitación. No era más grande en área que un vestidor de 8 x 12 pies. La iluminación era tenue con una presencia misteriosa que me eclipsó.

Después de ordenar mis pensamientos, me puse de pie, vacié mis bolsillos y coloqué todo sobre la mesa al lado de la cama. La bolsa que contenía la coca-cola me llamó la atención y me concentré en el polvo blanco. Entonces escuché una voz... la voz que no había escuchado en mucho tiempo, pero ciertamente no la voz que necesitaba escuchar.

No estaba segura de dónde venía la voz, en otra parte de la habitación o de la coca cola en la bolsa. De lo que estaba seguro era de que la voz hablaba claramente y escuché su grito... más bien como un anhelo de que la captara. Me sentí conmovido por seguir su ejemplo. Pensé para mí mismo que una pequeña línea no podía doler. Demonios, mi chico ni siquiera se perdería una migaja ahora, ¿verdad?

Por lo tanto, comencé a clasificar la bolsa de coca buscando sacar una pequeña porción de la sustancia blanca. Cuando encontré lo que estaba buscando, lo puse en un billete de un dólar que había arrugado a lo largo. Luego aplasté y aplasté la coca entre el billete de un dólar hasta que se convirtió en un polvo fino.

Mientras realizaba este proceso de aplastar la coca y sin siquiera darme cuenta, mi cuerpo experimentó algún tipo de cambio. Mi corazón comenzó a latir excesivamente rápido, me quedé sin aliento y mis manos comenzaron a sudar y temblar. Respiré hondo y pude reponerme lo suficiente como para continuar el proceso. Tenía que ser por la emoción, la anticipación, la sensación de hacer algo mal que se sentía tan bien. Enrollé un billete de dólar adicional para servir como primicia. Era hora de servirme a mí mismo.

Tomé mi dólar, recogí una pequeña porción del material blanco y olfateé el producto hasta que desapareció del billete. Luego puse mi dedo contra mi fosa nasal izquierda, coloqué un poco de agua en mi nariz e incliné mi cabeza hacia atrás para limpiar la cavidad nasal.

Como de costumbre, recibí la gratificación instantánea que vino con este subidón: la sensación de hormigueo en mi cerebro, seguida del entumecimiento y luego el goteo en el fondo de mi garganta. Entonces comencé una conversación conmigo mismo y dije: "Yo ..." y yo dije: "¿Hmmm?" Le dije: "Vamos a inhalar algo más de coca en este momento". Yo mismo dije: "Hombre, vamos a mover la playa, tengo que ir a sacarle ese dólar a tu chico". Me puse de pie y dije: "Me siento realmente bien en este momento, porque estoy en el cielo y no hay necesidad de apurar esto". Cuando estaba terminando la coca cola aplastada que quedaba en la cuenta, me di cuenta de que había pasado una hora durante mi locura. El tiempo vuela cuando te diviertes ... ¡y tienes una conversación a tres bandas contigo mismo!

Después de una larga conversación entre Yo, Yo y Yo acerca de llevar el resto de la coca a mi hijo y recoger su dinero, convencí a los personajes de 'Yo' y 'Yo' de hacer algo para motivarme, así que abrí el paquete nuevamente y arrojó una porción de buen tamaño en la factura. Cuanto más resoplaba, más sentía que mi mente estaba acelerada. Todos mis pensamientos estaban preocupados, escuchando cada sonido y cada movimiento. Parecía como si mi audición fuera biónica; se intensificó tanto que pude escuchar a la gente en el pasillo en otras habitaciones, afuera y en mi cabeza.

Esto continuó durante horas y horas. No hace falta decir que, a la mañana siguiente, resoplé por completo el resto del paquete. La bola ocho se había ido y ahora me enfrentaba a las noticias tanto para mi hijo como para Marvin. Mi amigo fue fácil: simplemente le dije que no podía tener en mis manos nada. Marvin, por otro lado, era otra historia. Estaba buscando dinero en efectivo. ¿Cómo iba a explicar mi uso?

Me senté al borde de la cama, todos mis pensamientos consumidos con una historia creíble que podría venderle a Marvin. Con ambas manos sosteniendo mi cabeza, mis codos descansando sobre mis rodillas y mi cerebro a toda velocidad, pensé para mí mismo: "¡Buen lío en el que te has metido!" Tan pronto como permití que este pensamiento descansara en mi cerebro, se me ocurrió una solución. Lo pasé por mi CPU varias veces, asegurándome de que fuera infalible. Una vez que me di cuenta de que era un ganador, bajé corriendo las escaleras hacia el teléfono ubicado en el vestíbulo de YMCA. Llamé a Marvin y esto es lo que dije: "Oye Cuz, adivina qué, nunca vas a creer esto. Cuando me reuní con mi hijo anoche para dejar su dulce, lo arrojó en un plato y lo sentó en la mesa de juego donde estábamos sentados. Cuando me levanté para ir a la cocina a tomar una cerveza, tiré la mesa, derramando las bebidas y los dulces en su alfombra. Hice mi mejor esfuerzo para ayudarlo a recoger lo que pude, lo que no fue mucho. Eché a perder su noche y la conté como una pérdida. Lo siento mucho, primo.

Esperé una respuesta y cuando llegó, no había signos de decepción, enojo o vacilación en su voz. Marvin simplemente dijo: "No hay problema, no nos preocupamos por las migajas". Con ese peso de culpa sobre mis hombros, pude volver arriba y estrellarme durante unas horas. Todavía quería servirme al reunirme con mi novia, y cuando llegó el momento de conocer a Marvin, continuamos con los negocios como siempre.

Nos mudamos por toda la ciudad haciendo gotas y recogiendo efectivo de varios de sus trabajadores; Sin embargo, nos encontramos con los mismos viejos problemas. O gastamos nuestro efectivo tan rápido como lo obtuvimos, o parecía que todos tenían una excusa para no pagar y algunas de las excusas eran más relajadas que otras. Sin un plan real para mi futuro, aparte de ser un importante traficante de drogas, necesitaba urgentemente dinero en efectivo. De alguna manera, necesitaba descubrir cómo salir de esta situación y obtener algunos fondos; El juego de las drogas no era para mí.

Vi un anuncio en el periódico para un puesto de ventas. Este trabajo parecía estar en mi callejón. Su oficina estaba lo suficientemente cerca en Fort Washington, Pensilvania, y el puesto prometía que podía ganar tanto dinero como quisiera: el cielo era el límite. Me puse al teléfono y marqué el número que figura en el anuncio; Estaba emocionado y mi corazón se aceleró con anticipación. El teléfono sonó varias veces antes de que alguien respondiera: "Gracias por llamar a Successful Singles International (SSI) ¿Cómo puedo ayudarlo?" Le dije a la recepcionista que estaba llamando sobre la posición de venta anunciada en el periódico local. Ella me proporcionó la información de la oficina y me dijo que entrara y completara una solicitud.

Cuando llegué a la oficina y crucé la puerta principal, me quedé impresionado y supe que este lugar era para mí. La oficina estaba llena de emoción, los teléfonos saltaban del gancho y había gente caminando vestida profesionalmente. Otros corrían de un lado a otro para realizar diversas tareas y todos tenían una sonrisa. Los que estaban a cargo dieron la impresión de que eran un regalo de Dios para el mundo. ¡Me encantó! Incluso sus muebles eran de alta gama. Toda la atmósfera de la oficina tenía el aura del éxito.

¡Mi cabeza giró en todas direcciones tratando de observarlo todo y me vendieron! Luego me llamaron a una de las oficinas del gerente. El gerente era de Egipto; el chico estaba inmaculado y su enfoque de entrevista fue perfecto.

Me vendí a él diciéndole lo importante que era este trabajo para mí. La verdad del asunto era que cualquier trabajo era importante para mí en esta etapa del juego solo porque estaba desempleado y en bancarrota. Me dijeron que volviera para una segunda entrevista la semana siguiente.

Cuando llegó el lunes, llegué temprano con mi juego de frente. Una hermosa secretaria me hizo pasar a su oficina. En cualquier otro momento hubiera tratado de poner mi MAC sobre ella, pero en este punto, ella no tenía lo que necesitaba. Cuando me senté, la puerta de la oficina se cerró y el gerente comenzó a decirme de inmediato: "Sr. James, no creo que estés preparado para esta línea de trabajo. ¿Era este tipo una especie de loco o estaba loco por las ciruelas? ¿Por qué me haría venir a su oficina para decirme eso?

Inmediatamente, entré en mi modo de defensa. Comencé superando esa objeción y cualquier otra objeción que él me lanzó. Se recostó en su silla de cuero de alto precio y escuchó... Luego me animé y me vendí. Luego se levantó, sonrió y estrechó mi mano, felicitándome. Había pasado la prueba. Sin embargo, cuando dijo: "Sr. ¡James, tienes el trabajo! Todavía estaba en guardia listo para dar otra declaración de regreso.

Continuó explicando que su compañía utiliza una técnica llamada "enfoque para llevar" a las entrevistas. Esto se hizo para ver si realmente quería el trabajo y luego agregó que debería encajar perfectamente. Me informaron que mi entrenamiento comenzaría esa semana y esperaba verme allí a tiempo. Pasé tres días entrenando antes de ser enviado en mi primera carrera con uno de los subgerentes. No obtuve la venta, pero sabía que podía manejar el trabajo. Me tomó algunas carreras entrar en el bosque, pero una vez que lo encontré, ¡estaba listo!

SSI era simplemente un servicio de citas de clase alta. Disfruté de conocer gente y pude conectarme con varios profesionales, dueños de negocios, trabajadores estatales, guardias de prisión, geeks informáticos, enfermeras, médicos y modelos de clase alta. Aquellos con dinero, hasta el promedio de Joe, que era difícil encontrar el amor. Era una práctica común comenzar todas mis entrevistas con un perfil financiero completo. No había necesidad de proceder si esa persona no podía pagar nuestros servicios.

Recuperé estadísticas vitales de los clientes, que incluían la recopilación de su información personal, información bancaria y de tarjetas de crédito junto con números, informes de antecedentes y firmas. Era mucho trabajo que parecía inútil; sin embargo, era necesario e importante para medir su estabilidad financiera y ayudar a calificarlos para la membresía.

Finalmente ... estaba haciendo grandes cosas y me sentía bien conmigo mismo, pero después de unas cien entrevistas, comencé a toparme con una pared. Me informaron que este tipo de cosas les sucede incluso a los mejores vendedores, así que dejé SSI para hacer lo único que tenía sentido ... el tráfico de drogas. ¡¿De Verdad?! ¿Eso tiene sentido?! ... bueno, lo hizo en ese momento.

Marvin y yo viajamos a la sección Logan de la ciudad y nos conectamos con un amigo suyo que ahora era nuestro nuevo contacto; solo que no se estaba drogando como nuestro amigo en California. Este tipo era sobre el dólar y su producto era bueno y a un precio excelente. Tomamos lo que necesitábamos y avanzamos. El plan era simple. Marvin haría negocios como siempre en Philly mientras me permitía explorar algunas nuevas oportunidades de negocios fuera del estado.

Mi hermano mayor y yo íbamos a transportar algunas de las cosas blancas a través de las fronteras estatales hasta el hermano menor de Marvin, Peanut, que vivía en la parte del medio oeste de Kansas. Peanut nos citó algunos precios, que eran dos veces más altos de lo que vendimos "la niña", así que nos pusimos de pie para hacer un asesinato. Viaje por carretera a Kansas, ¡aquí vamos! Mi hijo y yo hicimos las maletas, nos gastamos, gastamos dinero y peaje en nuestros bolsillos, y la viga triple y la niña en el asiento trasero.

Después de muchos kilómetros, llegamos a Wichita, Kansas, donde pasamos de tres a cuatro semanas en la vida nocturna, fiesteras y durmiendo con todo tipo de mujeres. Estábamos a punto de alcanzar el punto de equilibrio, pero había otra cosa que hacer antes de abandonar el área. Nos encontramos con Peanut en una tienda de armas local para comprar un revólver calibre .38 y proyectiles para Marvin. Cargamos el auto con nuestras cosas, la triple viga y el dinero que nos quedaba, junto con el arma. Al igual que el tornado en el que entramos, estábamos fuera de esa ciudad y nos dirigíamos a casa.

De vuelta en Filadelfia, Marvin y yo comenzamos a luchar cada vez más. Ambos desperdiciamos dinero tan rápido como llegó. El efectivo nunca fue reinvertido en el producto. En cambio, lo usamos para apagar incendios familiares como alquileres, facturas y cualquier otra cosa que surgiera, incluidas nuestras necesidades. El sueño de ser un traficante de drogas multimillonario como el primo fallecido de Marvin, Tyrone, no estaba sucediendo. Parecía como si hubiera una maldición sobre nosotros. Empecé a tomar algunas cosas en mis propias manos. Sentí que mi reciente curso de tráfico de drogas fue muy bueno en Kansas e, incluso si perdía algunos dólares aquí y allá, siempre podía recuperarme de alguna manera.

Era el corazón del verano de 1985 y la cocaína crack acababa de explotar en las calles de Filadelfia. La cocaína, ya sea blanda (en polvo) o dura (crack), era un negocio viable y vibrante. Coca-Cola estaba en casi todas las áreas de cada sección de la ciudad y se vendía en las esquinas abiertas. Si alguien quería hacerse rico, reclamaban un rincón y se iban a trabajar. Era como si los que vendían coca tenían una licencia legal para hacerlo. Líneas acumuladas de su gran demanda. La gente se paraba de un lado a otro de la calle, junto a las casas, dentro y fuera de los callejones y en las esquinas esperando el material blanco. A veces, las líneas estaban tan respaldadas que era como si estuvieran parados en un mostrador de una tienda local Wal-Mart Super Store.

Había una sensación de orgullo, honor e integridad con muchas familias que corrían los "rincones verdaderos". Había trabajadores las 24 horas que trabajaban por turnos, con vendedores y mujeres que vendían mano a mano. También hubo personas que empacaron su producto, quienes supervisaron el control de multitudes y quienes buscaron nuevos clientes, ladrones y policías.

Dios no permita que te descubrieran como uno de los ladrones. Si es así, y no te mataron a medias ni te mataron, tenías un vecindario lleno de personas, incluidas abuelas y niños, que te perseguían. Las esquinas trajeron cientos de miles de dólares diariamente y ningún mono iba a detener su espectáculo.

Eso incluía a alguien más vendiendo cualquier cosa en sus esquinas. Si te atreviste a interrumpir su acción, hubo máximas consecuencias. Podría costarle la vida a una persona. Se vendieron drogas en cada oportunidad en toda la ciudad, desde los proyectos hasta escaparates improvisados, casas individuales, casas abandonadas e incluso automóviles. Parecía ser un mercado abierto.

De todos los lugares donde se vendió la droga, no había nada como las esquinas de 8th y Butler, 9th y Pike, 8th e In Princess D, y 5th y Glenwood. Esta era una cultura completamente diferente. Juntos, todos hablaban en un idioma diferente y, si no estabas en la cima de tu juego, no tenías nada que hacer en el área. Era como si aterrizaras en un país extranjero con adversarios por todos lados y, en su mayor parte, estuvieras rodeado.

Las calles eran manejadas predominantemente por puertorriqueños. Si no estabas abajo con sus códigos, estabas solo. Palabras como "agua", que significa "agua" en español, pero en las calles, se interpretó como "¡Saca tu trasero de la esquina porque viene la policía!" Era una locura cómo cientos de personas podían desaparecer literalmente en un abrir y cerrar de ojos. Aquellos que iban a comprar las cosas blancas aprendieron rápidamente cómo salir del camino en momentos como estos.

Por otro lado, algunas palabras elegidas eran música para sus oídos. Cuando escuchó CINTA AZUL, AMARILLA o ROJA, o BOLSAS NEGRA, AZUL o ESTRELLA, se refirió a aquellas familias que vendieron la coca y que anunciaban su oferta para la venta. Literalmente, cada uno tenía su mano en la acción de una forma u otra ... ¡todos menos mi primo Marvin y el tuyo de verdad! Otros florecían, pero luchamos por mantener las cosas a flote en nuestra propia operación, y luego ocurrió un problema importante. Alguien cometió el error de llevar el sobre demasiado lejos en la dirección de Marvin por falta de respeto. Marvin no lo estaba teniendo. Me llamó a un lado y, mientras hablábamos, supe desde el primer momento que algo estaba terriblemente mal. Hubo un cambio absoluto en su comportamiento, con la expresión de la muerte en su rostro. Sus ojos estaban rojos como el fuego, su voz baja y nada clara, lo cual era muy diferente de la persona optimista que conocía y con la que estaba diariamente. Era como si estuviera algo sin aliento, sin embargo, estaba muy tranquilo y en control.

Lo primero que me dijo fue que podría tener que matar a alguien hoy ... bueno, no había duda de que lo que dijo era 100% real. Solo necesitaba saber si podía ayudarlo. No había duda en mi mente de que estaba todo, listo para defender a mi familia, incluso si eso significaba la muerte. ¿Cómo podría no estar metido en esto? Marvin era mi hermano.

Me sentó y repasó su plan. Quería que yo cargara el .38 cargado que trajimos de Kansas. Nos dirigiríamos a un departamento en East Germantown; Marvin quería conducir. Estaba totalmente de acuerdo con la decisión porque mis manos ya estaban llenas. Me preparé preparándome físicamente, lo que implicaba golpear una cerveza, ponerme la chaqueta verde del ejército y colocar la pistola de acero frío en el bolsillo derecho de mi chaqueta. Me sentí como Robert Deniro en la película The Taxi Driver. ¿Estaba listo ... Maldita sea! ¿Estaba nervioso ... Maldita sea! Pero estábamos hablando de Marvin, así que tuve que reponerme.

Es una maravilla que no me haya disparado porque nunca quité el dedo del gatillo. Todo lo que Marvin quería que hiciera era entregarle el arma en el momento apropiado y él manejaría su negocio desde allí. Cuando estacionamos el auto en la calle desde el edificio de apartamentos, mi mente comenzó a fluir con todo tipo de preguntas como, 'Si Marvin se lastimara, ¿qué haría? ¿Qué pasa si alguien más resultó herido? ¿Qué pasa si me pasa algo? ¿Qué pasa si vienen los policías?

Sabía que no era el momento para hacer muchas preguntas, ¡de ninguna manera! Esto no fue un juego y Marvin me lo dejó muy claro antes de dejar el auto. Hizo una pausa por unos segundos y luego se recostó y apoyó los brazos y las manos en el volante ... tal vez fue para registrarse y hacer las paces con el Creador, pero, en cualquier caso, era el juego.

Con una respiración profunda seguida de un suspiro, salimos. Me dijo que tan pronto como llegáramos a la puerta del departamento del tipo, le daría el arma. Él iba a llamar a la puerta y manejar lo que bajara por la pica.

La escena era perfecta para un homicidio: no había absolutamente nadie a la vista desde donde estaba parado. Sabía que el sonido de los disparos atraería a una multitud ... así que solo tuvimos unos segundos para que esto sucediera sin delatarnos. Algo estaba a punto de dar.

Marvin acercó lentamente la oreja hacia la puerta del apartamento y, por la expresión de su rostro, me di cuenta de que estaba contento de que nuestro viaje por la ciudad no fuera en vano. Metió su mano extendiéndose en mi dirección y esa fue mi cola. Cuando le pasé la pieza de acero, supe que era eso. Estaba a punto de caer. Por muchas razones, me sentí impotente. Cuando el arma estaba en mi poder, había un sentido de autoridad en mi ser, pero cuando lo hice pasar, me sentí vacío ... pero sabía que Marvin tenía el control.

Mis ojos estaban completamente fijos en él y noté que estaba en una zona estratégica. El arma ahora estaba expuesta, a su lado, y sus movimientos eran los de una persona completamente diferente, mientras lo observaba ponerse lentamente en posición. Golpeó la puerta del apartamento tres veces en rápidas repeticiones. La siguiente serie de eventos que tuvieron lugar cambió mi forma de pensar para siempre.

La puerta se abrió y la cara de la víctima insospechada se puso blanca como un fantasma. Al instante, el hombre comenzó a suplicar piedad, yendo directamente a un acuerdo de negociación. Era como si hubiera completado su ensayo final y ahora estaba en el escenario de un espectáculo de Broadway titulado "This Is Your Life". Se disculpó por el robo y explicó que no tenía idea de quién era realmente Marvin. Alguien con mejor sentido debe haberse quitado el abrigo.

De todos modos, Marvin metió la pistola en su bolsillo sin que este tipo viera el arma, o lo cerca que estaba de la muerte. Entonces supe que estaba bien retroceder y humillarme en cualquier situación, especialmente aquellas que conciernen a mi vida. También me di cuenta de que mi primo no era un asesino despiadado y de sangre fría que intentaba disparar a cualquiera sin razón aparente.

Las reglas de las calles pueden haber dictado otro resultado, pero ese día fue una situación de ganar / ganar. No importa cuán mal se pusieron las cosas con la carrera de venta de drogas, ni Marvin ni yo estábamos dispuestos a tirar la toalla y dejar de fumar.

Marvin quería visitar a uno de sus muchachos que también había salido recientemente del Penn. Nos dirigimos a la sección de Logan de la ciudad. Hasta este momento, había visto todo tipo de casas en toda la ciudad de Filadelfia, desde los guetos hasta proyectos de apartamentos, que iban desde el norte hasta el sur de Filadelfia, del noreste al oeste. Estaba acostumbrado a entrar y salir de las galerías de tiro, casas de crack y "abandominiums" (propiedades tapiadas de la ciudad). Vi todo tipo de suciedad, tierra, ratas, cucarachas y parafernalia de los usuarios de drogas. Conocí a muchas personas de todos los ámbitos de la vida, y nada pareció sorprenderme o sacudirme, excepto ser presentado a un hombre llamado George Diggs.

George vivía en el segundo piso de un apartamento dúplex que él y su esposa tenían. Cuando los tres nos sentamos en su cocina, Marvin y Diggs patearon el bobo hablando del quién es quién de la vida en prisión. Me di cuenta de lo que me rodeaba y pensé que el lugar de este tipo era una casa de crack. Había platos apilados en el fregadero, cucarachas corriendo desenfrenadas, bolsas de basura en los rincones tan llenas que estaban listas para volcarse, y una gran variedad de bolsas de coca vacías y coloridas en la mesa y en los ceniceros.

Para mí, nada de esto estaba fuera de la norma y más o menos como vivía algunos días; Sin embargo, lo que estaba fuera de la norma fue lo que escuché cuando este tipo abrió la boca. Estaba estupefacto con su diccionario. Fuera de su insulto, me di cuenta de que George era extremadamente inteligente, así que ahora tenía mi atención y me concentré en su conversación. Estuve hechizado por casi una hora completa. Este hermano de piel clara y complexión gruesa con cabello ondulado naturalmente negro medía aproximadamente seis pies de alto, con una cabeza del tamaño de una calabaza grande ... ¡pero eso no fue lo que me dejó hechizado durante casi una hora! George era más que solo inteligente ... ¡era un genio intelectual y yo estaba en trance escuchando cada una de sus palabras!

George Diggs era experto en matemáticas, historia, eventos mundiales y las calles. Sin dudas, era un maestro en banca, negocios, derecho penal y manipulación. Sin embargo, ¿qué demonios estaba mal con esta imagen? ¿Por qué George Diggs estaba sentado en medio de una casa de crack con tanta suciedad? ¿Que pasó? ¿Por qué estaba aquí y no ganaba millones de dólares en un bufete de abogados o en un CEO de Wall Street?

Así que mi curiosidad se apoderó de mí y me metí en la conversación para aprender más. Él vino de buen stock; También tenía un espíritu muy libre y no tomaba nada en serio. Todo lo que quería hacer era hacer sonreír a la gente. Una vez que entabló una conversación profunda, cada parte de su cuerpo comenzó a moverse. Sus muslos aplaudieron como un par de tijeras de jardín. Sus manos estaban por todos lados: en el aire, sobre su cabeza, sus piernas, la mesa, sobre mí y el brazo de Marvin, la silla y luego volvieron a estar sobre mí. Sin embargo, sus manos, piernas y pies no tenían nada en su don de gab.

Su boca era dorada y ciertamente podía hablar ... sin mencionar ser creativo, ingenioso y divertido. Si quisieras obtener algo de él, él volvería tu egoísmo contra ti y lo usaría para su ventaja, y si todo lo demás fallara, usaría su sonrisa juvenil de diente de serpiente para conquistarte. Sus palabras me capturaron cuando pasó de un argumento de venta a cerrar el trato.

George le explicó a Marvin que estaba buscando un "paquete amigable", o alguien que voluntariamente entregó su identificación y talonario de cheques. Si pudiera tener en sus manos el paquete amistoso, obtener el dinero no sería un problema. George era muy aficionado a los cheques y las tarjetas de crédito, explicando que esta era la forma en que teníamos que ir. Pensé para mí mismo, ¿quién en su sano juicio estaría dispuesto a renunciar a su identificación personal y talonario de cheques? ¡Quizás este tipo estaba loco después de todo!

Además, sabía que meterse con la identidad de otra persona estaba completamente equivocado, pero continuó diciéndonos que podía establecer una corporación ficticia con números de identificación fiscal, cuentas bancarias, y luego pediría préstamos y generaría crédito ... solo para dar la vuelta y derribarlo por dinero en efectivo. Una vez que George consiguió el dinero, se fue a las carreras.

Admiraba su capacidad de ser abierto y directo sobre su estilo de vida y quién era. Afirmó vivir una vida muy simple. Todo lo que quería era una bolsa de Coca que pudiera disparar o fumar, algo de coño para comer, un paquete de Winstons, una Pepsi y una barra de caramelo de 3 mosqueteros para el postre.

Bueno, la semilla fue plantada y él dijo que, si queríamos obtener unos pocos miles de dólares muy rápidamente, todo lo que teníamos que hacer era crear un paquete amigable. Luego nombró las especificaciones: talonarios de cheques, tarjetas MAC, tarjetas de crédito, licencia de conducir, tarjetas de seguro social, identificación de trabajo, certificados de nacimiento, tarjetas de biblioteca o cualquier tipo de identificación. Sus palabras dejaron una impresión duradera cuando Marvin y yo salimos. Oh, pero antes de que saliéramos por la puerta, George se aseguró de golpearnos por un lugar de veinte dólares. Esa era su tarifa de consulta, que pagaría sus necesidades para ese día, todo excepto la compañía femenina, razón por la cual tenía a su esposa.

En su mayor parte, disfruté divirtiéndome con Marvin y todos los que tratamos disfrutaron pasar un buen rato con nosotros. Sin embargo, el péndulo llegó al otro extremo del espectro, con nada menos que George Diggs. Pensé mucho en lo que George estaba buscando. Quería estadísticas vitales sobre las personas, así que agarré los más o menos 100 perfiles que tenía cuando trabajaba para SSI y pensé en llevarlos a George. Le dije a Marvin que tal vez podríamos venderle esto. Estaba seguro de que él podría hacer algo con ellos. Si pudiéramos obtener unos cientos de dólares por ellos, sería feliz. Por lo que pude ver, era solo información en papel.

Marvin y yo nos dirigimos al lugar de George. Cuando llegamos allí, estaba claramente emocionado de vernos y no podía esperar hasta que abriera la boca. Disfruté mucho escucharlo hablar. Cuando le presenté los perfiles, pude ver por su lenguaje corporal que estaba un poco decepcionado. Dijo que lo que estaba buscando era a alguien a quien pudiera entrenar, lo que significa que el paquete amistoso debería ser alguien dispuesto, alguien que le dijera a la policía que perdieron su billetera y seguiría con un informe policial. Esto protegería al propietario del paquete amistoso y le permitiría recuperar todas sus credenciales.

¿Entonces George me hizo la pregunta, queriendo saber si estaría dispuesto a renunciar a mi propia identificación por algo de efectivo? Nunca lo pensé mucho ya que mi cuenta corriente estaba cerrada. Le dije esto y comenzó a mover todas las partes de su cuerpo; estaba emocionado y me explicó que eso no importaba. Todavía podría usar mis cosas. Rápidamente procesé todo lo que tenía a mano y luego miré a Marvin para obtener el asentimiento final. Bueno, era oficial ... ¡Me acababa de convertir en el paquete amigable!

George dijo que todo lo que tenía que hacer era entregarle todo, llamar a la policía y presentar el informe. Dijo que le daría una semana y tendríamos efectivo en mano. Bueno, eso fue música para nuestros oídos.

Al día siguiente, Marvin y yo dejamos el paquete amistoso, seguimos las instrucciones de George y nos reunimos con la policía y explicamos todo. Se hizo el informe y ahora todo lo que teníamos que hacer era esperar ... y esperar lo hicimos.

Pasó una semana y durante ese tiempo imaginé todos los artículos nuevos en la lista de ropa que le pedimos a George, uno de los cuales fue el último televisor en reemplazar mi pequeño televisor de 13 pulgadas. No podía esperar para volver a conectar con George y recoger nuestras cosas: joyas, productos electrónicos, equipo nuevo y cualquier otra cosa que pudiera tener en sus manos ... ¡pero principalmente el efectivo!

Llegó el día en que llamamos a la puerta de Diggs y no obtuvimos respuesta. Regresamos por segunda vez esa semana y por tercera vez la semana siguiente, aún sin respuesta. La única explicación que se nos ocurrió fue que George Diggs nos quemó. Marvin estaba deshecho; Nunca lo vi tan molesto. Siempre mantuvo la calma, pero dijo que algo tendría que ceder y que no seríamos nosotros.

Entonces, al día siguiente, temprano y brillante, estábamos en Logan. Esta vez estacionamos a la vuelta de la esquina y solo tocamos el timbre una vez. Esperamos unos momentos y escuchamos a alguien venir a la puerta. Era la esposa de George y cuando le preguntó quién era con su voz muy baja y dulce, Marvin espetó. "Abre la puerta", ladró. La puerta se abrió lentamente y, a través de la grieta, que era lo suficientemente amplia como para que pudiéramos ver el miedo en sus ojos, escuchamos su dulce voz decir: "Oh, hola Marvin. No he visto a George".

Marvin no le dio la oportunidad de decir nada más; estalló erráticamente, "si George Diggs no abre esta puerta al día siguiente, habrá problemas para cualquiera que viva aquí". Su mensaje significaba negocios y ella pudo ver que estábamos molestos. Mientras nos alejábamos, Marvin me aseguró que no me preocupara y que Diggs iba a pagar.

Según lo prometido, nos presentamos al día siguiente y no había que esconderse a la vuelta de la esquina, no, estábamos audaces y estacionados frente a su lugar y procedimos a subir y tocar el timbre. Todo el tiempo, y todo debido a la codicia, seguí con la esperanza de que George estaría allí. Sabía que un trato era un trato, así que, si nada más y George no podían llegar, quería que me devolvieran mis cosas.

Escuché que alguien bajaba los escalones desde adentro, la puerta se abrió de par en par y allí estaba George, con solo un par de pantalones cortos, con una gran sonrisa. Como de costumbre, estaba muy emocionado de vernos ... al menos eso fue lo que proyectó. Después de que entramos, subimos las escaleras hasta su cocina y todos nos sentamos a la mesa.

Su lugar era como lo recordaba unas semanas antes: la única señal de cambio era la cantidad de excusas que se le escaparon de la cara. Era muy consciente de su BS, representado por muchas risas en voz alta, por lo que esta parte de su clase era rudimentaria. Marvin acortó su conversación al decirle a Diggs que era mejor que inventara nuestro dinero y las cosas que nos prometió.

Noté cómo el lenguaje corporal de George cambió cuando Marvin le leyó el acto antidisturbios, que no fue un acto. Dejó de mover las piernas y sus manos estaban quietas. Estaba claro que escuchó y entendió lo que Marvin quería decir. De repente, respondió como si se le ocurriera una solución a su problema. Sus piernas, brazos, manos y pies saltaron a toda velocidad, junto con su boca. Dijo algo que llegué a entender como el verdadero yo de George, su evangelio. Un dicho que solo usaba cuando realmente quería transmitir su integridad, así llegaron las palabras de un Profeta que decía: "¡Escucha, escucha bien!" lo que significaba lo que se dijo después de que esas tres palabras eran evangelio.

Nos dijo que teníamos que pasar por su apartamento la noche siguiente a las ocho en punto. Tenía a alguien muy especial que quería que conociéramos y esa persona iba a resolver todos nuestros problemas. Marvin y yo sabíamos que el único problema era que Diggs nos daba lo que nos debía. Nos dijo que su prima estaba en la ciudad y que ella pagaría su deuda. No importó quién pagó, siempre y cuando nos paguen al día siguiente.

Cualquiera que sea el caso, la boca de George le compró algo de tiempo y le dimos un pase y nos fuimos. Le pregunté a Marvin sobre sus pensamientos sobre todo el asunto y se mantuvo optimista. Dijo que George siempre podía producir y su palabra era buena como oro en el Penn, pero ambos sabíamos que las cosas siempre cambiaban una vez que la "niña" entraba en escena.

Ella, la "niña" o coca cola, siempre iba a ser la primera. Esa maldita cocaína tenía la nariz, las venas y los pulmones de todos abiertos.

*"Vivimos en un universo en el que hay leyes,
así como hay una ley de gravedad. Si te caes de un edificio,
no importa si eres una buena persona o una mala persona ...
vas a golpear el suelo ".*
                                                    -Michael Bernard Beckwith

OPCIÓN CUATRO
GITANO

Después de correr con Marvin, regresé a Germantown Avenue, donde ahora vivía. Estaba agotado, así que me recosté en el sofá, encendí mi televisor de 13 pulgadas y pensé en los mejores días por venir. Si supiera lo que está a punto de suceder, pero no tengo idea.

El día siguiente llegó y llegó el momento de conocer a esta llamada misteriosa mujer maravilla que iba a salvar el día. Sí claro, la verdadera "Golden Girl". Es fácil poner acciones en otra persona y hacer que suenen bien. Todo lo que haces es cerrarlos y, tarde o temprano, todos creen la mentira, incluido el autor de la misma. Entonces, para que esta chica me impresione, es mejor que la prueba esté en el budín.

Diggs había desfilado por la habitación y predicado que ella era una leyenda viviente, alardeando de todos sus logros, diciendo que en comparación con ella, él era un peón. A mis ojos, lo que estaba diciendo realmente no significaba mucho. Sus palabras estaban vacías y lo comparé como un peón al lado de todos los demás, no era un buen grito y todo lo que sabía era que él, ella, ellos o quien mejor tuviera algo cuando nos presentamos.

Día de paga. Llamamos al timbre de Diggs y él bajó corriendo las escaleras gritando: "¡Están aquí! ¡Ellos están aquí!" Abrió la puerta principal y nos hizo pasar como si llegáramos tarde.

Hombre, ¡qué diferencia hace un día! George estaba vestido con ropa nueva. Un traje de sudadera nuevo, zapatillas de deporte nuevas, su cabello arreglado y creo que tenía los dientes puestos. Su emoción estaba fuera de serie. Prácticamente nos arrastró escaleras arriba mientras divagaba sobre algo que apenas podía entender. Todo lo que escuché fueron esas mismas tres palabras; "Escucha, escucha bien, está a punto de irse".

Aparentemente, llegamos justo a tiempo. Cuando entramos en su cocina, el lugar parecía como si hubiera venido un servicio de limpieza / catering y volcó ese departamento. El lugar estaba impecable, apto para dignatarios del ghetto. Lo único que estaba desordenado era un rincón lleno de bolsas vacías, cajas y envoltorios de toda la comida, ropa y artículos electrónicos.

El lugar fue creado como la mañana de Navidad. Se escuchó el sonido de las voces de la gente en la sala delantera, cuando escuché el sonido de los viejos jugando en el fondo; El ambiente era festivo. Había todo tipo de alcohol en la mesa de la cocina, junto con mucha comida, y supongo que toda la emoción llevó a las cucarachas a la hibernación porque no había ninguna a la vista.

Marvin y yo tomamos nuestro asiento normal en la mesa de la cocina y, si ver para creer, algo definitivamente era diferente. Antes de que pudiera asimilarlo todo, escuché la voz de una mujer llamar a George. Gritó desde la cocina para que su voz se escuchara por la música: "Cheryl ven aquí, quiero que los conozcas".

Desde el comienzo, su gran entrada exigió respeto. Ella tomó el control de la situación al castigar a George al dejar perfectamente claro que estaba mal que usara su nombre gubernamental, que era Cheryl Diggs, frente a invitados desconocidos. Ella lo cortó rápidamente con la boca y lo único que hizo George fue bajar la cabeza como un niño que su madre le dijo que fuera a su habitación. Ella le dijo que nunca usara su verdadero control sobre extraños y, en el mismo aliento sin perder el ritmo, se presentó casualmente como Gypsy.

Hmmm ... gitano ... la definición del diccionario Webster para la palabra es 'un miembro de un pueblo nómada, quizás de origen hindú, con piel y cabello oscuros; Se creía que el egipcio era su origen ". La versión de Oxford dice:" miembro de un pueblo viajero ". Se llamaba gitana y lo que esos diccionarios decían era una pequeña parte de su juego.

Allí estaba ella, una reina egipcia de unos 5'10 "de altura, su tez clara era radiante. Tenía un lunar de belleza distintivo en la mejilla y estaba cubierta de pies a cabeza con ropa muy costosa. Llevaba una bufanda de seda colorida que estaba anudada a un lado de su cabeza, se balanceaba suavemente sobre su hombro y luego se recostaba sobre su pecho. Ella se desvió y giró su cuerpo ohhhh tan elegantemente pasado. Ella era muy ágil, pero audaz y confiada con cada movimiento. Había propósito y significado con cada movimiento, cada gesto que hacía.

Primero, ella nos ofreció una bebida. Marvin se negó, pero acepté un refresco. Le dije: "Voy a tomar un poco de ginebra y un poco de 7" y ella me corrigió con cautela diciendo: "Oh, no, bebé, eso no es ginebra, es vodka". Ciertamente, el vodka no era mi opción de veneno, así que lo rechacé. Sin embargo, con su ingenio rápido, ella preguntó: "Oh, ¿te gusta la ginebra?" Sintiendo la vergüenza de cometer un error al pedir ginebra cuando había una etiqueta clara en la botella que decía vodka, sentí la necesidad de volver con algo humorístico, "Sí", espeté: "Me pone cachonda". Todos se rieron y así establecieron el tono.

Acepté una lata de cerveza y tomé unos sorbos para relajarme, pero todavía me sentía ansioso y quería obtener lo que busqué: ¡mi dinero y mis cosas! Marvin tomó la iniciativa y le dijo a Gypsy que no estaba seguro de qué papel desempeñó ella en todo esto, pero estábamos allí únicamente para recibir una compensación por lo que George nos debía, nada más y nada menos.

Gypsy cortésmente cortó a Marvin y dijo que no tenía idea de lo que estaba pasando. Todo lo que sabía era que George quería que conociera a alguien (es decir, a nosotros) que podría tener algún trabajo en el que pudiera estar interesada, algo que podría ayudarla a ganar dinero.

El autor intelectual George Diggs aparentemente estaba jugando en ambos extremos desde el medio. Le pregunté de qué tipo de trabajo estaba hablando y ella intervino en "Perfiles" ... ¿perfiles? Entonces me di cuenta, ella quería ver los perfiles de SSI que le traje originalmente a George. Los más de cien trozos de papel sin valor se habrían tirado a la basura si me acordara de limpiar mi auto unos días antes. Sin embargo, todavía los tenía, así que corrí hacia el auto y traje los perfiles para que Gypsy los investigara.

Después de entregarle la pila, revisó cada uno meticulosamente como si fuera un auditor. Tenía un par de anteojos de lectura de estilo de anciana con cuerdas para que no los pierdas. Cuando terminó con su revisión, se quitó las gafas y dijo que necesitaba hacer una prueba de funcionamiento. Si era bueno, tenía unos quinientos dólares rápidos y podíamos hacer negocios con el resto.

Pensé para mí mismo, "no tan rápido, Sra. Gypsy, su prima cabezona me acaba de pegar y ahora aquí viene". Le conté que había sido confiada y sincera, pero todo lo que recibí a cambio no fue nada. No estaba seguro de qué tipo de juego estaba jugando George, pero no estaba bien. Ella salió de la habitación sin una palabra o respuesta ... ¿algo andaba mal? Regresó unos segundos más tarde con una videograbadora nueva todavía en la caja (un equipo de cuatrocientos dólares en aquellos días) y dijo: "Esto es algo que George te debe". Luego buscó en su bolsillo como un tipo y sacó doscientos dólares en efectivo y me lo dio. Su comentario duro sobre el efectivo fue que George trabajará con el resto, y luego se volvió hacia él y lo regañó por su integridad, diciendo que era su muestra de buena fe con nosotros.

Ella nos dijo que no se trataba del juego, sino de una empresaria profesional que se preocupaba por el dólar. Ella dejó en claro que estaba dispuesta a morir por su palabra y que mataría a cualquier persona que se interpusiera en su camino. Puso a su dama en espera y se fue, gángster heterosexual. Marvin entendió el lenguaje y los dos se cayeron bien.

Ahora que hablaban la misma jerga, Marvin descubrió que Gypsy conocía muy bien a su difunto hermano Tyrone. Además, cuanto más duraba la conversación, más se daba cuenta Marvin de que conocía a muchos otros. Ella tenía vínculos con personas en el norte, sur y oeste de Filadelfia, así como en todas partes intermedias. Anunció sus afiliaciones con Black Underground Movements y otras organizaciones.

El rap de Gypsy era muy diferente al de George y la verdad era que ambos eran igualmente inteligentes. Ella, sin embargo, mantuvo un alto estándar acerca de sí misma y no sufría de una mentalidad de superación, ni tampoco se trataba de engañar a nadie. Lo que hizo, en lo que creía, fue su estilo de vida. La mujer parecía tener unos treinta años, aunque estoy seguro de que había visto y hecho mucho en su corta vida.

Ella continuó contándonos más sobre ella, pero no fue de manera presumida. Se notaba que hablaba desde el corazón y que su verdad era genuina. Ella se abrió a nosotros por su amistad pasada con Tyrone. Gypsy habló sobre sus tratos con los del inframundo. Ella tenía conexiones con los miembros de Move, aquellos involucrados con Black Incorporated, la mafia del sur de Filadelfia, tanto los negros como los italianos, la mafia irlandesa, sin mencionar sus lazos desde Nueva York a California.

Ella conocía a aquellos en el estilo de vida de entretenimiento, y si tenías alguna conexión con Filadelfia y la ciudad circular donde todos conocían a alguien, entonces probablemente también la conociste o la conociste. El nombre de Gypsy sonó, y sí, para mí, ella parecía ser el verdadero negocio. Tal vez ella era esta leyenda viva de la que George se jactaba después de todo.

Más tarde descubrí que ella era la leyenda y la razón por la cual su currículum consistía en una hoja de antecedentes penales de la cárcel del condado a los federales. Además, ella era una jefa, así que sea lo que sea que haya involucrado, terminó perfeccionándolo, dirigiéndolo y / o asociándose con aquellos que tenían algo que ver con eso. Ella continuó explicando que era una reina de las redes, capaz de ponerle las manos encima a cualquier persona. También dirigía equipos de chicas que podían hacer un truco, impulsar, colgar papeles, pelear, sostenerte e incluso joderte.

Gypsy era amado por todos los hombres, mujeres y aquellos en el medio, desde los principales jugadores, los traficantes de drogas, la madre soltera con ocho hijos hasta Ned el wino; todos la adoraban. También era emprendedora, vendía cualquier cosa ... ¡y lo digo en serio! Drogas, mujeres, armas, lo que sea. Además, podía tomarse de las manos, quiero decir que podía pelear, puño para esposar con los mejores, hombres o mujeres. Ella no tomó el BS de nadie, y, sin dudas, era una extremista que amaba cinco cosas: su familia (que siempre era la primera), bebía jugo de toronja y licor de maíz, ayudaba a cualquiera que estuviera deprimido y fuera y yendo a La jarra Tres de las cuatro que podía hacer todo el día, todos los días de la semana, 24/7. Su quinto amor llegó más tarde gracias al verdadero Ronald James alias "Papi Ron".

Oh, antes de seguir adelante, es posible que te hayas preguntado, "¿Qué es" The Jug "?" Déjame explicarte: si quisieras un pastel especial hecho como un pastel de bodas, ¿a dónde irías? Al panadero, ¿verdad? Si quisieras un poco de carne, irías al carnicero ... y si quisieras dinero en efectivo, irías al banco. The Jug era el banco y le encantaba ir a retirar efectivo. En lo que a ella respectaba, no había otro juego en la ciudad que fuera tan dulce. Si quieres dinero, solo ve a The Jug y eso fue todo. Si usaras una pistola, te perseguirían y te perseguirían; sin embargo, si usas un bolígrafo, te dirán que tengas un buen día y te agradecerán por hacer negocios con ellos.

En su opinión, la mayoría de las otras formas de obtener dinero era lo que ella llamaba doble empuje. Se trataba de trabajar de manera más inteligente, no más difícil. Marvin y yo estábamos contentos con todo lo que escuchamos y el progreso realizado, por lo que acordamos los términos dándole a Gypsy mi número de contacto y la pila de perfiles.

No estoy seguro de lo que sucedió después porque las cosas fueron muy rápidas. Cheryl comenzó a venir todos los días por negocios. Cada vez que venía, tenía mi cantidad de dinero acordada y siempre llevaba regalos, y estoy hablando de primera línea, tanto para mí como para mi lugar.

Equipo de cuero caro, zapatos de vestir, camisas de seda, cortinas y barras decorativas, horno de microondas, alfombras orientales, etc. Antes de darme cuenta, mi lugar se convirtió en un hogar. Todo lo que entró por mi puerta era nuevo.

Cheryl y yo comenzamos a construir una verdadera amistad, pasando horas solo hablando sobre la vida y el negocio. Estaba tan agradecida por todas las cosas que hizo, y al principio, la vi como un puma, pero luego comencé a desarrollar sentimientos por ella que no podía explicar. Boom: ¡antes de darme cuenta, nos habíamos convertido en un artículo popular!

Mi curiosidad por lo que hacía a diario comenzó a sacar lo mejor de mí y quería estar con ella por si algo salía mal en The Jug. Hasta este punto, el único altercado que tuvimos los dos fue cuando ella salía una noche y le propuse ir con ella. Se convirtió en un gato montés y luego se volvió hacia mí. No estaba contenta con la sugerencia y no quería que yo estuviera nunca expuesta al juego, así que admití y retrocedí. Todavía me molestaba que ella estuviera allí sin nadie para cubrirse la espalda.

Aunque llegó el día en que se presentó una oportunidad y Cheryl era una persona corta para correr a The Jug. Ella necesitaba a alguien para conducir. Todo ya estaba configurado, pero uno de sus trabajadores se enfermó. Ella necesitaba llegar lo antes posible o perder el efectivo que estaba allí para ella, así que me ofrecí voluntariamente. Cheryl no tenía otra opción, ¡así que estaba!

Cheryl repasó mi papel conmigo, explicando que esto no era un juego. La vida de todos estaba bajo mi cuidado. Necesitaba seguir todas las leyes de tránsito en todo momento. Luego, era mi responsabilidad dirigir todos los bancos predeterminados a los que atacaríamos. Cuando los trabajadores se fueron a los bancos, era mi trabajo mirar a la izquierda, a la derecha y a todos lados en busca de policías o cualquier cosa que pareciera irregular, extraña o fuera de lo normal. Mis ojos necesitaban moverse, no mi cabeza, y si algo salía mal, era el trabajo de los trabajadores alejarse de nosotros (el automóvil) y salir a la calle caminando junto con el tráfico. Luego me tocó conducir detrás de ellos y recogerlos, de lo contrario esperar a la acera hasta que subieran al auto. Una vez que tuve al trabajador en el automóvil y todo estaba a salvo, estaba bien proceder a nuestra siguiente ubicación.

Esto fue una gran cosa para mí. Cheryl, por otro lado, estaba recelosa y trató más de una vez de disuadirme. Ella dijo que podía conseguir a alguien más, pero no lo tenía. ¡De ninguna manera! Esta era una oportunidad única en la vida y no iba a perderme esto por nada, así que cargamos y seguimos nuestro camino.

Todo salió según lo programado en el primer banco y tan pronto como nuestro trabajador se subió al automóvil, me dirigía a nuestra siguiente ubicación. Cheryl era la jefa y la banquera, y cada centavo que entraba en ese auto se le entregaba. Esas eran las reglas y no querías romperlas.

Mientras nos alejábamos, noté cómo cada vez que los ojos de Cheryl permanecían pegados a las puertas delanteras hasta que el banco estaba fuera de la vista. Ella siempre estaba pendiente de cualquier cosa que estuviera fuera de la norma. Esta era su vida y trataba a su profesión como una científica: verificaba todo y verificaba cada idea de acuerdo con esos hechos. Si algo estaba mal, ella abortó la misión.

Mi primer día de manejo fue un éxito total. Recibí mis $ 500 en efectivo por el uso del perfil, los $ 200 por conducir y luego un trabajador me dio una propina de $ 100. Gané rápidamente $ 800 y me quedé impresionado para ganar este tipo de efectivo mientras me divertía. Me encantó y quería más.

La emoción por sí sola fue alta, además nos detuvimos y comimos fuera y luego nos fuimos a las casas de algunos de los amigos de Cheryl. Ella me presentó a todos en la casa, pero tenía poco que decir. Todavía no tenía claro mi papel, incluido el estado de nuestra relación.

Sin embargo, después de que Cheryl se mudó oficialmente a mi casa con una de sus amadas hijas, Mimi, ya no había lugar para dudas. Cheryl me sentó y me explicó que necesitábamos cambiar algunas cosas. Quería mantenerse a la vanguardia del juego y no hacerlo caliente, lo que significa que quienquiera que estuviera en nuestro camino eventualmente reuniría uno y uno y me vincularía como el proveedor de esos perfiles.

Ella siempre quiso mantener una cobertura de protección a mi alrededor, además quería cambiar los cheques, así como las identificaciones. Lo que vi a continuación casi me curó de querer hacer algo más con Cheryl y el crimen. (¡Noté que dije "casi"!)

Sacó dos maletas grandes de Samsonite llenas de todas las formas imaginables de identificación que se te ocurran.

Había certificados de nacimiento en blanco, tarjetas de seguro social, tarjetas de votante, identificaciones de la biblioteca, certificados de bautismo, surtidos de identificaciones de trabajo de conserjería al gobierno. Había licencias de conducir internacionales y estadounidenses de todas las nacionalidades, razas y sexos. Eso fue solo el comienzo.

Había una máquina de pago que se usaba para imprimir cheques. Hubo una variedad de cheques de diferentes colores de cuentas personales, compañías que estaban cerradas (algunas de las cuales pudieron haber estado cerradas por diez o más años), y además había cheques corporativos actuales. Tenía en sus manos los cheques de impuestos del IRS que eran el verdadero negocio, en blanco y listos para usar.

Cualquier cosa que tuviera que ver con la falsificación estaba en esas maletas. Ella dejó en claro que, si nos atraparan con esto, nunca veríamos la luz del día. Mantuvo todo lo que tenía en sus manos y, de vez en cuando, reciclaba cosas para estar un paso por delante del juego. Ella dijo: "Para que sigan adivinando, debes cambiar tu trabajo".

Cheryl me mostró cómo manejar cheques de papel. Me enseñaron a nunca tocar la superficie de nada, solo los bordes. Tenía muchas preguntas y ella se tomó el tiempo para darme todas las respuestas de quién, qué, dónde, por qué y cómo del juego.

Una de mis primeras preguntas fue ¿por qué no solo usó todos los cheques personales y fue de compras? La respuesta fue clara: no había dinero en eso. Ella dijo que la parte del cheque personal del juego estaba destinada a ser utilizada después de haber tomado el efectivo de la cuenta. Entonces, y solo entonces, es cuando sales a la ciudad y te das el gusto con lo que puedan comprar los cheques. Eso incluía restaurantes, ropa, muebles y todo lo que quisieras comprar para hacerte feliz.

Con mucho, los cheques personales eran los más fáciles de hacer y los más rápidos de configurar; Sin embargo, la recompensa fue pequeña. Por otro lado, si configuraste las cosas correctamente, The Jug era el lugar para estar y el dinero en efectivo estaba allí para llevarte.

Le pregunté a Cheryl cómo demonios acumulaba todos esos artículos. Cualquier otra persona que se haya atrevido a hacer esta pregunta habría tenido un mal día, pero hay ventajas en acostarse con el jefe. Primero explicó que este no era todo el inventario de sus cosas. Tenía algunos lugares escondidos alrededor de la ciudad con mucho más contenido allí.

Estaba realmente impresionado y ahora podía ver por qué se llamaba Gypsy. Ella se movía mucho. Entonces, de la misma manera que la conocí a través de George Diggs en Logan, es la forma en que conoció a otros: redes y boca a boca. Todos los que acudieron a ella tenían algo para ella.

No importaba lo que fuera, ella trabajaría con esa persona para comprarlo o usarlo. Aquellos que encontraron cheques, identificaciones o cualquier otra cosa en su campo, ella compró esos artículos o al menos los echó un vistazo. Lo único que ella requería que le dieras era la historia del artículo. Necesitaba conocer la fuente original, los propietarios anteriores y si ya estaba en uso o qué tan recientemente se había utilizado.

Ella no quería respaldar el trabajo de otra persona, es decir, el trabajo establecido que ya incendió el rastro de papel. No le molestaba si hacía calor y alguien más lo había usado, ni significaba que no lo compraría. No hay problema: lo conseguiría, lo guardaría en sus archivos personales para usarlo en una fecha posterior, y esta fue la razón de las maletas.

Cheryl explicó que Filadelfia era una ciudad circular, que cualquier cosa que ocurriera tarde o temprano se daría a conocer a los principales jugadores, estafadores y gángsters. Hizo paradas a todo lo anterior por medio de lo que llamó Trampas. Al detenerse en galerías de tiro, bares clandestinos, proyectos, bares, clubes nocturnos, casas de números y hogares individuales, sabía que alguien tenía algo para ella.

Todos parecían amar a esta mujer a la que llamaban Gypsy. No importa a dónde fuéramos, jóvenes y viejos, desde el dueño del negocio profesional hasta el drogadicto, el nombre de Gypsy realmente sonó. Su carisma tomó el centro del escenario, pero lo que hizo felices a todos fue su genuina caridad y amabilidad hacia las personas.

No importaba quién eras o qué problema tenías, ella volcaría los bolsillos para ayudar a quien pudiera cada vez que pudiera. Eso claramente significaba que el usuario de heroína que necesitaba su próxima dosis para los tres niños sentados en el escalón parecía hambriento y necesitaba algo de comer. Sí, Gypsy los alimentaría, y si necesitaran zapatillas de deporte y se sintiera conmovida, podrían terminar con las nuevas Air Jordan.

Nadie escapó de su amabilidad a menos que decidieras mentirla o engañarla, o venir con el juego porque te alejarías con un oído lleno de truenos de su ira ... o podría salirte y golpearte en la boca. Incluso después de todo eso, si regresó con respeto y corrigió su error, es muy posible que obtenga lo que inicialmente buscó.

Después de revisar todas sus cosas, simplemente no podía entender por qué no se deshizo de algunas de las cosas y las tiró a la basura. ¡Chico, yo era verde! ¡Ella me dijo que recolectó la mayoría de esos artículos de la basura! Ella dijo que me sorprendería ver lo que la gente tira como basura, y explicó que una vez encontró $ 10,000.

Un día estaba en la ruina y justo cuando pensó en meterse en su bolsa de trucos, de repente miró hacia abajo en el basurero de alguien y vio un extracto bancario y otros documentos que parecían importantes, así que cargó toda la basura en su automóvil. Bajo y he aquí, después de revisar las cosas, había suficiente información para que se topara con The Jug y retirara los $ 10,000 que se mostraban en el comunicado: era así de simple.

Gypsy utilizó toda su red para obtener acceso a más trabajo: cheques, tarjetas de crédito e identificaciones. Un niño se había sumergido en la casa de alguien recientemente.

Todo lo que tuvo tiempo de tomar fue una hoja de papel, un cheque personal en blanco, y algunas formas de identificación no esencial; cosas que habría tirado a la basura. ¡Cheryl pensó que era una mina de oro! Pagamos a nuestro amigo ladrón de gatos con unos dólares demasiado y se fue.

Vi como Cheryl se sumió en sus pensamientos y luego en la acción. Levantó el teléfono y trató de contactar a algunos de sus trabajadores que podrían encontrarse con The Jug. Su plan era llamar al banco para verificar los fondos y luego falsificaría la firma que obtuvo de esas formas no esenciales de identificación que creía que eran basura.

Luego, pagaría a alguien por dinero en efectivo, pero tuvimos un problema. Por alguna razón, ese día no pudo encontrar a nadie que huyera con ella. El tiempo se acababa y era esencial. Ella sabía que cualquier cosa podría salir mal y cuanto más rápido pudiéramos hacer el movimiento, mejor.

Así que sugerí que podía cobrar el cheque, ¿qué tan difícil podría ser cobrar un cheque? Los cobraba todo el tiempo cuando eran míos. Cheryl me miró a los ojos y lo que vi por primera vez en nuestra relación fue el amor que realmente sentía por mí. Ella dejó de lado su amor por el juego y dijo: "No, absolutamente no".

Si hubiera sido cualquier otra persona, no habría pensado un segundo en obtener el dinero, pero siempre me había mantenido fuera del juego por mi propio bien. Sin embargo, ya era hora y me sentí bien por ser parte del equipo, así que hablé por mí mismo. Ella me preguntó con su voz maternal "¿Estás seguro de que quieres hacer esto?" Ella explicó que teníamos mucho que perder, pero le aseguré que estaba preparado para el desafío. Como un niño mirando a los ojos de su madre en su primer día de escuela para asegurarle que todo estaría bien, le dije que sí.

Bueno, Cheryl sacó sus buenas maletas con todas las fijaciones y luego revisó unas treinta licencias de conducir masculinas antes de encontrar una que coincidiera con mi descripción. Luego falsificó la firma de la persona que estaba a punto de interpretar. Ella me dijo que memorizara mi nuevo nombre, que lo dijera una y otra vez en voz alta, y luego me dio los cálculos.

Cobrar cheques es una forma de arte que se hace fácil si sus patos están alineados en una fila. Si sigues el ABC de la falsificación, no tendrás problemas, lo que, por supuesto, significa que debes tener un buen papel, una cuenta real y una identificación sólida.

Fue en su beneficio saber siempre lo más posible acerca de la persona que estaba a punto de interpretar. Era aún más importante conocer la psicología detrás del negocio bancario. Continuó explicando lo que denominó las nueve categorías de cobro de un cheque en The Jug: niñas blancas jóvenes, niños blancos jóvenes, niñas negras jóvenes, hombres y mujeres blancos de mediana edad, mujeres negras de mediana edad, mujeres blancas mayores, extranjeros y, por último, pero no menos importante, esos 'negros', es decir, todos los hombres negros.

Si tuviera que mirar estas categorías en una escala del uno al nueve (1-9), siendo uno (1) el más fácil para pasar un cheque malo / falsificado, y nueve (9) es la persona que debe evitarse costo, las jóvenes blancas son uno (1) y los machos negros son nueve (9). En su mayor parte, el sistema era infalible y resumía la facilidad y la posibilidad de cobrar cheques falsificados con poco o ningún problema; También funcionaba en las tiendas al pasar cheques personales.

Ahora el sistema se explicaba así: las jóvenes blancas eran muy asertivas por naturaleza y se hacían cargo. Estaban dispuestos a tomar decisiones y no tenían miedo de cometer un error. El joven hombre blanco estaba ansioso por dejar su huella, pero al mismo tiempo, sus pensamientos generalmente estaban en otra parte (sexo, su automóvil o lo que haría después del trabajo). Si las cosas parecían en orden, estaba de acuerdo con eso.

La siguiente en la fila era la joven mujer negra y ella también estaba ansiosa, pero se alineó con cualquier simple comando. Sus preocupaciones no debían ser menospreciadas ni cuestionadas ni por el cliente ni por un gerente. Tenía algo que demostrar, pero no causarle problemas. Luego tienes a los hombres y mujeres blancos de mediana edad a quienes se les ha enseñado que el cliente siempre tiene la razón. Sin embargo, su preocupación ahora eran sus carreras, por lo que siempre seguirían los procedimientos bancarios adecuados.

Ahora la mujer negra de mediana edad estaba orgullosa de su posición y, con una actitud, la protegía con su vida. Quería que todos supieran que seguiría los procedimientos bancarios hasta una T. Si las cosas estuvieran en orden con sus documentos, seguiría el protocolo; sin embargo, una cosa fuera de lugar, faltante o extraña, y ella tendría al gerente de pie junto a ella en un segundo caliente.

Ahora, déjenme compartir acerca de la mujer blanca mayor ... sí, ya conocen a la ... bien avanzada la cincuentena, muy profesional, almidonada y hace todo metódicamente. Muchas veces ella es muy impersonal mientras te mira por encima de sus lentes de lectura que se sientan en el borde de su nariz. Ella te da una mirada que parece cuestionar cada uno de tus movimientos. ¡No solo te hace sentir así, sino que incluso cuestionaría las acciones del presidente del banco! Escucha, tendrías problemas con ella incluso tratando de cobrar tu propio cheque, y mucho menos tratando de hacer transacciones de cualquier tipo relacionadas con el juego. Sí, la viejita blanca se asegurará de que cada "yo" esté punteado y cada "T" esté cruzada. Cheryl me dejó en claro que me mantuviera alejado de este grupo.

Luego estaban los extranjeros y este grupo era demasiado impredecible. Lo que era más peligroso acerca de ellos era su indecisión y eso siempre los atraía en compañía de quién sabe quién: la mujer blanca mayor, incluso cuando la mujer mayor no se veía por ningún lado. Aparecería a la primera señal de un problema, por lo que tampoco valía la pena seguir esta ruta.

Ahora echemos un vistazo al macho negro, que fue mencionado un poco antes. El negro, no importaba la edad que tuviera, era el peor. Llámalo súper policía, súper cajero o Superman: su TRABAJO era demostrar que eras un estafador, un estafador o un mentiroso. Revisó tu paseo cuando entraste por la puerta. Te escuchó hablar antes de que abrieras la boca y podrías asegurarte de que verificaría tu identificación. Demonios, él presionaría tu botón de ira, te empujaría al suelo y te retendría hasta que vengan los policías si es necesario.

Para colmo, incluso si su trabajo estaba en el mejor orden, él todavía iba a lograr que la mujer blanca mayor firmara todo, por lo que ir a él estaba muerto y una pérdida de tiempo total. Ahora eso era lo matemático del cambio de cheques, pero no había terminado.

Cheryl me dio varias líneas de salida en caso de que el cajero tardara demasiado o algo saliera mal, como: "Señorita, ¿podría darse prisa porque estoy estacionado en doble fila?" "Señorita, ¿podría acelerar las cosas? Dejé a mi hija sola en el auto". "Señor, ¿esto tomará mucho más tiempo? Necesito volver al trabajo". Y finalmente, si las cosas parecen ir mal, pediría el cheque con "Señorita, llevaré el cheque a mi propio banco".

Cheryl también me dijo que mantuviera el cambio de monedas en mi bolsillo delantero. Este era un viejo truco de George Diggs. De esa forma, cuando me puse en línea y se abrió una ventana de cajero y vi a la mujer negra de mediana edad, la mujer blanca mayor, el extranjero o el hombre negro superhombre, pude dejar caer el cambio en el suelo, obligando a la persona detrás de mí a ve delante de mi Una cosa que me dijeron fue que la gente odiaba pararse en las filas bancarias, por lo que quien fuera el próximo amablemente saltaría adelante.

Bueno, ya estaba todo listo. Tenía todo lo que necesitaba: identificación, cambio, el cheque, las instrucciones de Cheryl sobre las matemáticas, mis líneas de salida, sus bendiciones y una cerveza helada que cerré de golpe. ¡Ahora estaba listo!

Cheryl condujo hacia el norte por Germantown Avenue hacia Chestnut Hill. El banco estaba ubicado directamente en la avenida, por lo que tuvo que estacionar más lejos calle abajo. Pude ver que estaba concentrada, pero nerviosa por los dos, pero era genial. Cheryl me hizo saber cómo iban las cosas, pero esta vez agregó que no debería preocuparme si el cajero se marcha y toma el cheque, solo están verificando la firma en el microfilm del banco. Ella me aseguró que, si van allí, obtendré el dinero. ¿Por qué? ¡Cheryl realmente era un falsificador maestro y estudió firmas como oficio! No había forma de que algo pudiera salir mal. Recibí mi última instrucción de Cheryl, que era seguir la misma dirección que le dimos a otros que entraron en The Jug ... si había un problema, no camine hacia el automóvil.

Con un cheque de $ 500 en la mano, me dirigí al banco. Instantáneamente me transformé en mi nuevo personaje. En el memorándum del cheque, se observó que había realizado algunos trabajos de construcción para la Sra. Such and Such y que estaba en el banco para cobrar mi tarifa de $ 500.

Rápidamente salté en línea y escaneé los cajeros en las ventanas para determinar cuál sería el más adecuado para mí. No había necesidad de la distracción del cambio de bolsillo este día. Observé a dos jóvenes muchachas blancas, un joven varón blanco y una mujer blanca de mediana edad. No hay problemas aquí.

Cuando llegó mi turno, me paré frente a una de las dos jóvenes blancas ubicadas justo en el centro de toda la acción. Sonreí y ella me devolvió la sonrisa y luego hablé, manteniendo mi conversación solo como un saludo (recordé lo que George Diggs me contó sobre jugar en exceso). Ella fue muy agradable y me preguntó cómo podía ayudarme. Rápidamente saqué mi bolígrafo y actué como si firmara el dorso del cheque frente a ella. El engaño fue clave y funcionó como magia, y luego le pasé el cheque, junto con mi licencia de conducir ahora asumida y otras formas de identificación.

Pasó por la mecánica de procesar el cheque, volteando el cheque y mirando mi firma y mi identificación. Pensé que esto sería un paseo por el parque ... eso fue hasta que ella se fue. Entonces recordé la verificación del archivo de firma en el microfilm.

Lo que fueron unos minutos pareció ser para toda la vida. Pensé en largarme de ese banco, pero la regla de oro de Cheryl era nunca dejar nada del trabajo, así que me quedé. Así de rápido, las cosas fueron de mal en peor porque de la nada apareció la mujer blanca mayor ... ¡esta fiesta había terminado amigos! Sabía que algo iba a suceder y había empezado a sudar.

La joven blanca regresó con una sonrisa y me preguntó cómo me gustaría mi dinero. ¡Uf! Se evitó la intercepción y la mujer blanca mayor desapareció tan rápido como había aparecido. Sin embargo, la ansiedad había formado humedad en la parte superior de mi cabeza. Podía sentirlo brillando en una parte de mi cuero cabelludo. Gotas de sudor comenzaron a abrirse paso más allá de cada mechón de mi cabello, acumulando impulso mientras se abría camino hacia mi frente. Mi respuesta a su pregunta fue "grandes facturas por favor".

Estaba en medio de una carrera: estaba drogado y disfrutaba de esta sensación de vivir al límite y era una locura. Una parte de mí decía: "¡CORRE!" y la otra parte dijo con calma: "Quédate, de eso se trata". Esta lucha interna se convirtió en un lugar que ansiaba y cada vez que la experimentaba, quería más.

Mientras el cajero contaba y contaba el dinero, la sensación de victoria comenzó a tomar el control y cuando ella me pasó el dinero, simultáneamente una gota de sudor rodó de mi frente por mi nariz hasta el efectivo. Le di las gracias al cajero e hice un giro de ciento ochenta grados hacia la salida.

Mientras tanto, Cheryl estaba sudando un poco. Estaba preocupada por lo tonta que era al consentirme para que entrara en The Jug, pero ya era demasiado tarde ya que yo ya estaba fuera y en el auto con efectivo en mano. Ella me dio un gran beso y luego extendió la mano. Ella volvió a sus negocios y dijo: "Pásame el dinero".

No me importó un poco. Recibí una doble recompensa. Obtuve el efectivo y me drogué mientras lo hacía. Cuando entré al banco, me sentí de una manera; Sin embargo, los sentimientos que tuve cuando salí fueron difíciles de explicar aparte de decirte que estaba drogado. Estaba en racha ... o eso pensaba.

Empecé a ir a los bancos con más frecuencia y comencé a escribir cheques personales como si estuvieran pasando de moda. Cheryl me dijo que me calmara, diciendo que estaba bien hacer cheques personales, pero no al ritmo que los estaba haciendo. En primer lugar, esa parte del juego fue reservada estrictamente por placer. Además, todos y su madre ahora estaban haciendo que el juego fuera bueno al hacerlo. Me dijeron que ahora había sistemas de verificación electrónica instantánea y, si los jugaba correctamente, podría ejecutar el gambito y matar.

Cheryl lo desglosó así: la madre de todos los sistemas de verificación era Telecheck. Luego estaban JBS, JBC, Welcome Check, Check USA, In-House Checking System y muchos otros. Explicó los entresijos de todo esto y lo que teníamos que hacer para adelantarnos.

Por último, dijo que no había dinero en ese juego y que cuanto antes me diera cuenta, mejor estaría. Sin duda el dinero estaba en The Jug. Llevaría tiempo configurar las cosas y hacerlas bien para evitar quedar atrapado en el sistema electrónico TeleCheck. Quería la sensación de la prisa de estar alto, al límite, así que encontré paciencia. Ella continuó explicando lo que teníamos que hacer antes de ir más lejos con el juego.

Luego, de la nada, como si Cheryl estuviera en su propio reality show, comenzó a bailar y cantar su canción principal de Ashford y Simpson, "Take it to the Bank". Nos reímos cuando recibí su mensaje y cambié mi tono.

Bajo su dirección, entré en The Jug un par de veces más, pero cuando la música dejó de sonar, ya no quería que lo hiciera. Por lo tanto, lo dejé descansar y reasumí mi papel como conductor durante los próximos meses.

Para la época de Navidad de 1985 hasta el 31 de marzo de 1986, estaba de nuevo en plena actividad como la persona que golpeaba The Jug varias veces al día. ¡Me encantaba y vivía a lo grande! Lo estábamos haciendo a lo grande y el sótano de mi casa no podía contener nada más.

Tener dinero y todas estas cosas me dio una sensación de poder. Sin embargo, y a diferencia de Cheryl, que dio a alguien desde el corazón, disfruté dando la sensación de poder, orgullo y obtener algo a cambio. Una de las cosas que descubrí acerca de dar fue que me hizo sentir bien, pero solo por un corto período. Era tan culpable como el mendigo, el ladrón o cualquiera que pensara que me estaban superando, eso era porque estaba buscando algo a cambio.

Ya sea que mi ego fue golpeado o no por sentirme importante, o si tuve un motivo para que hicieras algo por mí más tarde, no todo lo que di fue por puro corazón. Te usé, me usaste a mí; solo éramos una gran familia egoísta. Lo único diferente era que no estaba corriendo con un gran traje de dinosaurio morado; En cambio, llevaba una máscara, una que ocultaba mi verdadero ser ... una que pensé que me permitiría esconder de quien realmente era.

Regresábamos de Virginia cuando Cheryl y yo nos detuvimos en Delaware para golpear The Jug y valió la pena.

¡Cada uno de nosotros terminó con $ 3,400 en nuestros bolsillos! Sin embargo, incluso con muchas cosas buenas y dinero en mano, había perdido de vista mis objetivos. ¿Por qué mi mente estaba centrada en un solo golpe más? Debería haber prestado atención a Cheryl y haber dejado el juego solo. Mi vida estaba a punto de estrellarse y chocar muy duro.

Era un día soleado en Filadelfia, un día despejado el 14 de mayo de 1986. Probablemente eran las cinco o las seis de la tarde cuando llegamos a nuestro lugar en la avenida Germantown. Recuerdo claramente este día porque no podía esperar a entrar para ponerme la comida: tenía mucha hambre y había un bistec que me llamaba.

Después de estacionar el auto frente a la casa, el escritor de números se nos acercó de inmediato y se acercó casualmente a nosotros desde el otro lado de la calle. Él dijo: "Ron, gitano, no estoy seguro de lo que está sucediendo, pero durante los últimos dos días mi gente me ha estado diciendo que estas dos galletas han estado acampadas en ese auto verde sin marcar en la calle detrás de ti. Deben ser Five-O (policía) porque los vi aparecer con sus binoculares. Sí, son policías, estoy seguro". Le agradecí por su lealtad y los avisos.

Hola, Ron, ¿hay alguien en casa? Ahora acabo de escuchar lo que dijo el escritor de números. La advertencia fue tan clara como fuera ese día, sin embargo, mi atención se centró en mí mismo y en tener algo en el estómago.

Cheryl se estaba moviendo rápido. Entró en la casa delante de mí, fue como si escuchara el mensaje alto y claro. Fui a la cocina mientras Cheryl corría escaleras arriba. Puse dos filetes de T-bone en el asador y abrí una botella de cerveza. Tomé un sorbo y fue por esta vez que Cheryl asomó la cabeza hacia la cocina para decirme que volvería enseguida. Ella dijo que necesitaba correr. Traté de retrasarla diciéndole que tenía dos filetes, pero ella dijo que estaba bien y luego dijo "Estoy fuera".

Antes de salir por la puerta, me golpeó con una declaración profunda: "Déjame retener el dinero". La miré como si estuviera loca y le compartí una declaración similar: "¡NO! Déjame sostener el tuyo en su lugar. Nos reímos y revisé mi comida.

Mientras se dirigía a la puerta principal, la seguí afuera, la acompañé al auto y le di un beso cuando abrí la puerta del lado del conductor para ella. Regresé a la acera, miré hacia la calle y recordé de qué me habían advertido los números. Me quedé allí buscando a la llamada policía encubierta blanca en el auto verde sin marcar y, tal como él dijo, allí estaban y tuvimos el placer de vernos simultáneamente. ¡Estaba prendido!

Su auto saltó al tráfico, mientras yo me giraba y comenzaba a caminar por la calle. Al mismo tiempo, Cheryl me había estado observando e intentó darse la vuelta para bloquearlos. No llegó a tiempo y tuvo que seguir conduciéndome. Se detuvieron junto a mí y los dos oficiales saltaron rápidamente y se identificaron como policías. Uno de ellos dijo: "¿Te llamas Ronald James?" Me sonó con, "¿Por qué estás buscando a mi hermano?" La siguiente pregunta fue "¿Tienes alguna identificación?" Les dije que no.

La verdad es que le había devuelto todo el trabajo a Cheryl cuando salí de The Jug en Delaware. Lo único que tenía en mi poder era efectivo. El otro policía me dijo que pusiera mis manos sobre el auto. Mi respuesta fue muy tranquilizadora: "No hay problema oficial". ¡Tan pronto como mis manos tocaron su vehículo, mis pies se pusieron en acción! Tomé el vuelo como un avión, atrápame si puedes. Estaba fuera de allí ... si estos dos bromistas pensaban que iban a encerrar a Ronald James hoy, ¡tenían otra cosa por venir!

Estaba corriendo y corriendo, pasando junto a Cheryl y nuestro Dodge Dart mejorado. Supuse que Cheryl se alejaría y rodearía el bloque para recogerme en algún lugar a la vuelta de la esquina. Corrí derecho por el medio de la avenida Germantown entre el tráfico. Podía escuchar los pies planos venir detrás de mí. Se estaban acercando cuando hicieron la llamada de respaldo. "Estamos persiguiendo a un hombre negro, a pie, seis pies y tres pulgadas de alto, en dirección sur por la avenida Germantown". Luego cambié el juego y corrí directamente frente a un automóvil en el tráfico que se aproximaba y luego derribé a Philellena junto a la tienda de delicatesen.

Continué con mi ventaja lo suficientemente considerable ahora que debería haberme detenido en la tienda de delicatessen para pedir un filete de queso Philly y algunas papas fritas para llevar. Este iba a ser un largo día para los viejos donuts. Sabía que podría perderlos fácilmente una vez que llegara al callejón; sin embargo, después de girar rápidamente a la izquierda y otra a un callejón, ¡me di cuenta de que me había topado con un callejón sin salida! Cuando me di la vuelta para volver corriendo a la calle, el primer policía ya me había disparado, mientras que el otro se topó directamente conmigo cuando salía del callejón.

En cuestión de segundos, estos policías Keystone me hicieron esposar y dirigirse a la multitud que ahora se había formado. No me di cuenta de que tenía a tanta gente de mi lado en ese vecindario. Tenía que haber al menos 10 espectadores que quisieran asegurarse de que recibiera justicia justa y no justicia de Filadelfia. Confía en mí, una vez que les das una oportunidad a los chicos por su dinero, se aseguran de que pagues, de manera muy desagradable, especialmente si los pisoteas.

Bueno, me llevaron a la cima de la avenida Germantown y allí me esperaba un coche patrulla con sus luces encendidas. Inmediatamente mis bolsillos se volvieron del revés y para sorpresa del detective Philly, encontró un fajo de billetes de cien dólares en mi bolsillo izquierdo. Comenzó a contarlos en voz alta: uno, dos ... diecisiete, dieciocho ... treinta y tres, treinta y cuatrocientos dólares para ser exactos, y en mi bolsillo derecho tenía unos cientos de dólares más.

Estaba molesto por haber sido hecho para perseguirme, así que ladró a la multitud de espectadores, "¡Oh, ¡qué tenemos aquí ... un traficante de drogas!" Me subieron al carro de policía y me llevaron al Distrito 35. Aparentemente, la policía de Filadelfia estaba trabajando en conjunto con el Departamento de Policía de Abington del condado de Montgomery, PA. Recibieron un perfil sobre mí y estaban investigando mis actividades relacionadas con cheques sin fondos. ¡Imagina eso!

Bueno, allí me senté en ese tanque frío y oscuro con alguien que olía a basura. No estaba muy claro e inseguro sobre lo que estaba sucediendo. Mi mente estaba acelerada y todo lo que sabía era que necesitaba salir de ese lugar y seguir con mi vida. De lo que no me di cuenta fue que me esperaba una serie de despertares rudos ese día, comenzando por el Departamento de Policía de Filadelfia.

No tenían nada conmigo, pero me iban a hacer pasar por el proceso antes de entregarme a Abington. Abington no estaba dispuesto a dejarme salir bajo fianza porque sabían que tenía efectivo, por lo que me dijeron cuando vi al juez que mi fianza se elevaría por las nubes. Luego, me dijeron que no iría a ningún lado pronto porque tenía una violación de la libertad condicional en el condado de Montgomery. Estaba confundido y les pregunté sobre esta violación de la libertad condicional y amablemente ofrecieron una explicación. Tuve un robo por tomar ilegalmente en Lansdale, Condado de Montgomery, PA que aún no había expirado. Sí, 17 días antes de su finalización. ¡Imagínate!

Después de lo que parecieron horas en el Departamento de Policía de Filadelfia, me sacaron del corral, me fotografiaron, me tomaron las huellas digitales y me hicieron unas 100 preguntas. Querían saber mi nombre completo, dirección, fecha de nacimiento, información de los padres, ¿tenía cicatrices o marcas debido a alguna lesión o alguna marca identificable como tatuajes si estaba en medicamentos, recetas o de otra manera?

Mientras estaba sentado esposado a un banco, las preguntas seguían llegando, y no solo por ellos. Seguí haciéndome muchas preguntas sobre mi situación actual y lo que me llevó a esto. Supongo que me quitaron los zapatos y el cinturón, así que no pude suicidarme, y lo que más recuerdo es que tenía frío y hambre.

Las cosas llegaron de alguna manera al día siguiente y, finalmente, fui ante una pantalla de video y me enfrenté a un juez que tenía más preguntas y me dijo que iría con la Policía de Abington, después de lo cual me transportarían al condado de Montgomery. Todavía no estaba claro y quería saber qué estaba pasando con mi fianza para poder ser liberado. Se confirmó que no había absolutamente ninguna razón para que me preocupara nada de eso. El condado de Montgomery ya había presentado una orden de detención por mi violación de libertad condicional que detuvo mi liberación. Tendría que responder a un juez allí para resolver ese problema.

Para entonces, estaba exhausto detrás de toda la emoción no deseada. Todavía estaba confundido sobre por qué no podía ser liberado; No todo el dinero del mundo podría liberarme. Me sentí sucia y quería ducharme y enjuagarme. Me dolía la muñeca por la presión que aplicaban las pulseras de diseñador de metal que la policía y la policía llamaban esposas. Se clavaron en mi piel y dejaron una impresión en mi muñeca que duró horas ... tanto en mi carne como en mi mente. Yo estaba en mi extremo de los ingenios.

Necesito interponer algo aquí; hasta este momento, nunca había experimentado estar encerrado con la combinación de grillete y esposas. Cualquiera de ellos por derecho propio cumple su propósito de obtener el control de una persona por medio del encierro, pero la combinación de ambos fue simplemente grisácea.

Fetters, grilletes o lo que sea que elijas llamarlos han existido desde los tiempos antiguos de la esclavitud y, en mi opinión, hay algo que ocurre tanto psicológica como fisiológicamente para cualquier persona que haya tenido que soportar esta forma de castigo. Es injusto, inhumano y antinatural para el espíritu libre. El sonido de cada clic de metal que te cierra se siente como una mortificación de tu ser. La libertad desaparece y la esclavitud queda clara. Sin embargo, la combinación de grilletes y esposas me hizo sentir bárbaro; animal Esto no era más que la esclavitud moderna. De ninguna manera estoy tratando de sacar una carta de carrera y justificar mi comportamiento criminal ... ¡De ninguna manera! Creo que hay una imagen más amplia y abordaré mis inquietudes más tarde, pero por ahora, volveré al procesamiento.

Fui cargado en la parte trasera del vehículo de la policía, atado de cerdo, si lo desea, y transportado al Departamento de Policía del Municipio de Abington. Terminé acostado de lado en el asiento, en una posición medio retorcida. Cuando desperté de mi sueño, no recordé el paseo, pero definitivamente sentí los calambres musculares y la rigidez que se habían acumulado. Sin embargo, también recordé tener mucha hambre y pensé para mí mismo lo buenos que habrían sido esos dos filetes. , pero nunca pude sacarlos del asador. ¡Mira, solo yo pensando en mí otra vez!

Lo que recibí del Departamento de Policía de Abington fue el mismo trato que recibí de la Estación de Policía de Filadelfia, solo que peor. Lo mismo siendo fotografiado, con huellas digitales, y muchas preguntas. Lo peor fue que me presionaron para obtener detalles y una confesión. Cuando les pregunté si podía hacer una llamada telefónica, ya sabes, tal como ves en la televisión, me dijeron que me llamarían tan pronto como se hiciera lo que tenía que hacer. Cuando pregunté por mi dinero, me dijeron que obtendría un recibo. Cuando pregunté si podía conseguir algo de comer, me dijeron que el siguiente turno manejaba las comidas.

La policía parecía tener todas las respuestas sin hacer nada que quisiera o necesitara hacer. La policía tenía su propio estilo de psico-balbuceo y giros que te mantenían adivinando. Cuando te enteraste de eso y trataste de confrontarlos llamándolos por sus cosas, simplemente cambiaron su juego y se volvieron fuertes y físicos. Cuando presionó el tema aún más, podría terminar con algunos cargos adicionales falsos además de las palizas que le dieron.

Pasé la mayor parte de mi tiempo en un corral donde me senté y me senté durante horas sin nada que hacer y sin nadie con quien hablar porque no me permitieron hablar. La habitación estaba helada y no había almohadas ni mantas ... nada excepto un rollo de papel higiénico parcialmente usado que me permitía levantar la cabeza mientras me recostaba sobre una sábana de acero duro y frío.

Mis dolores de hambre comenzaron a sacar lo mejor de mí y comencé a gritar suavemente, "Oficial, oficial" una y otra vez. Me repetí con la esperanza de obtener una respuesta. Después de que nadie respondió a mi llamada, levanté la voz cada vez más fuerte hasta el punto de que estaba gritando, y luego comencé a golpear la litera de metal. Después de intentarlo durante más de una hora, finalmente recibí la atención de alguien. Un policía regresó y me preguntó "¿Cuál demonios fue mi problema?" Le expliqué que no había comido desde que me encerraron y le rogué algo de comer. Me dijo que no era su culpa que me perdiera, y que era responsabilidad del último turno manejar la alimentación.

Me hicieron girar en este punto, pero mi único problema era que no tenía idea de quién estaba haciendo el giro. ¿Era este chico o alguien del turno anterior? Mi actitud y mis sentimientos eran tales que quería alertar al presidente de los Estados Unidos y hacerle saber cómo estos agentes de la ley me maltrataban. Sin embargo, mis sentimientos no importaron porque no iba a comer nada hasta que llegara a la prisión ... o eso me dijeron.

¡¿La prisión?! ¿De qué demonios estaba hablando este oficial? La prisión era para criminales y ¿qué tendría que ver una prisión conmigo? Por alguna razón, ya no tenía hambre debido al miedo desconocido que me abrumaba tan abruptamente, agarrándome tanto el estómago como la mente. ¿Cómo me podría estar pasando todo esto? Todo lo que quería era mi cerveza y ese delicioso filete de la parrilla. Allí, en la quietud de mi corazón, grité, pidiéndole a Dios que me ayudara. Dije mi oración de trinchera y esperé los resultados.

"James", el oficial ladró y yo me puse de pie y dije: "Sí, señor". Me dijeron que saliera y me pusiera los zapatos. Todavía estaba en estado de shock, pero me moví rápidamente cuando él me acompañó a otro oficial que me volvió a poner esposas y grilletes. Luego me colocaron en la parte trasera de un crucero de la policía que era muy incómodo para mi armazón de seis pies y tres pulgadas, además esta vez me esposaron los brazos detrás de la espalda y fue extremadamente doloroso.

Enfrenté el dolor de la mejor manera que pude, sentándome de lado. Me sentía agobiada, enjaulada, con náuseas, ansiosa y, para colmo, podía oler la transpiración de las incontables horas de ansiedad y miedo del pasado ... ¡y mis dolores de hambre habían vuelto con venganza! Pensé para mí mismo ... ¿qué demonios podría ser el próximo?

Durante el ingreso en la prisión, recibí otra avalancha de preguntas, algunas de las mismas que la policía ya me había hecho. De nuevo, me fotografiaron y me tomaron las huellas digitales. Me dijeron que me desnudara, a tope, desnudo ... sí, me escuchaste ... hasta mi traje de cumpleaños para que otro hombre adulto pudiera inspeccionarme. Me humillaron más allá de las palabras. Tuve que estar parado frente a él mientras él me ordenaba mover las partes de mi cuerpo, mirando mis genitales. Incluso me dijo que me alejara de él, que me agachara y le pegara el trasero en la cara para

OPCIONES

poder inspeccionar la grieta de mi gilipollas. ¡¡Confía en mí, después de no ducharme durante las últimas veinticuatro horas, ¡¡ese no era el lugar que nadie necesitaba para meter la cara!!

Después de todo eso, me sentí deshumanizado y derrotado. Me sentí mejor después de ducharme y comer algo. Todas mis pertenencias personales estaban empacadas, me entregaron un juego de ropa de prisión, un juego de sábanas y una manta, pero no mucho más. La prisión estaba ubicada en 35 East Airy Street, Norristown PA. No estoy seguro de cuándo se construyó el lugar, pero la cara del edificio era literalmente como un castillo de piedra que coincidía con la celda en la que me pusieron. Para mí, ese lugar se sentía como una mazmorra. Estaba en la parte de entrada de la cárcel en una celda grande con otros tres hombres y literas. No hay llamadas telefónicas, poco movimiento, no hay mucho para comer y no se les permite hablar con los demás ni hacer preguntas a los guardias.

La cárcel en sí tenía un sentimiento muy frío y misterioso. Era antiguo y arcaico, pero funcionaba bastante bien con solo una población de unos seiscientos hombres. La prisión tenía su propia orden jerárquica establecida por los reclusos. Si estuviste en prisión acusado de hurto o robo, te fue muy cerca. Lo mismo era cierto si eras un traficante de drogas. Sin embargo, todo eso estaba sujeto a cambios si usted era un capo de la droga, o si estaba encerrado por una gran cantidad de dinero o una gran cantidad de cargos. La mayoría de esos reclusos podían establecer las reglas de lo que sucedía en la prisión.

En los bloques de celdas de la extrema derecha, había quienes estaban en la cárcel por robo a mano armada y otros acusados de asesinato. Digo "acusado" solo porque ninguno de ellos expuso totalmente sus asuntos a otros como si fueran culpables, sin embargo, querían que todos creyeran que eran asesinos para mantener a los verdaderos asesinos fuera de ellos.

Luego estaban aquellos que fueron muy desafortunados al caer en el extremo izquierdo. Se trataba de cualquier persona con un caso de violación o incluso peor: aquellos acusados de abuso de menores o delitos contra niños. Ninguna cantidad de dinero podría salvarlos del peso de lo que la vida en la prisión tenía para ofrecer. Fueron golpeados, escupidos y atormentados, además, cualquier cosa de valor que poseían generalmente se tomaba. La mayoría, si no todos, optaron por tomar la custodia protectora y permanecer lejos de la población general de la prisión.

Por lo que pude ver, la cárcel corrió sola, lo que significa que los prisioneros corrieron la cárcel. No podía esperar para alcanzar a un chico que acababa de conocer con el nombre de Willie y cuando lo hice, lo encontré sentado al lado del muro de la prisión de veinte pies que rodeaba el patio. Estaba contento de verme, pero no tan aliviado como yo de encontrarlo. Me di cuenta por su comportamiento que este ciertamente no fue su primer rodeo.

Cuando me senté con él, fue muy abierto, servicial y dispuesto a darme las matemáticas de la vida en prisión. Las reglas eran simples de entender: 1) No confíes en nadie 2) No pidas prestado nada 3) No apuestes 4) No te metas con los [maricones]. No mucho después de eso, descubrí que había una quinta regla que no se había mencionado. Tal vez porque era una regla entendida para aquellos que conocían el sistema, pero la regla en la que todos los encarcelados se centraron principalmente fue el respeto ... y su opuesto directo: la falta de respeto.

Si le faltaste el respeto a alguien, te convertiste en un juego justo y podrías ser asesinado por eso. La falta de respeto dijo: "No me importa un bledo", lo que en la prisión literalmente significaba "provocar el ruido, el drama y cualquier otra cosa que tengas ... ¡oh, y que te jodan también!"

Una vez que faltaste al respeto a alguien, esa persona a menudo se vio obligada a hacer algo. Sus elecciones eran simples: podía aceptarlo, lo que NUNCA sucedió, o podía hacer lo mismo con usted y cerrar la puerta de la falta de respeto para mostrar a los demás en la cárcel que no lo atraviesen. Otra cosa que noté fue que las noticias no tardaron en viajar por la cárcel. Las noticias de la cárcel eran como una vid interna y, en mi opinión, esta forma de comunicación llegó a las masas casi tan rápido como Internet. El punto es ... si le faltaste el respeto a alguien, ¡se corrió la voz y salió rápido!

Willie y yo nos sentamos y nos conocimos. Descubrí que era del norte de Filadelfia y que había pasado tiempo antes en el norte del estado tanto en Dallas como en Graterford. También había pasado tiempo en el Sistema de Filadelfia en Homesburg y en Nueva York en la Isla Rikers, las cuales eran cárceles asesinas, asesinas ... No quiero decir broma, Willie era realmente un convicto experimentado.

Nunca supe por qué estaba en la cárcel, pero estaba claro que era un chico de palo, o un chico Brody, que es alguien que toma lo que quiere de quien quiere cuando quiere, y no iba a ser jugó con

La prisión estaba compuesta principalmente de negros y blancos, y debo decir que era una proporción bastante pareja. También había españoles, pero ningún grupo dirigió la cárcel; fue más la presencia de quién tenía las drogas o las conexiones. Todo se hizo a un precio y nadie hizo nada gratis. Si querías un corte de pelo, comida extra, tu ropa lavada, doblada o prensada, pagaste un precio. La mayoría de las veces, su pago sería en forma de humo o comida del economato.

La cárcel parecía ser la clásica escena de "mantenerse al día con la de Jones" y todo estaba pagado sobre la marcha, con la excepción de las tiendas de la cárcel. Tenía varias tiendas y consistía en alguien que vendía artículos de la tienda a una tasa de interés inflada. Cualquiera podría tener una tienda, pero es mejor que sepas qué estabas haciendo para mantenerla. ¿Por qué?...

En la cárcel, siempre había alguien que estaba dispuesto a juzgarte, o podías prepararte para que los guardias te atacaran, o había una persona que lucharía por ti ... sin mencionar todas las mentiras que los estafadores harían. ¡Promételo el viernes cuando su fecha de lanzamiento fue el jueves! Las tarifas eran principalmente dos por uno, lo que significa que obtienes un artículo hoy y, el día de la tienda, pagas dos de los mismos artículos. Algunas de las tiendas harían dos por tres o incluso tres por cinco, pero el dinero estaba en el dos por uno.

La vida en prisión también tenía su propia jerga. Por primera vez en mi vida escuché las palabras "chumpy" o "jon". Ambas palabras no significaban nada, pero significaban exactamente lo mismo. Por ejemplo, le pedí a mi cellie que me pasara el jon (jabón, taza, hoja de papel, lápiz, barra de caramelo ... o cualquier cosa) y él sabía de lo que estaba hablando y me lo pasó. Lo mismo era cierto con la palabra chumpy. Es decir, voy a ir al chumpy (patio, salón de día, visita) y de nuevo lo loco fue que todos sabían exactamente lo que la otra persona quería decir.

Me estaba poniendo nervioso y quería saber qué estaba pasando con mi caso. Había estado en la corte y Abington me lo pegó. Limpiaron sus libros con todas y cada una de las falsificaciones que publiqué en su municipio y en el municipio de Cheltenham, que estaba al lado de ellos. Cuando todo estuvo dicho y hecho, recibí cargos de:

Departamento de Policía de Abington: acusado de 5 casos de falsificación, 4 casos de robo por engaño, un caso de robo minorista y 2 casos de recibir propiedad robada;

Departamento de Policía del Municipio de Montgomery: acusado de 2 casos de falsificación, un caso de robo por engaño y un caso de recibir propiedad robada;

Departamento de Policía de Ambler: acusado de 2 casos de falsificación, un caso de robo por engaño y un caso de robo minorista;

OPCIONES

Departamento de policía del municipio de Upper Gwynedd: se subió a bordo con 2 casos más de falsificación y un caso de robo por engaño;

Lansdale y Hatfield Township: hice una combinación en la Oficina de Magistrados con 3 casos de falsificaciones, 2 casos de cheques sin fondos, 2 casos de robo por engaño, 2 casos de recibir propiedad robada, y luego surgió un cargo de conspiración en el condado de Bucks. cierto no era mío.

Departamento de policía del municipio de Warminster: acusado de un caso de falsificación, robo por toma o disposición ilegal, cheque sin fondos y recepción de propiedad robada. Afirmaron que entré en una sucursal local de un banco en Doylestown, Pensilvania, solté un cheque por unos pocos miles de dólares y salí con el dinero. Bueno, sé con certeza que fue una mentira. Incluso dijeron que tenían mi foto, que era otra mentira. Sé, sin duda, que no tenían nada conmigo. Si tenían a alguien en video, era uno de nuestros trabajadores a quien Cheryl había enviado a The Jug. Sí, estaba en la escena, pero era el conductor y no entré en The Jug, y con esa admisión, Filadelfia había encontrado algo sobre mí después de todo y me acusaron de falsificación, robo al por menor, recibir propiedad robada, robo por engaño, malos controles y arresto antes de la requisa, lo que sea que eso signifique. Afortunadamente, tenía el dinero para pagar un abogado.

Un día, cuando estaba hablando con Cheryl, ella me dijo que cuando estuvo en una prisión federal, algo increíble le sucedió. Alguien le había sugerido que, si leía la Biblia en el Libro de los Salmos, capítulos 1, 23 y 70 una vez al día, obtendría el favor de Dios, encontraría paz y sería liberada. Bueno, conmigo yendo a la corte cada dos días y sintiéndome deprimido, estresado y perplejo, acogí con beneplácito su sugerencia. Todo lo que tenía que hacer era hacer lo que Cheryl hizo y me liberarían.

Entonces, con un nuevo plan de acción, me puse a buscar una Biblia. Me hubiera satisfecho con una de esas Biblias de Gedeón, pero lo que recibí fue una versión King James, y si fue bueno para el Rey, ¡fue bueno para mí!

Hasta este punto, aún conservaba los resentimientos que tenía desde cuarto grado cuando mis compañeros de clase se reían de mí, así que cuando leí, me aseguré de estar solo y nadie podía burlarse de mí. Además, esta lectura fue diferente. Leer estos versículos significaba que iba a obtener algún tipo de recompensa o bendición por leer. Me iban a liberar ... ¡sí! Tuve fe Comencé con los Salmos 23 y disfruté esas palabras porque eran muy relajantes. Leo los Salmos 1, 23 y 70 cada día durante aproximadamente una semana.

Cuando le dije a Cheryl, ella me dio instrucciones para seguir con el buen trabajo. Entonces, un día tuve la idea de leerlo dos veces al día porque estaba buscando una doble bendición. Tenía tanta fe en lo que estaba haciendo que lo hice hasta tres veces al día y, antes de darme cuenta, pude leer los versos de memoria. Luego comencé a agregar Salmos 103 y pude ver que las bendiciones estaban en camino.

El 17 de noviembre de 1986, yo, Ronald Lloyd James, fui ante el juez Yohn frente a una sala repleta de familiares y amigos, y tres personas tomaron la posición en mi nombre: mi hermano John, mi ex director de la escuela primaria y un sacerdote católico que me había hecho amigo porque fui a algunos de sus servicios en la cárcel. El padre de mi amigo de la infancia me dijo de antemano que tenía el favor del juez. Verá, él había hablado con el juez extraoficialmente y me reveló que el juez era de buen carácter.

Ese día, en la sala del tribunal, vi que el juez se excusaba ante su cámara y noté que, aunque mi vida estaba en juego con cargos que podrían llegar a más de 20 años en el estado, este era un juego para los abogados.

Lo que quise decir con esa declaración fue esto: mi abogado, que estaba bien pagado, dijo que conocía al juez y al fiscal de distrito, y cuando llegó el momento, realmente no hizo mucho por mí. Básicamente, aceptó mi dinero, me dijo que siguiera su ejemplo con la esperanza de una sentencia más ligera arrojándome a merced de la corte, y que tratara de mostrar compasión cuando el juez me hablara.

Lo siguiente que noté fue esto: el Fiscal de Distrito, que fue llamado amigo de mi abogado, se me acercó justo antes de los procedimientos judiciales e intentó rodar y tratar sin mi abogado presente. Me hizo una oferta de cinco a diez años si respondía "sí" en ese momento. Se suponía que este era un trato mucho mejor que el contrato de siete a catorce años que ofreció anteriormente. Muy bien podría haber aceptado su oferta de cinco años si # 1) no tuviera un abogado que tuviera mi dinero, y # 2) estuviera al tanto de la información privilegiada de que el juez me sería fácil. La razón es que algunos amigos habían hablado con el juez antes de dictar sentencia en mi nombre. Entonces pensé para mí mismo: "Ve a patear rocas, Sr. Fiscal de Distrito, hoy no es tu día para hacer tratos".

Luego estaba el maestro de ceremonias, "El juez". ¿Estaba él también en este juego? Puedes apostar tu último dólar que era. ¡No era a mí a quien le importaba tanto, de ninguna manera! Era la palabra de alguien a quien respetaba y / o era su partidario durante el tiempo de reelección. Lo que facilitó su decisión fueron todas las cartas de apoyo en mi nombre, las que tomaron el puesto y una sala llena de amigos y compañeros de clase, dueños de negocios, profesionales y familiares. Sí, esto es lo que lo ayudó a justificar lo que ya había decidido que iba a hacer.

Ahora, ¿qué hay de mí? Mis intenciones eran honorables, pero mi comprensión de la vida se desvaneció. En mi mente, lo único que significaba algo era salir de la cárcel. En inglés simple ... ¡Quería lo que quería y lo quería ahora! No me importaban las víctimas, incluidos sus familiares y amigos, que resultaron heridos en el camino. Nunca me tomé el tiempo para siquiera considerar los sentimientos de las víctimas, cómo las afecté emocionalmente o cómo mis acciones causaron un dolor duradero que asustó sus mentes.

No me importaba su pérdida financiera y cómo robé no solo sus artículos físicos, sino también su pérdida de control y la forma en que ahora pueden tener que tratar a sus clientes de manera diferente. Ni siquiera mencionaré aquellos que saqué del negocio. Mi actitud egoísta estaba a punto de adquirir un nuevo significado. El acuerdo de cinco años que me ofreció el Fiscal de Distrito podría haberme hecho algo bueno porque tenía mucho que hacer.

Mirando hacia atrás, el único juego que realmente se estaba jugando era el que yo estaba jugando en mí mismo. Todos los que acudieron a la corte ese día, que escribieron cartas o hablaron en mi nombre, realmente se preocuparon por mí y creyeron en mí, y lamento haberlos decepcionado. Pido disculpas ahora a cada uno de ellos por mi egoísmo. De lo que no me di cuenta entonces fue de la capacidad de preocuparme por alguien que no sea yo.

Cuando el juez Yohn salió de sus habitaciones, leyó todos mis cargos, que parecían tomar cada hora. Cuando terminó, me dio una charla severa y una sentencia del condado de 11-1/2 a 23 meses, más un buen momento, ¡y eso significaba que tendría que hacer un total de aproximadamente 9 meses! Me sentí genial porque ya tenía seis meses en ... qué bendición ... ¿o fue una maldición?

Cuando regresé a la prisión, compartí mi buena fortuna con todos y lo que escuché de los hombres fue su aprobación y felicitaciones. Era la mentalidad de los reclusos que había logrado algo casi como un título universitario. El objetivo de todos los que están dentro es salir. Mi tío solía decirme: "El único pájaro que no puede volar es un carcelero". Bueno, ya era hora de que volara, pero continué con la rutina de la cárcel por unos meses más.

¡Ya casi era hora de salir cuando, a través de algunos amigos de confianza, recibí la noticia de que todo mi dinero y mis posesiones terrenales se habían ido! No entendía por qué e intenté averiguar por Cheryl qué estaba pasando. Más tarde descubrí que parte de lo que escuché era cierto. A mis ojos, Gypsy me había fallado, pero la verdad es que es el precio que todos pagan cuando llegan a la cárcel: se pierde algo.

Mi pérdida fue todo el dinero que tenía en los bancos de Virginia ... desaparecido. Estoy hablando de $ 20K, más mi reserva de efectivo de $ 10K que Gypsy tenía para mí ... ¡se fue! Estaba enfermo por eso. Estaba herido y mi ira era una subestimación de lo que realmente sentía. Mi amigo que me informó de lo que había sucedido continuó diciéndome que todas mis joyas que había guardado en una caja de cigarros ... ¡se fueron! Dijeron que alguien más que Gypsy me limpió. Exigí saber quién y la respuesta fue cualquiera de una serie de pulgas que estaba viajando dentro de su caravana. ¡Oh! Estaba en mi bolsa de ira, pero de alguna manera encontré el perdón.

Todo lo que puedo decir es que el amor es una bestia extraña. Además, Cheryl dijo e hizo todo lo correcto para hacerme sentir mimado. Pasamos tiempo juntos y hablamos, y ella dijo algo que reverberó en mi alma: "Papá Ron, siempre podemos recuperar lo que se perdió y hacer las cosas mejor la próxima vez".

La miré a los ojos y me convencí de que funcionara, solo que esta vez le dije específicamente que no iba a escribir más cheques. Luego me recordó con una gran sonrisa y su voz más cariñosa: "Nunca quise que hicieras nada excepto estar allí para mí". Bueno, no podría discutir eso.

Me desconecté y estaba en camino a una nueva vida. Salí de la prisión sintiéndome como un hombre nuevo y cuando volví a mirar las paredes que me limitaban, pensé en todos los cambios que habían tenido lugar. Estuve encerrado durante meses y me transportaron de la ciudad a la prisión, de regreso a la ciudad, luego a la nueva prisión del condado de Montgomery a su programa de granja y luego a otra cárcel del condado en el condado de Bucks para completar mi curso. Lo triste era que lo único que realmente necesitaba cambiar era lo mismo y ese era yo.

Estaba parado frente a las instalaciones correccionales del condado de Bucks y no iba a esperar a que familiares o amigos me recogieran. ¡De ninguna manera! Salí de allí con lo primero que fumo, que era un autobús Septa, y volví a Filadelfia.

En el viaje en autobús a casa, tuve la oportunidad de pensar y considerar la vida con una nueva perspectiva. Mientras reflexionaba sobre mis pensamientos, sabía que tenía que hacer las cosas de una manera totalmente diferente, y fue entonces cuando tuve una idea. Pensé en armar una empresa de limpieza. Sabía lo mucho que disfrutaba trabajar con el padre de mi amigo de la secundaria limpiando oficinas y él me había enseñado mucho sobre el negocio. Además, aprendí varios trucos sobre cómo quitar, pulir y encerar los pisos mientras estaba en prisión. Entonces, así como así, decidí hacer algo positivo y me moví en esa dirección.

Tan pronto como pude, corrí mi idea más allá de Cheryl. Ella estaba dispuesta a ello. Por lo tanto, con una nueva oportunidad de vida, y en lugar de correr escribiendo cheques para aquellas cosas que brillaban, hice que otras personas escribieran cheques por mí. Envié trabajadores a las tiendas a comprar suministros de limpieza para que pudiéramos usar los artículos para nuestra empresa.

Un día, mi hermano de la fraternidad, Cheryl y yo nos sentamos para una reunión de negocios. Hablamos sobre entrar en el negocio de limpieza juntos. ¡Chico estaba emocionado! Lo primero que necesitábamos era un nombre. Se me ocurrió el nombre de Jets Janitorial. Sonó y a todos les gustó y aceptaron. Hablé con uno de nuestros abogados de

OPCIONES

casos en Center City que redactó nuestros artículos de incorporación. Cuando todo estuvo dicho y hecho, teníamos una corporación legal de buena fe, Jets Janitorial and Extermination Company.

Aún así, estaba buscando algo más. Mi naturaleza impulsiva se activó y se me ocurrió otra idea brillante ... ¡deberíamos movernos! Estaba cansada de vivir en Filadelfia, así que hablé con Cheryl sobre mudarse fuera del estado y ella estuvo de acuerdo.

Me encontré con uno de nuestros amigos que destrozó la persecución para establecer nuestra estafa para que tuviéramos dinero para la mudanza. (*Barra lateral: la persecución de naufragios es una estafa muy organizada que persigue las escenas de accidentes automovilísticos. El orquestador se haría cargo colocando a las personas que no estuvieron involucradas en el accidente en la escena del accidente para el beneficio de llevar a todas las partes a un abogado, médico, hospital o incluso un dentista con fines de lucro.*) Esta fue una oportunidad segura para que yo obtuviera $ 20K rápidamente. Había estado en varias estafas como esta y todas valieron la pena. Todo lo que tenía que hacer era tener un accidente con mi propio automóvil y luego permitir que la compañía de seguros cubriera los costos. Por favor, amigos, no prueben nada de lo que leen aquí en casa: ¡son todas las opciones equivocadas!

Conseguí que mi amigo persiguiendo a un accidente chocara contra mi auto con uno de sus autos. ¡También hizo un buen trabajo en mi panel trasero! Recogí el plástico roto de mi luz trasera para poder dispersarlo más tarde en la escena de un accidente planeado. Entonces, una noche lluviosa, eso es exactamente lo que hice. Llamé a la policía y les informé que un auto chocó contra mí mientras estaba estacionado esperando que la lluvia disminuya antes de salir del auto.

Era teatral y le dije al policía que necesitaba atención médica. Esto siguió a Law Suit Course-101 a un tee. La policía presentó un informe, fui al hospital para recibir tratamiento, seguido de una serie de sesiones de terapia, y finalmente nos dirigimos a un abogado que, por cierto, nos pagó el dinero más alto por llevar nuestro caso. El abogado prometió llegar a un acuerdo dentro de seis meses e hizo exactamente eso. Cheryl y yo estábamos en un estado natural y ambos sentimos que era hora de pasar al siguiente nivel en nuestra relación, así que en una de nuestras muchas carreras hacia The Jug en el sur, ¡nos casamos! ¡SI! Nos casamos en el pequeño pueblo de Eastville, Virginia, con mi padre John James como testigo ... pero la historia no termina aquí. Uno pensaría que el matrimonio me habría tranquilizado y que haría todo lo correcto por la mujer que amaba y por tener nuestra felicidad para siempre. ¡Oh no, no Ron James!

OPCIÓN CINCO
MAGGIE MAE

Mi mentalidad manipuladora y mis deseos sexuales egoístas entraron en acción. Conocí a una joven con la que no podía esperar para hacer una cita. Ella era dulce ¿Qué dulce, preguntas? Piensa en una trufa de chocolate de Lindors y entenderás lo dulce que era.

En su mayor parte, fui fiel a mi relación con Cheryl. Sin embargo, tuve unos días selectos y unas pocas mujeres selectas con las que bailé en pistas de baile separadas, y resultó ser uno de esos días en los que quería bailar con "Lindor". Entonces le dije a Cheryl que tenía un trabajo de exterminio que necesitaba mi atención porque sabía cuánto odiaba el olor de los químicos. Sabía que no lo pensaría dos veces antes de venir.

Más tarde esa noche, empaqué mi equipo de exterminio y me fui. En mi camino a la casa de Lindor, tomé un poco de cerveza porque sabía lo mucho que le gustaba beber … ¡y sabía lo que algunas cervezas heladas hacían por mí!

Tan pronto como llegué a la puerta de su apartamento, nos abrazamos. Sus suaves labios sedosos y su toque cálido literalmente me hicieron desmoronarme. Su cuerpo era firme pero tierno. Todo sobre ella en este departamento era extremadamente cariñoso. Ella me acompañó al interior y le entregué la cerveza y comencé a ir directamente al trabajo. Exterminé su apartamento en poco tiempo y después de terminar, nos sentamos en la sala para hablar. Luego se levantó y fue a la cocina a buscar vasos para la cerveza y yo me recosté y observé cómo su cuerpo con forma de botella de coca desaparecía de la vista. Hombre, esto fue dulce!

Hablamos y nos reímos juntos mientras bebíamos, y luego ella desapareció de nuevo, solo que esta vez en la oscuridad de su pasillo. Cuando regresó, vestía un camisón de seda transparente y comenzó la reacción masculina incontrolable. Mi cuerpo respondió con un flujo sanguíneo masivo, mientras se elevaba para la ocasión. Mi corazón comenzó a acelerarse cuando empecé a sudar ligeramente, y justo cuando comencé a tomar el control de esta situación, me persuadieron suavemente para que me recostara y disfrutara el viaje.

Después de nuestros momentos de ternura y emoción, volvimos a su habitación. Pensé que era para terminar lo que habíamos comenzado, pero cuando llegamos a su habitación, ella me pidió un pequeño favor. Estaba seguro de que tenía que ver con el dinero y estaba en lo correcto. Ella quería pedir prestados unos pocos dólares y no vi ningún problema en darle a Lindor algo de efectivo. Sentí que había un vínculo especial entre nosotros, así que busqué en mi bolsillo, saqué mi nudo y le quité un billete de cien dólares. Ella sonrió y me dio las gracias una y otra vez. Ella quería que supiera que esto era solo un préstamo, pero la interrumpí y le dije que era un regalo.

Luego me reveló lo que ya sabía: que iba a usar el dinero para drogarse. Sin embargo, realmente no esperaba lo que sucedió después. Ella me preguntó si podía hacerle un favor más al llevarla a través de la ciudad a las tierras baldías de la calle 9 para que la vigilara.

Inmediatamente me enfrenté a todo tipo de elecciones y mi mente comenzó a pensar en lo que debía hacer. Tuve tantos malos tratos con las drogas y mis sueños de tráfico de drogas nunca llegaron a nada. Mi tío Pete tenía una sobredosis de drogas, mi primo Tyrone fue asesinado en el juego de las drogas, mi hermano John y mi primo Marvin hicieron tiempo para la venta de drogas, Gypsy había gastado todo mi dinero en efectivo por las drogas, y ahora Lindor quería que fuera. policía para ella.

Me enfrenté a llevar a alguien que me importaba a una droga. La realidad de esa situación era simple ... bese a la niña y las buenas noches de $ 100, o vaya policía. Como ya estaba en la cama con ella, literalmente, mi lealtad era clara como el cristal: corre. Lindor era especial, la tenía de regreso y sabía que ella tenía la mía.

Entonces le dije que vayamos a hacer esto y se vistió y salimos corriendo por la puerta y hacia el viento. Mi corazón latía rápido de nuevo, solo que este paseo fue más como una aventura, ya que se convirtió en un "subidón" instantáneo. La emoción de hacer algo mal y vivir al límite resultó ser una emoción, que fue la misma sensación que tuve al entrar en The Jug.

Verdaderamente en este momento de mi vida, estaba totalmente cegado por el egocentrismo. La única persona que realmente me importaba era yo, no mi familia, Cheryl, sus hijos, y ciertamente ninguno de mis amigos. Estaba en un camino lento hacia la destrucción. No temía a Dios y amaba lo que estaba haciendo. Era orgulloso, arrogante, practicaba todo tipo de comportamientos malvados y hablaba cosas perversas (Proverbios 8:13). Además, estaba a punto de comer la fruta a mi manera y llenarme de sus propios dispositivos (Proverbios 1: 30-31).

La batalla por mi vida se libró en el ámbito espiritual. Creí que fui llamado a hacer grandes cosas, este libro es solo uno de ellos, y la evidencia de esta batalla ahora se manifiesta en las siguientes páginas. Mientras intento compartir lo que era muy real y cuál era el reino de la vida para Ronald James y cómo lo entendí, necesito advertirle. Las cosas que están a punto de explicarse pueden variar desde el bazar hasta la locura absoluta. ¡POR FAVOR, NO LO INTENTES! La forma en que sobreviví fue solo a través de la gracia y la misericordia de un Dios amoroso ... y quién puede decir que serás tan afortunado.

Lindor y yo volvimos de nuestra carrera, regresamos a la seguridad de la habitación de su departamento. Me senté a los pies de su cama preguntándome si había hecho lo correcto. Estoy seguro de que la mirada en blanco en mi rostro la hizo cuestionar lo que estaba pensando. Metí la mano en el bolsillo y le regalé mi muestra de amor ... la bolsa de cocaína.

Le di a Lindor algo que era equivalente a mi propia sentencia de muerte. Le di la pequeña bolsa de plástico sellada herméticamente. La coca a la que estaba acostumbrado era blanca; sin embargo, el color de esta coca cola era amarillo, como la mantequilla. Los ojos de Lindor lo dijeron todo y su rostro se iluminó de emoción. Llevaba una sonrisa que cada Jack-o-lantern tallado en la noche de Halloween habría envidiado.

La miré de cerca como si estuviera en Química101. Sus movimientos fueron muy sistemáticos, pero elegantes. Trabajó en una bandeja de TV para cenar. Alcanzando debajo de su cama, sacó una pequeña caja de zapatos y quitó la tapa. Me pareció, y probablemente a la persona promedio, que su contenido no era más que basura, y estaba tristemente equivocado.

Lo primero que surgió no fue otro que un pequeño tubo de vidrio de ladrillo, como el que vi por primera vez en California. Luego había un frasco de vidrio que tenía una corbata de pan envuelta alrededor de la parte superior, que servía como asa. También había una serie de pequeñas cajas de cerillas, un trapo y trozos de alambre roto de una percha.

Estaba acostumbrado a ver a la gente fumar crack, pero en realidad nunca vi de cerca el procedimiento completo. Tenía una vista de pájaro y era tan curioso como un estudiante observando al profesor en un laboratorio; totalmente consumido Quería saber qué era lo siguiente. Lindor saltó de su posición sentada en su cama y, sin previo aviso, salió de la habitación con la coca en la mano, solo para regresar rápidamente con una pequeña taza de agua que había tomado del baño. Luego arrancó la parte posterior de una caja de cerillas y la arrugó por la mitad, sentándola sobre la mesa. Con otro trozo de cartón, lo sumergió en la bolsa y sacó una pequeña porción de la sustancia amarillenta y la colocó en la tapa doblada de la caja de fósforos.

Inclinando la tapa de la caja de fósforos en la abertura del frasco de vidrio, golpeó cuidadosamente toda la coca. Luego levantó el frasco en el aire a la altura de sus ojos y lo sacudió para nivelar la coca dentro. Mientras sostenía el vial con la mano izquierda, sumergió la mano derecha de las uñas pintadas en la taza de agua y permitió que solo una o dos gotas de agua cayeran de sus dedos hacia el vial. Repitió este proceso varias veces hasta que hubo la mezcla perfecta en el vial. Luego, rápidamente agarró el trapo que estaba en la caja de zapatos para secarle la mano y el vial.

El bicarbonato de sodio fue lo siguiente que sacó de la caja de zapatos y agregó una pizca al vial. Después de que ella rompió los partidos en parejas, por una docena de sets, me di cuenta de que el proceso estaba completo y estábamos listos para la acción.

Lindor estaba en una zona. Respiró hondo y luego recogió un par de fósforos. Había una almohadilla adhesiva pegada a la bandeja de la cena. El sonido de los partidos tocando al delantero era distinto. El sonido de la fricción con el lento arrastre a través del plato me llamó la atención, mientras esperaba ese innegable pop que produjo una llama y me cautivó con su brillo.

Lindor lentamente juntó la llama y el vial, manteniendo una cierta distancia entre los dos. Su mirada se intensificó mientras miraba lo que parecía un vial lleno de leche descremada. Lo que sea que estaba buscando estaba en algún lugar en medio de ese desastre lechoso.

Ella comenzó a girar lentamente el vial, agitando su contenido. Para entonces, noté que la llama del fósforo se estaba quemando cerca de sus dedos. Sin alarmarse, dejó caer el fósforo encendido sobre el cenicero y, sin perder el ritmo, agarró otro par de fósforos de la mesa. Pudo encenderlos del par anterior y siguió adelante. Todo esto se hizo sin quitarle los ojos del premio.

Estaba fascinado mientras veía esta mezcla hervir lentamente, y durante el tiempo que tomó el proceso para llegar a este punto, cambió de marcha el doble de rápido.

De repente, sus movimientos cambiaron y rápidamente arrojó la cerilla sobre el cenicero mientras buscaba otra pizca de bicarbonato de sodio y la dejaba caer en el vial. Este procedimiento hizo que todo en el vial se volviera espuma hacia la parte superior y parecía que estaba a punto de derramarse.

Sin embargo, Lindor tenía todo bajo control. Metió los dedos nuevamente en el agua fría y colocó gotas en el vial una y otra vez hasta que comenzó a formarse un gel de color beige amarillento claro en el fondo del vial. Ella continuó agregando más gotas de agua y luego colocó un cable roto de una percha en el vial. No tenía idea de qué se trataba todo esto, pero en unos segundos, el gel comenzó a cambiar de color, ya que parecía endurecerse.

Rápidamente agitó la percha en círculos hasta que el gel estuvo duro como una roca. Sin previo aviso, una sonrisa enorme y satisfecha apareció en su rostro. Ella sacó esta sustancia gruesa, dura y blanca del vial y comenzó a soplar sobre ella. Me sorprendió la atención y el cuidado que se le dio a esta roca. Era casi como si esta roca fuera un dios.

Después de que estuvo seco, lo colocó en un espejo roto y usó una navaja para cortar un pedazo. Respiró hondo, tomó su pipa de vidrio de ladrillo y colocó el trozo de cocaína en un extremo. El coque cocido, el crack o cualquier otra cosa que se etiquete, se sentó en lo alto de su percha sobre un montón de pantallas de alambre circulares enredadas, similares a las que quitaría del grifo del fregadero de la cocina. ¡Lindor era eficiente y estábamos a punto de consentirnos!

Esta vez tomó una sola cerilla y la encendió. Con su mano izquierda, levantó suavemente el tubo de vidrio y se rompió hasta la altura de la cabeza mientras se sentaba derecha con una postura perfecta. Confía en mí, el retrato de Mona Lisa no tenía nada en la pose de Lindor. Fue hermoso.

Se lamió los labios llenos de color rojo rubí y los colocó alrededor del tallo de vidrio que se extendía desde el cuerpo de la tubería. Simultáneamente, bajó la llama con la mano derecha hacia la roca. Noté que la llama caería sobre la roca causando sonidos de chasquidos, crujidos y estallidos, al igual que cuando la leche golpea un tazón de cereal Rice Krispies.

Esperé su reacción y no hubo ninguna. Lo único que hizo fue apagar el fósforo y colocarlo en el cenicero. La roca blanca que una vez se sentó en su percha había desaparecido; derretido. Entonces me di cuenta de que la coca no debía haber sido buena. Comencé a disculparme por anotar algo de basura y estaba preparado para gastar más dinero en efectivo para conseguirle algo real cuando extendió la mano para silenciarme. Ella no había terminado.

Lindor respiró hondo y esta vez dejó escapar un suspiro relajante. Volvió a su postura erguida, solo que esta vez se puso de pie en el borde de la cama, encendió un par de fósforos y prendió fuego a la pipa. La tubería de vidrio se llenó rápidamente de humo y vi una nube blanca que fluía de la pila de tuberías, casi como un tren choo-choo.

Sus deliciosos labios abrazaban el tallo mientras inhalaba lentamente la nube blanca. Al igual que un reloj Rolex, sus movimientos se calcularon mientras giraba lentamente la tubería en el sentido de las agujas del reloj desde la posición vertical de las doce en punto hacia la posición lateral de las tres en punto, y finalmente, hacia la posición boca abajo de las seis en punto. Sostuvo las cerillas hasta el punto en que las llamas no tenían nada más que quemar, excepto su dedo. Lo que fue una locura para mí fue que no tuvo reacción por la llama que le quemaba el dedo. Parecía no tener ningún efecto sobre ella, y cuando terminó, simplemente colocó lo que quedaba de los fósforos en el cenicero.

Debería haber salido corriendo de la habitación, pero ignoré la sabiduría convencional, el sentido común, el ingenio de la madre y esa pequeña voz que siempre estuvo conmigo y me quedé quieto. La habitación olía a azufre y la presencia de algo perturbador en el aire.

Continué observando cada movimiento mientras ella sentaba la pipa y colocaba su dedo índice y pulgar derechos sobre su nariz y apretaba las fosas nasales. Parecía como si estuviera tratando de expulsarla mientras la mantenía todo encerrada. Lo digo así porque vi que sus mejillas se hinchaban de aire, pero no soltaba todo el humo que acababa de absorber.

Ella se aferró a este golpe durante lo que parecieron ser 30 segundos sólidos hasta que ... ¡Lindor, el dragón que escupe fuego, se soltó! Una nube de espeso humo blanco llenó la habitación y fui testigo de la transformación de Lindor. De repente, gotas de sudor aparecieron en su frente como si hubiera pasado por un sistema de rociadores. Sus ojos se enfriaron y pudo mirar directamente a través de mí como si yo no estuviera en la habitación.

Lentamente comenzó a moverse, la vi mirar por el pasillo por un momento, y luego escaneó la habitación. Sus ojos se clavaron en la ventana de su habitación. Se acercó y, desde la distancia, se asomó por las persianas. Después de unos minutos de esto, se volvió y miró la mesa de televisión con todos los artículos esparcidos sobre ella. En pánico, comenzó a limpiar todo, colocando el tubo de vidrio y la coca en su persona y rápidamente colocando todo lo demás en su caja de zapatos.

Ella tenía la mirada. Reconocí la misma apariencia de zombie desde el momento en que Marvin y yo estuvimos en California visitando su contacto. Estoy seguro de que la expresión de mi rostro decía algo; Me sorprendió cómo y por qué las personas se hacen esto a sí mismas.

Luego, diez minutos después, como si nada sucediera, ella salió y sonrió. Ella comenzó a hablar conmigo, asegurándome que estaba bien. Bueno, no era ella lo que me preocupaba. Ella pasó a decirme que no estaba loca. Si no supiera mejor de la experiencia pasada con Marvin, lo habría pensado, y si ella no estuviera loca, tal vez estaría por estar allí.

Salió de la habitación y regresó con un camisón transparente diferente. Bien, ahora estaba empezando a armar las piezas del rompecabezas. Mis deseos egoístas aparecieron y la pregunta "¿Qué hay para mí?" se levantó Cualquier respuesta estaba a punto de ser atendida y había un lado positivo después de todo. Cuando nos sentamos en la cama, comenzamos a abrazarnos y ella me golpeó con una pregunta de fondo.

"¿Qué tipo de drogas has probado antes?" Bueno, el ego de Ronald James no iba a sonar como un novato, así que enumeré todo excepto fumar coca cola. Luego hizo una pregunta más puntiaguda: "¿Alguna vez has fumado la pipa?" Le dije que sí y le expliqué que lo intenté una vez, pero que nunca hizo nada por mí. No tenía idea de por qué estaba participando en esta conversación; solo podría llevarme a problemas.

Su siguiente pregunta vino directamente de las páginas del capítulo 3 de Génesis. '¿Quieres probar algún fruto del árbol del conocimiento del bien y del mal? Seguramente no morirás ". Continuó justificando ..." Ron, mira todas las otras drogas que has probado y estabas bien. ¿No solo quieres probar un pequeño golpe? " ¡DETÉNLA MUJER! ¿Estás fuera de tu maldita mente? Sé la historia, oh, pero el orgullo humano se interpuso. Además, si Adam podía culpar a la mujer, ¿por qué no podría yo?

Debo decir que este evento único, junto con cualquier otro evento que me lleve a este punto, me costaría al menos 20 años de mi vida. Seguía diciéndome a mí mismo: "Ron, todo lo que tienes que hacer es decir no ... ¡solo decir NO!" Eso no sucedió y dije "Sí".

Lindor se sentó y se movió tan rápido que nunca lo vi venir. Tenía todo de vuelta en la bandeja de TV, más el tubo de vidrio con un trozo de cocaína crack en su percha se dirigió hacia mi boca como el pezón de una madre. Me moví torpemente mientras trataba de sostener la tubería. Lindor era un profesional y notó mi inexperiencia y recuperé el control. Me dijeron que me relajara, ella estaba en el asiento del conductor y sostenía la pipa, encendía las cerillas y me instruía sobre qué hacer a continuación.

Me dijeron que tirara muy despacio mientras inhalaba. Estaba bien y luego ella me detuvo y me dijo que apagara el humo. Cuando lo hice, noté que no había mucho y no noté nada diferente en la forma en que me sentía. Esto fue como mi última experiencia con estas cosas. Ella me dijo otra vez que recupere el aliento y me relaje.

Me ordenaron que bajara la tubería muy lentamente, solo que esta vez pude sentir la fría nube blanca que entraba en mi ser. Mientras giraba la tubería en el sentido de las agujas del reloj, me dijeron que tirara hasta que no pudiera aspirar nada más. Sostuve esto por lo que pareció una eternidad y cuando finalmente exhalé, creo que salía humo de cada agujero en mi cuerpo.

Instantáneamente, cada campana, silbato, sirena y tambor sonaron en mi cabeza y estallé en un sudor frío con el corazón acelerado. ¡Estuve enamorado! Acababa de tener un encuentro con mi futura esposa: "Maggie Mae".

Toda mi experiencia con la cocaína crack se resume en la letra de Maggie Mae, una de las canciones populares del gran artista musical, Rod Stewart. 'Maggie, no podría haber intentado más; destrozó mi cama, me dio una patada en la cabeza; robaste mi corazón. No podría dejarte si lo intentara. Me hiciste un tonto de primera clase. Maggie, desearía no haberte visto nunca la cara. Llegaré a casa uno de estos días ".

Quiero que sepas que estaba prendido ... y luego prendido en crack. Crack / Maggie Mae, Maggie Mae / Crack se convirtió en mi vida, mi amor, mi todo. Rod debe haber sabido algo sobre el amor para haber escrito esa canción. En mis ojos, crack cocaína y Maggie Mae eran sinónimos entre sí.

Creo que todos llegan a una especie de encrucijada en la vida, ya sea que se trate de servirse a sí mismo, alcohol, trabajo, drogas, lujuria, poder, codicia, dinero o Maggie Mae. Algo o alguien que amas o deseas y todos están tentados a abandonar su hogar por ello. Rod, gracias por el aviso, pero no presté suficiente atención a las palabras de tu canción.

Me quedé allí con mi mente cuestionando mi mente. Mis sentidos naturales estaban en alerta máxima, aumentados como si estuviera en sintonía con otro mundo. Debo haber estado completamente fuera por al menos 10 minutos ... ¡qué prisa! ¡Esto era vivir la vida al límite y así es como quería seguir viviendo!

Lentamente, comencé a escuchar este susurro que parecía estar en la distancia, pero no estaba claro. Entonces la voz se vuelve más clara y fuerte y casi me suena familiar, como alguien que conozco. Sonaba como la voz de Lindor ... "Ron-Ron". Escuché que me llamaban una y otra vez. "Ron-Ron". ¿Estaba Lindor cantando mi apodo universitario? ¿Cómo sabía ella mi apodo? Entonces comencé a pedir una explicación, "¿Qué me está pasando?"

Antes de que pudiera avanzar, escuché a Lindor decirme: "Ron, ¿estás bien?" Mis ojos y oídos se enfocaron y las campanas sonaron, pero mi corazón y mi mente seguían corriendo una milla por minuto. Oh, de ninguna manera, me convertí en uno de ellos ... ¡un zombie crack! La parte loca de que me enganché al crack fue que con cada experiencia después de eso quería alcanzar ese mismo punto álgido, sintiendo exactamente la misma prisa que sentí cuando me drogué con Lindor. Pasé años persiguiendo esa altura, pero nunca fue la misma locura pura.

Entonces, volviendo a la realidad de la vida con Gypsy, creando la empresa de limpieza, mudándome fuera del estado, solo que ahora tenía el deseo adicional de drogarme con crack. ¡Es increíble cuánto tiempo pierdes cuando estás drogado!

Después de cobrar el dinero de nuestro seguro por el falso accidente y prender fuego a The Jugs, trasladamos a nuestra familia a Wichita, Kansas. Mis dos primos, Peanut y Paul, nos recibieron con los brazos abiertos. Solo tomó un minuto caliente obtener empleo. Comencé a vender autos, además nuestro negocio de limpieza también estaba funcionando. Compramos una casa muy bonita en el lado tranquilo de la ciudad y pensé que todo iba bien con nuestro mundo. Sin embargo, tan rápido como nos instalamos, me encontré con un problema importante.

Por mucho que lo intenté, no pude acabar con la locura del alcohol, las mujeres y Maggie Mae. Todo por lo que trabajé, mentí o robé para lograrlo ahora estaba sujeto a fumar, literalmente. Me refiero a todo, incluido mi reciente matrimonio con Cheryl, el Jets Janitorial Business, mi mejor amigo y hermano de la fraternidad, además de innumerables relaciones comerciales, trabajos, amigos y familiares. Todos estaban sujetos a perderse.

Hice todo lo que pude para mantener las cosas juntas ... bueno, mirando hacia atrás, no todo. Podría haber buscado ayuda profesional para detener lo que estaba haciendo: ¡el pensamiento se me había cruzado por la mente varias veces, pero estaba empañado por el humo! Entonces, para poder seguir alimentando mi hábito, necesitaría más dinero. Sin embargo, era dinero que no tenía, así que el tuyo realmente ideó un gran plan para volver a ponernos en la cima. Estábamos a punto de ser robados.

Mi plan era organizar un robo en nuestra casa y presentar un reclamo contra nuestra propia compañía de seguros. Eso es exactamente lo que hice también. Una noche, todos salimos al cine, pero antes de que nos fuéramos, escondí varios artículos de alta calidad y luego saqueé nuestra casa, rompiendo una puerta y una ventana al costado de mi casa al salir. .

Después de regresar del cine, marqué el 911 y comenzó la diversión. La policía respondió a la llamada, seguida por un detective que tenía una serie de preguntas, seguido de fotos tomadas de nuestra casa y, por último, un polvo completo para detectar huellas dactilares. Allí estaba, verdaderamente tuyo, un criminal de pleno derecho asegurándose de que mi historia fuera sólida porque ninguno de nosotros quería ir a la cárcel, especialmente yo, yo y yo.

Entonces, como hombre de la casa, di un paso al frente y cerré el trato con el detective. No pude soportar otra pregunta. Actué y merecía un Oscar por mi papel. El premio debería haber sido más como una dura sentencia de prisión; sin embargo, las cosas funcionaron y llamamos a nuestros reclamos al día siguiente.

Después de hacer nuestro reclamo, descubrí algo sobre el empresario promedio de Joe. Cuando se trataba de su integridad con las pólizas de seguro y los clientes que necesitaban presentar reclamos, estaban dispuestos a mentir abiertamente. Sí, saben que cualquier cosa que se coloque en papel y se presente a la compañía de seguros más tarde les generará efectivo. Esto sucedió en todos los ámbitos, desde la electrónica hasta las joyas, y jugué directamente con su codicia. Pude llegar a un acuerdo con una de las joyerías para aceptar un cheque de seguro para un reloj de pepita de oro que había sido "robado" a cambio de dinero en efectivo.

Las cosas fueron tan fáciles en cuanto a hacer reclamos y recaudar dinero de la compañía de seguros que me dio otra idea. Como estaba fumando cosas tan rápido como llegó el dinero, decidí volver al pozo por segunda vez. Afirmé que faltaban algunos otros elementos, pasados por alto en la primera lista, por lo que la compañía de seguros los procesó y también me los pagó.

Ahora allí estaba, fuera de mi mente, arruinado, sin trabajo, y enfrentado todo tipo de otros problemas familiares y problemas judiciales que no resolví. Nuestros billetes estaban atrasados, los cheques falsificados se habían escrito por toda la ciudad y estaban rebotando de izquierda a derecha, y lo peor de todo, no tenía sentido de dirección aparte de que quería otro golpe.

El genio en mí era muy activo cuando se trataba de formas de autosatisfacción y se me ocurrió otra idea brillante ... ¿por qué no vender algunas de nuestras cosas que se escondieron del robo falso, que ya recibimos dinero por de la compañía de seguros? Hey, fueron denunciados como robados de todos modos y el patio era lo suficientemente grande, así que ¿por qué no tener una "Venta de todo debe ir"?

Las bicicletas de 10 velocidades, la pecera, la computadora, el televisor de pantalla grande, las herramientas, la lavadora y la secadora, los adornos de Cheryl, las obras de arte, etc. Instalamos a nuestro vecino de al lado con nuevos guardabarros monstruosos para su camión con tracción en las cuatro ruedas. Escribimos cheques y más cheques para obtener efectivo. Una vez más, tan rápido como llegó el dinero, se fumó.

Cheryl estaba harta de este tipo de estilo de vida y quería que se detuviera. Esto creó un conflicto entre nosotros porque recién estaba comenzando. Sin embargo, el siguiente bache en el camino llegó cuando mi voz interior me dijo que estábamos sentados a los patos de demasiado rastro de papel que habíamos creado en Kansas.

Era hora de empacar y regresar a Philly. Tuvimos otra venta de garaje, solo que esta vez Cheryl y yo estábamos

OPCIONES

en la misma página. Era hora de salir de Wichita. No hubo despedidas y no proporcionamos ninguna explicación a nuestros vecinos. Acabamos de alquilar un camión U-Haul, cargamos lo que quedaba de nuestras pertenencias y nos fuimos a Filadelfia.

Cuando llegamos a Filadelfia, nos mudamos con algunos de la familia de Cheryl, pero no estaba contento porque quería seguir drogándome. Mi esposa, por otro lado, estaba lista para seguir adelante con o sin mí, así que busqué mujeres para drogarse ... pero no cualquier mujer. Anhelaba fumar crack mujeres. Por alguna razón, pude acercarme fácilmente a estas mujeres que fumaban crack porque querían dinero o crack y yo quería sexo. Les di lo que querían y terminé siendo engañado, estafado, molestado, gamed, saltado y, a veces, si tenía suerte, sexo.

Permítanme hablar sobre esto por un momento y este mensaje es para todos ustedes solteros y solteras. El curso educativo llamado Trick 101 no es lo que piensas. Este curso es para hombres, y las mujeres lo diseñaron. El hombre promedio, con o sin drogas, está sujeto al juego. Él conoce a una chica, ella sonríe y todo parece lo suficientemente inocente. Sin embargo, el juego está en marcha y se invita a la mujer a salir. El dinero se gasta en tarjetas, flores, cenas, una película, un hotel, etc ... te haces una idea.

Algunos hombres me detendrían aquí porque dicen que las chicas de hoy son las que les compran la ropa, la sacan y pagan la cena. Este es el nuevo giro de la mujer en el viejo juego. Digo que el viejo juego era que si el hombre hacía todas esas cosas por ella, ella te abría las piernas. Entonces estabas bailando a su ritmo sin importar quién pagara la cena.

Las necesidades femeninas son afecto, compañía, seguridad y luego seguridad financiera, con una mente abierta y toda la honestidad del mundo. Si ella está pagando para que estés con ella, solo se trata de sexo y te engañaron. Es obvio que ella no necesita su dinero y una vez que retire cualquiera de esas cosas que le había estado proporcionando, veremos quién perseguirá a quién.

Te diré que las cosas se nublan aún más cuando se trata de drogas. El crack me dice que quiero sexo; sin embargo, ni siquiera puedo funcionar una vez que está en mi sistema. Cuando me drogo, pertenezco totalmente a Maggie Mae.

El resto de este capítulo es muy difícil para mí ubicarlo en orden cronológico porque los eventos no están claros debido a que mi vida se mueve muy rápido, y siempre tomé algún tipo de droga. Sin embargo y sin lugar a dudas, cada día parecía contener un evento de cierta importancia. Desde octubre de 1988 cuando volví a Filadelfia con Cheryl hasta octubre de 1990, tendría que decir inequívocamente que fue el momento más peligroso de mi vida.

Permítanme decirles amigos, estaba viviendo en el epicentro de la locura pura. Dejé el medio oeste y me encontré en el salvaje, salvaje oeste, justo en el suroeste de Filadelfia. He tenido más de 20 ocasiones distintas en las que me apuntaron directamente con las pistolas, me golpearon en la cabeza, me tragaron la garganta o me dispararon en mi dirección con la intención de volarme el cerebro ... sin mencionar las peleas, los golpes, cuchillos, tablas y bates de béisbol que gravitaban hacia mí. Sí, estos fueron tiempos muy peligrosos en mi vida. Por otro lado, también sé que estos tiempos fueron bendecidos.

En las sombras y lo invisible, Dios, con su amor, gracia y misericordia incalculables hacia mí, había orquestado una hueste celestial de ángeles con la única misión de mantenerme con vida. Estaba claro que mi única misión era drogarme cuando todo a mi alrededor significaba la muerte. ¿Por qué se salvó mi vida? ¿Qué quería el tipo grande del cielo conmigo?

Estas preguntas y muchas otras circularon en mi mente, pero ninguna tan profunda que me llevó a detener lo que estaba haciendo. Lo que me dieron a conocer fueron los gritos y las oraciones de mi madre, y las oraciones de mi madrina, tías, abuela, familiares, amigos e incluso desconocidos que me vieron en un estado mucho más allá de lo que yo podía ver. Por el bien de nuestro bosque arbóreo, compartiré algunas historias de por qué la gente rezaba por mí.

El suroeste de Filadelfia era un refugio de crack y, en un radio de dos cuadras en cualquier parte del vecindario, había cerca de 20 casas disponibles para drogarse. ¿Qué calificó el lugar para ser etiquetado como crack house? Era simple ... Frecuentes y repetidas cabezas de crack en una casa que estaba "abierta" las veinticuatro horas del día, los siete días de la semana, y donde todo vale. ¿Cuál fue la razón por la que dije "todo vale"? Porque todo salió bien: peleas, asaltos, apuñalamientos, tiroteos, asesinatos, orgías, sexo, gente escondida, gente planeando, conspirando, tramando, estafando y conspirando ... ¡sin mencionar fumar crack! Lo creas o no, cuando no estaba en la casa de mi madre, estos eran los lugares a los que llamaba hogar, pero nunca pensé en mí mismo como un loco ... ¡no Ron James!

El crack está constantemente alto y pasa horas en modo zombie con una visión muy distorsionada del mundo circundante. Son lo que se llama el "Schitz", abreviatura de esquizofrenia. El schitz fue hecho a medida para este tipo de estilo de vida y he sido testigo, incluso he sido parte de, las experiencias que acompañan a la esquizofrenia del crack.

Puede hacer que una persona se esconda en los armarios o permanezca inmóvil durante un tiempo incalculable, tener ataques de destrozar una habitación sin buscar nada, movimientos corporales incontrolables, automutilación, hurgar en los bolsillos por algo cuando no hay nada o desvestir a otros. o ellos mismos y corriendo por las calles sin preocuparse por el mundo.

Incluso he visto personas sacar todo tipo de armas y armas, y algunos incluso saltaron por las ventanas. Digo estas cosas solo porque una vez que una casa está disponible para agrietarse, las cabezas de crack pronto siguen ... y los problemas con las cabezas de crack son que son impredecibles.

La casa de crack puede ser una casa abandonada y deteriorada que ha sido tapiada por la ciudad sin servicios públicos a menos que alguien los conecte ilegalmente, lo que no es raro. Todo, desde ratas hasta cucarachas y cadáveres, se encontraría dentro. El olor sería tan fuerte que te dejaría sin aliento, a menos que estuvieras en modo zombie. A veces descubrí que ese olor realmente provenía de mí, ya que pasaba días sin lavarme. Fui bastante ofensivo, incluso para mí mismo, como si hubiera perdido todo sentido de orgullo, pero ¿por qué?

Por otro lado, he estado en algunas casas de crack que están tan apretadas como una prisión donde alguien con autoridad supervisa toda la operación. Lo conducen al interior, lo escoltan a una habitación paga donde proporcionan todo, desde coca hasta mujeres, y nadie tiene permitido meterse con usted. Cuando tu dinero se va, tú también. Los eventos de la casa cambiaron a medida que cada individuo ingresaba, pero el único componente del crack permaneció constante.

Como me mudaba de casa en casa, me encontré con muchas personas diferentes. Me topé con un trío único, dos chicos y una chica, que se dedicaban a la búsqueda y se llamaban a sí mismos "cronometradores". ¿Por qué? Veinticuatro horas al día, siete días a la semana, en cualquier lugar, podían obtener efectivo. Sin embargo, no los confunda con el traficante de drogas que se encuentra en la esquina vendiendo drogas. Lo que hizo este equipo fue usar sus habilidades creativas para venderse.

Los tres se aventuraron a cruces de alto tráfico y estacionaron su automóvil junto a la carretera. Una vez que el automóvil estuvo en su lugar, se convirtió en un accesorio. El capó del automóvil se levantó y entrarían en acción. Uno de los chicos se asociaría con la niña y se dirigiría en una dirección, y el otro se dirigiría en otra dirección.

El juego fue algo como esto: el reloj se acercaría a la víctima, ya sea en un semáforo, intersección, señal de stop, estacionamiento, centro comercial o cualquier lugar donde pudiera encontrar personas. El cronometrador luego compartiría una historia de que su automóvil se descompuso y que necesitaba efectivo adicional para reparaciones. Contaban con que la víctima entregara dinero. Su historia puede haber sido algo como esto:

Clocker: Disculpe señor / señora, mi auto se ha averiado y estoy tratando de ir a trabajar. ¿Puedes ayudarme por favor?
Víctima: ¿Qué pasa?
Clocker: me dispararon el cinturón del ventilador y solo tengo $ 16. Necesito $ 14 para repararlo.
Víctima: Disculpe?
Clocker: necesito $ 14 más para obtener un nuevo cinturón de ventilador. ¿Me podría ayudar? Si me da su nombre y número, o tarjeta de presentación, puedo reembolsarle.
Víctima: Oh, eso no es necesario. Aquí hay $ 20 y espero que te vaya bien.

Esta estafa fue simple, al punto, y después de veinte minutos de tiempo, este trío regresó en su propio auto camino al policía para comprar crack. A veces juntaban todo su dinero para comprar suficiente crack para retenerlos durante la mayor parte de la noche. Sin embargo, casi siempre compraban gorras, por lo que en una hora ya no tenían grietas y salían por la puerta.

El reloj fue las veinticuatro siete y no podías evitar involucrarte en él. Cuando llegué a su lugar, compartiría una cantidad obscena de crack con ellos, por lo que eventualmente me invitaron a correr algunas horas con ellos.

Solo me tomó un segundo caliente ponerme al día y perfeccionar mi juego y cuando lo hice, lo llevé a otro nivel. A menudo vestido con camisa y corbata o traje, jugaba el mismo juego, pero con un nuevo giro:

Yo: Disculpe señor / señora, "Perdóneme, mi esposa y yo estamos desmoronados. Nuestro auto está justo aquí.
Víctima: ¿Qué pasa?
Yo: Estamos desglosados y no podemos llegar a casa. La grúa quiere $ 83.50, nuestra AAA acaba de expirar y mi esposa me está haciendo pasar un mal rato porque olvidé renovarla.
Víctima: ¿Qué necesitas?
Yo: tengo $ 49 y necesito $ 34.50 más para ser remolcado (pero la mayoría de las veces, no tenía ni un centavo).
Víctima: ¿Dónde vives?
Yo: era de cualquier lugar donde necesitaba estar, por lo general sacando una tarjeta de negocios recientemente recolectada de alguien que acabo de conocer o de una tienda que colecciona tarjetas de pecera para un concurso. "Escucha, si puedes ayudarme, te daré mi licencia y mi registro ... de hecho, por favor, lleva a mi esposa, me está volviendo loco". NOTA: si se reían, sonreían o daban algún tipo de movimiento positivo, sabía que iba a obtener algo.
Víctima: Aquí hay $ 30, $ 40 o, a veces, $ 50.

He recibido hasta $ 300 de una persona que hace esta estafa, sin mencionar que golpeó de tres a cinco víctimas a la vez por $ 30 - $ 50 cada uno, lo que no estuvo mal por veinte minutos de trabajo. Ahora, no estoy glorificando este estilo de vida ni ninguna estafa. Realmente creo que la persona promedio realmente estaba dispuesta a ayudarme haciendo una obra de caridad, además de esta estafa y otras no eran solo diversión y juegos.

La Ley de Murphy a veces llovía sobre mí y me encontraba frente a la misma persona que me dio dinero hace unos días y no fue tan amable la segunda vez. La gente me ha perseguido a pie y en autos.

Una vez, un chico me dio sus últimos $ 40, pero cuando se dio cuenta de lo que estaba haciendo, volvió por su dinero como venganza. Trató de quitarme la cabeza con un bate de béisbol y me dejó solo solo después de que le devolví su dinero.

En dos ocasiones separadas, tuve gente que me apuntó con armas mientras me acercaba a sus vehículos, y otras veces la policía me había perseguido y encerrado. Lo que hizo el reloj fue proporcionarme una forma de ganar dinero para mi adicción en un momento dado. Cuando recuerdo esto, me da vergüenza porque parte de mi táctica consistía en atacar a los débiles y, sin embargo, nunca dudé en decirle a alguien que era cristiano.

El 3 de marzo de 1989, fui encerrado por el Departamento de Policía de Springfield Township por robo por engaño, malos controles y conducta desordenada. La prisión se parecía a un antiguo castillo y me recordó a la Cárcel de Norristown donde había cumplido condena anteriormente. De alguna manera, Cheryl vino a rescatarme, contrató a un abogado y terminé haciendo solo tres meses.

Sin embargo, durante este tiempo, algo comenzó a cambiar lentamente en mí. Había ingresado a la cárcel física, emocional y espiritualmente descuidada, y después de pasar unos días en Intake, finalmente me llevaron al bloque B y me colocaron en una celda con un chico de la ciudad de Nueva York. Cuando te mudas a la celda de alguien, la política de la cárcel dicta que él tiene la ventaja de tener tiempo y debes seguir sus reglas hasta que puedas establecer la tuya. Este fue el caso conmigo, y mi nuevo compañero de celda estaba a cargo por el tiempo que ya tenía.

Tenía todo lo que alguien podía desear mientras cumplía su condena, además tenía influencia en la prisión y el respeto de todos. Entonces, cuando entré por la puerta sin nada más que mis zapatillas de correr, que no estaban permitidas en su celda, me sentí un tanto en desventaja. No estaba obteniendo buen rollo de este arreglo; No tuve más remedio que aguantar. Luego, por cualquier razón, cuando regresé de la oficina del Consejero más tarde ese día, descubrí que me habían trasladado a una celda con un tipo con problemas mentales. Solo puedo decir que fueron una vez más los ángeles que me mantuvieron fuera de peligro.

Durante mi estadía en la prisión del condado de Delaware, me encontré deambulando por la manzana buscando un lugar para aterrizar y, para mi sorpresa, encontré a Jesús. Bueno, me topé con Él y Su amor a través de un grupo de hombres que estaban estudiando la Biblia. Uno de los muchachos compartió su tiempo ayudándome a leer la Biblia; fue un gran estímulo.

Un día, durante el estudio de la Biblia, me empujó a leer la palabra de Dios delante de todos. Tenía miedo de intentarlo porque todos los pensamientos del cuarto grado se apresuraron de inmediato, pero lo hice de todos modos ... y justo como pensaba, ¡me equivoqué mucho! Sin embargo, esta vez nadie se rió ni hizo ningún comentario inteligente. En cambio, todo lo que recibí fueron palmaditas en la espalda por dar un paso adelante ... no era nada como pensaba.

Este tipo también pidió que me trasladaran a mi celda y luego me retó a leer un libro llamado Prisión para alabar. Este fue el primer libro que leí de principio a fin en toda mi vida. ¡Yo estaba en la cima del mundo! Espiritualmente, sentí que estaba creciendo. Estaba yendo a estudios bíblicos, a la iglesia, leyendo la palabra de Dios e incluso orando. Antes de darme cuenta, mi tiempo en la prisión del condado de Delaware había terminado y estaba listo para probar mi fe en el mundo.

Con un abrazo de mi nuevo amigo y mi Biblia en la mano, me enviaron de regreso al mundo salvaje y salvaje del suroeste de Filadelfia. Me llevó solo medio día retomar lo que había dejado. ¡Pura locura! Bajé mi Biblia y recogí a Maggie Mae ... Con todo lo dicho, comencemos mis historias de la locura pura que fue mi vida, incluso después de haber experimentado la vida en prisión.

La primera historia tiene lugar en 60th y Kingssion Avenue alrededor de las diez de la noche y acababa de obtener cuarenta dólares, esta sería una buena primera explosión del día. Fui a la policía de un tipo que estaba sirviendo gorros gigantes, que se suponía que eran "la bomba" en las calles ahora. Las tapas gigantes eran pequeñas cápsulas de plástico transparente que tenían dos pulgadas de largo y daban la ilusión de obtener más, pero en realidad tenía migajas de crack, no rocas, por su contenido. Era solo otro método para ganar dinero con cabezas de crack, y obviamente, estaba funcionando.

Cuando llegué a su casa, le di mi dinero y me dijeron que esperara unos minutos porque todavía estaba en el proceso de reempaquetado. Bueno, estar fuera de su casa en esa esquina, actuando como si estuviera esperando un tranvía, no era lo que debía hacer. Ese rincón estaba hecho para personas que realmente necesitaban el autobús o el tranvía, y antes de que me diera cuenta, uno se estaba deteniendo para dejar a la gente.

Un tipo bajó y lo reconocí como alguien que a menudo me había excitado. Me alegró verlo, le pregunté cómo había estado y él me preguntó qué estaba haciendo en esa parte de la ciudad. Compartí que estaba esperando mi entrega, por lo que quería saber si podía ponerse conmigo y se emocionó cuando le dije que sí.

Todavía estábamos esperando mi entrega y comencé a contarle sobre las gorras gigantes y la calidad de este producto cuando, de repente, a la sombra de la noche, aparecieron cuatro jóvenes en sus veinte años cruzando la calle. A medida que se acercaban, miré sus caras, pero no reconocí a ninguno de ellos; Sin embargo, no podría decir lo mismo de mi chico de casa.

Todos hicieron contacto visual y mi chico de casa se puso nervioso muy rápido. Mientras todo esto sucedía, noté que el "líder" estaba bebiendo una botella de cerveza de cuarenta onzas. Detuvo al grupo para tener una discusión seria con ellos, y supe que algo andaba mal.

Nos pasaron, se dirigieron calle abajo, pero rápidamente doblaron hacia atrás y se acercaron a mi hijo y le dijeron: "Oye, viejo, ¿no fuiste tú quien recogió nuestros paquetes el otro día cuando Five-O corrió en nuestro ¿esquina?" Lo miré, luego a los niños que esperaban una respuesta, y luego a mi hijo. Él respondió: "No, no, ese no era yo. Era mi primo y nos parecemos mucho".

Una vez más, se marcharon y mi voz interior me dijo que me fuera ahora, pero lo rechacé porque tenía una cita caliente con Maggie Mae. Además, el tipo del que estaba huyendo debía aparecer en cualquier momento con la entrega. Tuve el suficiente sentido común como para preguntarle a mi hijo si todo estaba bien y él me aseguró que todo estaba bien, así que le dije que se encontrara a la vuelta de la esquina.

Antes de que pudiera dejar que ese pensamiento se asentara en mi mente, el niño líder había regresado con su botella de cuarenta onzas y se paró un pie delante de mi niño y le dijo: "No, creo que eras tú". Luego levantó la botella de cerveza medio llena en el aire mientras se tragaba lo que quedaba. Pensé para mí mismo: "¡Esto no puede ser bueno!"

Cuando la última gota fue absorbida por sus labios, tomó la botella vacía y la golpeó a nuestros pies, ¡y luego golpeó a mi chico! Aw, hombre! ¡Homeboy tropezó y dio un paso atrás contra un automóvil estacionado y antes de que realmente pudiera aceptar lo que acababa de pasar, estos dólares lo estaban pisoteando! Entré en mi modo de buen samaritano, agarré uno de los dólares con cada mano, y se los quité y los alejé de mi hijo. Gran error de mi parte!

Cuando hice esto, nunca se me ocurrió qué pasaría después. Mi hijo se puso de pie y vio la luz del día suficiente para salir: se fue como un rayo, dejándome allí con cuatro muchachos muy perturbados en busca de recreación. Toda su ira y energía ahora se centraron en usted sabe quién ... ¡sí, señor buen samaritano! Tanto por querer ayudar a alguien. Oh maldición, aquí viene!

Me di un golpe en la cara y vi ese destello de luz que proviene de un golpe de succión, y luego recibí algunos golpes en la parte posterior de mi cabeza. Mis puños entraron en acción, pero no pude hacer conexiones sólidas con ninguno de mis objetivos porque estaba algo aturdido. Entonces escuché la voz del tipo que iba a entregar mi crack y gritó: "¿Qué demonios pasa?" Seguramente me iba a ayudar, como un buen samaritano a otro ...

¡POSIBILIDAD DE GRASA! Supongo que sintió que un adulto golpear a los niños no era la mejor situación y decidió que necesitaba ayudarlos en lugar de a mí, así que ahora eran cinco a uno. Si las cosas no hubieran podido empeorar, un grupo de niños se detuvo en el medio de la calle para ayudar a los muchachos que estaban peleando conmigo. Bueno, nueve a uno no estaba funcionando para mí y sabía que tenía que hacer una escapada rápida ... ¡y hacerlo rápido!

Pude noquear a uno de los chicos y eso me dio el descanso que necesitaba, así que me fui. Tan pronto como me escapé cuando uno de los dólares me gritó que parara. Bueno, nunca fui bueno siguiendo instrucciones y no estaba por comenzar ahora. Comencé a correr más rápido y cuando miré hacia atrás, vi un arma desenfundada, así que mi adrenalina se disparó y mi cuerpo apenas pudo seguir mis pies. Llegué a la esquina y subí la calle siguiente a mi casa de seguridad, solo para encontrar a mi chico de pie allí. ¡¿En serio?!

Mientras estaba allí jadeando por aire con sangre corriendo por un lado de mi cara, él solo tenía una pregunta para mí: "¿Recibiste el crack?" ¡Sentí ganas de darle un poco de lo que acabo de pasar!

Mi segunda historia ... Me quedaban cheques personales del estado de Kansas, así que con papel para quemar, decidí usarlos con todos y cada uno de los que los aceptarían. Un día puse mi cara de juego y entré audazmente en una nueva tienda de ropa y ropa para mujeres donde me encontré con el dueño. Sabía desde el principio que quería venderme todo lo que pudiera; Estaba dispuesto a complacerlo. Le dije que necesitaba hacer las paces con mi esposa y pensé que la sorprendería con algunos atuendos.

Esa era una mentira descarada ya que los tamaños que le estaba proporcionando pertenecían a alguien que no era mi esposa ... y hombre, ¡iba a volar! Me acompañó por toda la tienda y me presentó diferentes atuendos, estilos, combinaciones, looks y colores. Después de una gran conversación, los artículos seleccionados se colocaron en el mostrador y el total ascendió a la friolera de mil seiscientos dólares.

Sin dudarlo, saqué mi confiable chequera y bolígrafo y me fui a trabajar. Le entregué al propietario un cheque del Sr. James de Wichita, Kansas, y así, dejé la tienda con los brazos llenos de ropa de mujer ... ¡Dulce! La obtención fue tan buena que probé por segunda vez dos días después por una suma de trescientos dólares.

Ahora, todos los que han estado involucrados en la clase Crime101 saben que no se supone que un criminal regrese a la escena del crimen, pero nueve de cada diez veces lo hacen y terminan siendo arrestados. Entonces, ¿quién en su sano juicio probaría esta tienda por tercera vez? ¡Yo! ¡Incorregible para mí! Ese es quien! ¿Qué demonios me haría siquiera intentarlo? ¡¿En serio?! Bueno, Maggie Mae, por supuesto.

En mi tercera visita, tuve un nuevo giro y ese fue un cheque de nómina impreso por $ 600. El dueño no estaba allí y una joven negra trabajaba en la tienda ese día. Rápidamente corrí por la tienda y coloqué varios artículos en el mostrador. Sentí que esta era una gran oportunidad porque el dueño no estaba y pensé que podría interpretar a esta chica ya que parecía ser verde por los bordes.

Estaba yendo y viniendo con ella sobre por qué debería aceptar mi cheque, pero se mantuvo firme en reafirmar la política de la tienda varias veces. Le conté cómo conocía al propietario y mis experiencias de compra pasadas. Aún así, se mantuvo firme en su declaración: "Señor, lo siento, pero nuestra tienda no acepta cheques". Respondí: "Bueno, ¿por qué no llamas al propietario y estoy seguro de que te lo dirá de otra manera".

Para mi sorpresa, ella levantó el teléfono y marcó. Sin saber cómo me recibirían en el otro extremo, miré a la puerta principal por si necesitaba hacer una escapada limpia. Ella comenzó a entablar una conversación con el dueño y rápidamente tuve que tomar el control, así que exigí hablar con él. Me pasó el teléfono y me puse a trabajar en él.

Le dije que mi esposa estaba tan satisfecha con los artículos anteriores que quería regresar para recoger algunas piezas para su madre. El dueño fue vendido y le devolví el teléfono a la joven. El propietario abordó el problema y eso fue todo. Había fallado en mencionarle al propietario un pequeño detalle de que se trataba de un cheque de nómina y no un cheque personal ... ¡Dios mío, debe haberme olvidado!

Cuando la joven llamó a la venta, se disculpó por hacerme pasar un momento tan difícil. La venta totalizó doscientos dólares y todo lo que tenía que hacer era entregar mi cambio. Sin embargo, cuando entró en el cajón de la caja registradora, solo pudo obtener unos cien dólares y algún cambio ... ¡Houston, tenemos un problema! Le dije que tomaría los artículos y los cien dólares y que podría regresar por el resto de mi cambio más tarde.

Ella me interrumpió diciendo: "No, tengo una idea". Luego se metió en su propio dinero e hizo la diferencia diciendo: "El propietario puede pagarme cuando vuelva más tarde en la tarde". ¡Salí de la tienda como un hombre muy feliz con toda la ropa y cuatrocientos dólares en efectivo!

Bueno, varios días después con el dinero gastado, me encontré caminando sin rumbo por las calles de West Philly. Diría que estaba a unas cuatro cuadras de la misma tienda de ropa de mujer y lo único que tenía en mente era mi próximo subidón.

Mi concentración se vio algo interrumpida cuando esa pequeña voz familiar dijo en voz baja: "Mira detrás de ti". Cuando lo hice, lo único que vi por el rabillo del ojo fue un pequeño hatchback negro que se alejaba lentamente. Mientras continuaba caminando, sentí que las cosas eran un poco inusuales, pero no lo suficiente como para alarmarme y seguí caminando hacia el centro de la calle.

Mientras mi mirada seguía las líneas de la calle, una vez más noté que el mismo hatchback negro ahora estacionado en el medio de la calle a unas dos cuadras más abajo. Pensé que era alguien que se había perdido y necesitaba instrucciones, pero a medida que me acercaba, el auto salió a toda velocidad. Bien, ahora sabía que algo andaba mal.

Dirigí mi atención a quién estaba en ese auto y aparentemente qué querían conmigo. Todo quedó muy claro unos segundos más tarde, cuando el hatchback negro vino a toda velocidad por la calle con sus neumáticos deteniéndose a unos seis metros de mí.

¡Las puertas se abrieron de golpe y de dentro de los límites de ese pequeño automóvil negro surgieron dos individuos enfurecidos! Ambos llevaban guantes negros, uno llevaba una palanca larga y el otro llevaba cadenas. Rápidamente me concentré en el conductor, pero nunca antes había visto a este tipo en mi vida, así que cambié mis ojos hacia el pasajero, y santo cielo ... ¡era el dueño de la tienda de ropa! No era amigable, y estaba muy claro que estos tipos se referían a negocios. Una vez más, ¡Dios recibe el crédito por lo que sucedió después!

Cuando me di la vuelta para comenzar a correr en la dirección opuesta, de la nada apareció un hombre mayor de unos 60 años que acababa de salir de una camioneta. Estaba dos pies delante de mí y lo único que tuve tiempo de decir antes de que estos tipos me pusieran las manos encima fue: "Señor, por favor ayúdeme, ¡están tratando de matarme!"

No me cuestionó, no me ignoró. Él fue uno de los ángeles de Dios que se detuvo solo una fracción de segundo para mirar hacia atrás y ver a los dos hombres venir hacia mí. Se volvió hacia mí y dijo con prisa: "¡Sube al auto!" Era evidente que no me estaba moviendo lo suficientemente rápido y lo siguiente que supe fue que este ángel me agarró con ambas manos y literalmente me arrojó a través de la puerta abierta del lado del conductor hacia el asiento del pasajero.

Él saltó detrás del volante y salimos, atrapados en una persecución de alta velocidad que duró varias cuadras. Él conocía las calles mejor que yo y después de las curvas que ni siquiera podía decirte que hicimos, la persecución finalmente terminó; La misericordia prevaleció. Cuando salí de su auto, con las rodillas temblando por la experiencia, le agradecí una y otra vez, sin embargo, todo lo que hizo fue reírse de que saliéramos de ese vivo ... ¿Hablas en serio?

Si las historias hasta ahora no han demostrado que carecía de un buen juicio para evitar problemas, la siguiente historia plantea la pregunta "¿No tenía ningún sentido en absoluto?" Y dice algo así:

Había estado corriendo salvaje durante días a la vez. La mayor parte de mi dinero lo había gastado con jamaicanos en Upland Street, en el suroeste de Filadelfia, a la vuelta de la esquina donde vivía la hija mayor de Cheryl. Entraba y salía de su casa por seguridad y luego volvía a los jamaicanos, bajando cerca de doscientos dólares cada vez que iba allí. Me vieron como un animal de investigación enganchado a su cebo porque había gastado una cantidad incalculable de efectivo en su casa. Sin embargo, todas las buenas carreras deben llegar a su fin ... y esta casi llega a un punto muerto.

Durante años, las dos hijas de Cheryl soportaron mi locura, a menudo me rogaban que redujera la velocidad o parara para que no me mataran ni me mataran. A pesar de que Cheryl se había ido de nuestro matrimonio, las chicas nunca dejaron de amarme y estaba agradecida de que aún se preocuparan por mí.

Eran alrededor de las dos de la mañana cuando salí a la calle desde la casa de una de las hijas. Lo único en lo que podía pensar era en tener una explosión más y luego lo desmantelaría ... y, a estas alturas, ¡te has dado cuenta de que eso nunca iba a suceder! Un golpe es demasiado y un millón de golpes nunca serán suficientes.

La palabra "cabeza de crack" era denigrante. Nunca me gustó y nunca lo usé, pero eso no impidió que la gente usara el término. Por lo tanto, mientras caminaba por la calle hacia los jamaicanos, un automóvil pasó junto a mí y desde adentro alguien gritó: "¡Hola, cabezazo!" Me di vuelta para ver con quién estaban hablando, esperando poder recibir un golpe de esa persona, pero no había nadie más excepto yo. Cuando volví a mirar el auto, me di cuenta de que me estaban hablando de mí. Había pasado muchas, muchas horas en la casa de crack ubicada al lado de la casa de la hija y, esta noche no era la excepción, siempre me encontraba buscando mi próximo golpe, pero nunca me consideré una cabeza de crack ... no hasta ese momento.

OPCIONES

Todo lo que tenía en mi bolsillo era un dólar y setenta y cinco centavos; eso no compraría nada en las calles, y mucho menos en un distribuidor. Aunque pensé que los jamaiquinos me verían por última vez, así que fui a ver si al menos podía obtener un límite de cinco dólares en el I.O.U. Sabía que sería bueno por todo el dinero que ya había gastado con ellos.

Bueno, en el mundo de las drogas, algunos trabajarán contigo y otros no. En este caso, lamentablemente me equivoqué al pensar que los jamaiquinos estaban dispuestos a trabajar conmigo. Me dijo en términos inequívocos que detectaron un límite o emitieron un I.O.U ... era un trato de dinero o ningún trato y salir del maldito porche. Sin embargo, fui persistente y le expliqué que acababa de gastar miles de dólares en su casa en los últimos días; todo lo que necesitaba eran unos topes de crédito.

Tuvo poca compasión, pero me dio un rayo de esperanza cuando dijo que trabajaría conmigo si podía conseguir algo de dinero. Bueno, eso era música para mis oídos, así que partí con mis $ 1.75 y volví a la vuelta con la esperanza de encontrar algunos dólares más. Estaba totalmente exhausto, pero en lugar de dejarlo, presioné las calles. Intenté marcar, pero esta noche en particular no funcionó en absoluto. Me sentí derrotado y me dirigí a la seguridad de la casa de la hija de Cheryl.

Cuando volví a su cuadra, me topé con uno de mis adictos al crack. Estaba de vuelta en el vecindario y era el tipo de persona que no quería nada: peleas, asaltos, lo que sea. Este tipo era un tipo de "todo vale", pero de ninguna manera era un imbécil, y siempre supo cómo conseguir unos pocos dólares.

Tan pronto como lo vi, le conté lo que dijo el tipo jamaicano y le pregunté si tenía dinero. Ya estaba medio perdido, pero sus ojos se iluminaron y dijo: "¡Sí!", Así que extendí mi mano para obtener el efectivo ... solo para descubrir que tenía un puñado de centavos. Pensé para mí mismo: "¿Hablas en serio?" ¡Centavos! Bueno, tenía centavos, una moneda de cinco centavos y una moneda de diez centavos, mezclada con unas pocas bolas de pelusa, así que mi mejor suposición fue que ascendía a $ .32. Debería haberles preguntado a los dos qué sentido teníamos realmente y luego haber metido mi trasero negro dentro, haberlo llamado una noche y estrellarme.

Bueno, eso no habría sido una historia emocionante, ¿verdad? Acepté el cambio de él y lo puse todo dentro del billete de un dólar, con bolas de pelusa incluidas, y los dos nos apresuramos a la vuelta de la esquina al lugar del policía.

Con dinero en mano, tomé la iniciativa y subí al porche. Después de tocar y tocar, el jamaicano finalmente llegó a la ranura de correo y le dije que tenía más dinero y luego llené la factura que contenía el cambio en la ranura.

Lo siguiente que escuché fue al tipo que me maldecía en su lengua nativa cuando el cambio llegó al suelo. Parecía que el cambio iba en todas las direcciones y él me llamó todo tipo de nombres. Estuve allí durante los siguientes diez minutos más o menos tratando de convencer a este tipo de que me diera al menos dos topes de $ 5. No iba a por ello, así que intenté convencerlo para que me devolviera mi dinero. ¿En serio? Pidiendo devolución de dinero de un distribuidor! Hombre, ¿qué estaba fumando?

Estábamos en un punto muerto ... o eso pensé. Me dijo que esperara un minuto y desapareció de la puerta. Pensé que había ganado. Cuando regresó a la ranura, me pasó una gorra. Todo estuvo bien hasta que miré su contenido a la luz de la calle. Este tipo había sacado la mayor parte de la grieta de la gorra. Era inútil para mí volver al porche y discutir más, así que caminé hacia la esquina para localizar a mi compañero, pero para mi sorpresa, él no estaba a la vista.

Tenía dos pensamientos distintos sobre por qué me abandonó: uno, debe haberse encontrado con alguien más que tenía una grieta en la mano, o dos, estando en su estado mental de crack, se fue a otra misión, olvidándose de mí. Oh, bueno, de todos modos solo había suficiente para la mitad de un golpe, así que tomé lo que pensé que sería mi última explosión de esa noche. Después de golpear la tubería, mi nivel de energía se restableció y me encontré nuevamente buscando otro golpe. ¿Acabaría alguna vez esta locura?

Recuerdo caminar por el centro de la calle cuando a lo lejos escuché una voz muy familiar que gritaba: "¡Papá Ron, ten cuidado!" Apenas volví la cabeza hacia el sonido de esa voz cuando me golpearon por detrás con una tabla de 2 x 4. Una vez más, la misericordia de Dios me salvó de algunas lesiones muy dañinas, si no la muerte.

Inmediatamente después del golpe, intenté darle sentido a una situación de treinta y dos centavos. Pude evitar caerme, pero tropecé hacia atrás en un patio, lo que me dio el tiempo suficiente para concentrarme en quién me había golpeado. ¡Allí estaba el conocido infeliz que me había dado sus treinta y dos centavos, terminando con un segundo golpe! ¡¿Qué demonios está pasando?!

Con el sentido que me quedaba, pude agarrar el tablero mientras él se balanceaba, pero el daño ya estaba hecho. Mi ojo izquierdo estaba completamente hinchado y solo tenía una visión parcial de mi ojo derecho. La sangre salió de mi cara; Estaba en mal estado. Después de agarrar el tablero, pude enfrentarme con él, y él terminó huyendo.

¡Por treinta y dos centavos, me dejó sin sentido! La próxima vez que lo vi en el vecindario, me apuntó con un arma y dijo que no quería más problemas ... Yo fui el que se llevó la peor parte del problema la última vez, así que ciertamente no quería más. lo que estaba repartiendo. Ambos tuvimos mucho sentido ese día para dejarnos lo suficientemente bien. ¡¿En serio?!

Esta cuarta historia tiene lugar en un momento en que muy pocas personas querían tener algo que ver conmigo, incluida mi familia. Había estado recorriendo las calles del norte de Filadelfia y, por cualquier razón, decidí cruzar la ciudad hasta la casa de la hija de Cheryl en el suroeste de Filadelfia.

Mi único problema: era tarde, no tenía transporte y no tenía efectivo. Sin embargo, pude preparar una cerveza helada de cuarenta onzas antes de que cerraran las barras, así que rompí el sello y lo abrí; el alcohol pareció nivelarme. Con veinte dólares de crack en mi bolsillo y uno helado en mi mano, comencé a bajar. Fue entonces cuando vi un taxi y, por instinto, mi mano se alzó en el aire para su vista.

Pasó lentamente para investigar esta posible tarifa; No debe haberle gustado lo que vio porque siguió conduciéndome. Entonces lo vi mirándome por el espejo retrovisor, así que alcé los brazos como si estuviera frustrado de que no se detuviera. Las luces de freno parpadearon cuando se detuvo y puso el auto en reversa.

Cuando se detuvo frente a mí, actué como si fuera una tarifa normal y salté en la cabina. El taxista me preguntó a dónde me dirigía y, mientras tomaba un trago rápido de mi cerveza y luego me aclaraba la garganta, respondí: "Southwest Philly" y le di la dirección. Fue en este punto que comenzaron los juegos.

Estoy seguro de que este no fue su primer rodeo de las dos en punto, y sacó la primera sangre diciendo: "Te diré qué, ya que es tarde, hagamos esto por veinte dólares". Sabiendo que no me quedaba ni un centavo a mi nombre, le dije: "Oh, no, solo puede ejecutar el medidor", que era una clara indicación de que estaba roto. Luego dijo en un tono más agresivo con una actitud: "¿Qué tal quince dólares?" Así que tuve que responder con: "No señor, le pagaré cuando lleguemos a mi casa".

Al instante, estrelló el taxi contra el parque y mi cuerpo se tambaleó hacia adelante con el movimiento brusco, casi derramando mi cerveza. El nivel de su voz se había modulado más fuerte cuando se burló, "No tienes dinero, ¿verdad?" Le respondí: "No señor, no sobre mí. Está en mi casa. El taxista no estaba de humor para juegos, así que lo sacó a un lado de la carretera y me dijo que me fuera.

Para mí seguir su directiva habría significado que perdí el juego. No estaba deprimido por eso, ya que sentía que no debería haber pasado por mí como lo hizo. Fui directo a mi estereotipo de voz idiomática de chico de preparación universitaria y dije: "Señor, ¿qué quiere decir? Todo lo que hice fue avisarte para que pudiera llegar a casa. No utilices ese tono de voz y lenguaje grosero conmigo. Tengo toda la intención de pagarte. Confía en mí cuando te digo que tengo dinero más que suficiente para pagar este viaje, más propina. Por favor, no hay necesidad de hostilidad o blasfemias". Bajé la voz lo suficiente como para que me escuchara murmurar: "Simplemente no entiendo a la gente".

Juego encendido Funcionó ... o lo hizo? Me miró a los ojos por el espejo retrovisor por un segundo, se dio la vuelta en su asiento y luego me dijo: "Está bien, pero será mejor que no juegues". Luego puso la cabina en marcha, se detuvo en un bote de basura en la acera y me dijo que tirara mi cerveza. Su voz era muy exigente, así que seguí su ejemplo. Luego se apartó, encendió el medidor y nos dirigimos a mi destino en el suroeste de Filadelfia.

Empujó su taxi a velocidades muy superiores a los límites de las calles de Filadelfia, como para ver si iba a producir su tarifa o no. A mitad de camino llegamos a un semáforo y se dio la vuelta diciendo: "Quiero que sepas que soy un ex policía de Filadelfia" y pensé para mí mismo: "¡Y qué! Soy un ex convicto.

Luego, la atmósfera en la cabina pasó de ser hostil a poner en peligro la vida. Primero, me dijo que su taxi era un viejo vehículo policial. El sonido de succión de las cerraduras automáticas de la puerta confirmó ese informe. Había estado en la parte trasera de suficientes coches de policía para saber que estaba en lo cierto. Quería que supiera que hablaba en serio y que iba a ganar este juego.

Luego, dijo, mientras se levantaba lo suficientemente alto como para poder ver su 'Big Bertha' .357 de largo ... "Si juegas algún juego conmigo, te volaré la cabeza de los hombros y se lo diré a mis amigos policías. que intentaste robarme! Ahora no me dejaba otra opción, ningún margen de maniobra, y tenía que ganar, aunque estaba acorralado. El juego con el que estaba jugando era mi vida, pero de todos modos le grité: "¡Puedes olvidarte de recibir una propina!" Él respondió: "¡Guarde su maldita propina, solo tenga mi dinero o si no!"

El resto del viaje ninguno de nosotros dijo una palabra. Mi mente estaba en punto y estaba planeando mi próximo movimiento: correr por mi vida. Mi plan fue simple. Le había dado una dirección de crack que fue abandonada, así que una vez que entré, pude correr por la casa y entrar al callejón y escapar.

Mientras conducíamos hacia la calle con la casa de crack, mi corazón estaba bombeando Kool-Aid rojo. Hice lo mejor que pude para mantener la calma; nunca dejes que te vean sudar, ¿verdad? Le dije al taxista que bajara unas puertas, pero él se acercó a la dirección. Salí, le dije que volvería enseguida, y luego casualmente me acerqué a la puerta improvisada que ocultaba mi ruta de escape.

Esa puerta sería mi némesis ... estaba apuntalada y mantenida cerrada por una bisagra que tenía que levantar para poder entrar. Si tuviera que alejarme de ese loco taxista, sería mejor que esa puerta se abriera como si se estuviera acabando el fluido un caño

Lo intenté una vez y la bisagra no se movió. Empecé a sudar e intenté nuevamente. La bisagra se levantó, pero ahora la puerta no se abría; algo lo estaba bloqueando. Pensé para mí mismo: "Ya terminé ... ¡Ese taxista loco me va a matar a tiros donde estoy parado!"

Eso fue hasta que escuché la voz familiar de una chica con la que a menudo me drogué, y justo a tiempo. Me di la vuelta para ver que el taxista había salido del auto y se dirigía a investigar la situación. No tenía espacio ni tiempo para jugar y le dije a la niña, con una voz no tan agradable, que '¡abriera la maldita puerta ahora!' Cuando lo hizo, pasé de largo por ella y atravesé la sala, el comedor, el cocina, y por la puerta de atrás.

Una vez afuera, nuevamente mi cuerpo tuvo problemas para seguir mis pies. No estoy seguro de que mis pies incluso hayan tocado la acera cuando salí corriendo por la parte trasera de la casa de crack, saltando sobre la basura apilada. Gracias a Dios, solo tuve que recorrer media cuadra para llegar a la seguridad de una casa familiar.

Cuando llegué al patio, salté sobre la cerca de alambre de púas, cortándome las manos y las piernas de par en par. Aterricé de cabeza en el patio cuando escuché al taxista gritar en el callejón, diciéndome que parara, y luego disparó su canon de un arma. Ese sonido fue todo lo que necesitaba escuchar y me dio la energía para ponerme de pie y continuar mi escapada.

Era el calor del verano y lo único que se interponía entre la vida y la muerte era un aire acondicionado que funcionaba a toda velocidad en la ventana. Sin pensarlo dos veces, empujé a toda la unidad a la casa y me zambullí detrás de ella. Ahora me enfrentaba con una pistola detrás de mí y una pistola delante de mí, apuntada a mi cabeza por el anciano que vivía allí, que pensó que podría ser una invasión de la casa.

Rápidamente me anuncié y cerré bien la ventana, dejando el aire acondicionado funcionando en el piso. Solo les tomó un segundo caliente darse cuenta de que estaba en peligro, especialmente después de que escucharon al taxista disparar otras tres rondas en la oscuridad del callejón. En su camino de regreso a su taxi, aplastó todo lo que pudo conseguir, incluida la joven que me salvó la vida abriendo la puerta de la casa de crack.

Mi red de seguridad era una vez más la hija de Cheryl, que estaba molesta conmigo mientras atendía mis cortes y me dijo que subiera y descansara un poco. Curiosamente, después de todo eso, lo que más agradecí fue que pude rescatar la medicación que necesitaba ... ¡el crack! ¡¿En serio?!

Entonces decidí probar suerte en lo que mejor hacía, que era pasar cheques. Tuve mucho éxito al ejecutar el juego en el corazón de la ciudad, llegando a restaurantes, tiendas de delicatessen, mercados chinos y pizzerías. Podría tomar un cheque personal, sin absolutamente ninguna identificación, y pasarlo por un cheque de viajero o un cheque Visa emitido por un banco.

Por ejemplo, el cheque personal se mecanografió por doscientos dólares, compraría todo tipo de artículos en la tienda y luego recibiría el cambio. Mi favorito era la pizzería y el robo con ellos llegó en forma de un gran pedido. Pondría un pedido de comida por valor de doscientos dólares, sin embargo, escribiría el cheque por seiscientos dólares, saliendo con el cambio y un bote lleno de comida.

Mejor aún, si no tuviera dinero ni cheque, pero quisiera comer, haría un pedido grande para llevar. Mientras esperaba, pediría un refresco y dos rebanadas de pizza o un sándwich, algo que se preparó mucho más rápido que todo el pedido. Me traían la pequeña orden, comenzaba a comer, y luego le decía al empleado que tenía que sacar algo de mi auto o hacer una llamada telefónica, agarrar el refresco y el resto de la pizza o el sándwich y salir ... nunca para ¡regreso! ¡¿En serio?!

Un día, pensé en ejecutar mi juego en esta pequeña tienda de la esquina asiática en el suroeste de Filadelfia. Cuando entré en la tienda, escuché un timbre distintivo. Desde el principio, me di cuenta de que el propietario estaba muy en guardia y esto no iba a ser una venta fácil.

La noticia de un hombre que se ajustaba a mi descripción y pasaba cheques sin fondos había circulado por la comunidad asiática, así que me metí en mi bolsa de trucos. Comencé siendo lo más cortés posible, hablando un diálogo bien educado y sonriendo mucho, mientras metódicamente comencé a elegir artículos de sus estantes.

Una vez que vi que había comprado mi juego, le pregunté si podía hacerme varios bocadillos. Saltó a la acción, solo para detenerse tan rápido como comenzó. Algo lo provocó, fue directamente a su caja registradora y comenzó a llamar todo. Esto obligó a mi mano a saber cómo iba a pagar. Sin dudarlo, presenté un cheque.

La transformación tuvo lugar justo en frente de mis ojos. Pasó de querer ayudarme a decirme con el tono de su voz que no estaba contento con mi forma de pago. Él ladró: "No tomamos cheques". Su declaración fue muy firme. Le aseguré que aún quería que continuara haciendo los sándwiches y que volvería enseguida con mi esposa que tenía el efectivo, ¡lo cual era una mentira, por supuesto!

Luego cometió el error y le dio la espalda. Estaba tan desesperado por dejar su tienda con algo que saqué un paquete de pañales Pampers del mostrador; pensé que podría conseguir diez dólares para ellos en la calle. Coloqué el paquete en el suelo y los empujé con la pierna izquierda hacia la puerta.

Cuando pensé que estaba despejado, salí. Doblé la esquina hacia el pasillo que conducía a la puerta y todo lo que pude sentir fue la prisa. Cuando abrí la puerta, escuché esas campanas, y esta vez estaban alertando al dueño de la tienda que estaba saliendo. Mientras me movía rápidamente con los Pampers en la mano, pensaba en alejarme lo más rápido posible del sonido de esas campanas.

No más de seis pasos dentro de mi escapada, mis campanas tintinearon interrumpiendo mis pensamientos, solo que esta vez fueron seguidos por el sonido del dueño de la tienda que me ordenaba detenerme, en inglés y en su lengua materna. Este tipo no conocía a Ronald L. James porque las palabras Detener, Detener, Congelar o No moverse significaban IR. ¡VAMOS! ¡VAMOS! ¡y ve! ... y despegué como si tuviera alas en los pies!

Entonces, hablemos de física por un momento. Hay algunas cosas más rápidas que la velocidad del sonido; una tormenta es prueba de ello. Hubo una tormenta en mi dirección ... y fue en forma de disparos. Este tipo significaba negocios, desatando su frustración con el sonido de cada pop que escuché.

Literalmente sentí la compresión de una de las balas al pasar por mi oreja izquierda. Me lancé por la calle hacia un callejón, tratando de encontrar algo de seguridad. Encontré un parche de arbustos y me agaché detrás de ellos, sin aliento y, probablemente por primera vez en mi vida, temeroso de la situación en la que me encontraba. Mi corazón estaba acelerado; Sabía que necesitaba salir de las calles.

Para entonces, los policías corrían de un lado a otro de cada calle lateral, con luces parpadeantes y sirenas a todo volumen. Esperé solo un corto tiempo antes de mudarme y rápidamente escapé a una casa de crack cercana. Una vez dentro, todos querían saber de qué se trataba todo el alboroto y cuando les dije, me querían fuera de la casa para que no les trajera el calor. No iría a ningún lado hasta que las cosas se calmaran. Pasó casi una hora antes de que eso sucediera, y estaba agradecida de que todavía respirara al final. ¡¿En serio?!

Al rebotar por toda la ciudad, me encontré con una gran cantidad de personas con el mismo hurto del corazón que el mío. La gente siempre estaba dispuesta a ver qué podían obtener de mí y, debido a que quería drogarme, trataba principalmente con personas que tenían acceso rápido al efectivo o las drogas. La mayoría de las veces, esto me pone cara a cara con el traficante de drogas o el traficante de drogas "aspirante". La gente no podía clasificarme, aparte de una cabeza de crack. Era muy difícil de leer y usé esto para mi ventaja cuando necesitaba interpretar a alguien, especialmente a los aspirantes a traficantes de drogas.

Mi juego fue así: iría a la tienda de artículos deportivos y realizaría el pedido de veinte pares de Nike Air Jordan para la liga de baloncesto de verano. Luego regresaría con un cheque corporativo de una empresa patrocinadora, ficticio, por supuesto, y saldría con las zapatillas. Encontraría un traficante de drogas en la sección española de North Philly que me los quitaría a todos. Tenían sus zapatillas, yo tenía mi efectivo.

En este punto, quienquiera que me haya comprado sabía que era capaz de adquirir buena mercancía, y los alentaría a hacer pedidos conmigo para lo que quisieran. Podría conseguir ropa de bebé, artículos de construcción, artículos deportivos, instrumentos musicales, electrónica ... lo nombraste y Ron James estaba en él. Cuando cumpliera con su orden, ganaría su confianza.

Mientras me trataran de manera justa y con respeto, me mantuve al día con mi integridad criminal. Por alguna razón desconocida, tan pronto como el traficante de drogas se dio cuenta de que yo también fumaba coca, sus puntos de vista sobre mí cambiarían y me hablaban de locos o trataban de engañarme.

Cuando se trataba del juego de las drogas, había muchas maneras de engañar a un cliente. En mis ojos, una vez que cruzaban esa línea, se convertían en un juego justo y luego los hacía girar tan rápido y tan lejos como intentaban hacerlo. Les pediría algo en el I.O.U., sabiendo que no tenía la intención de devolverles el dinero, sin embargo, les prometía cualquier cosa que atraería su hurto ... el nuevo corralito para el recién nacido, el coche de alquiler del aeropuerto, todo lo que quisieran.

Cuando me dieron lo que quería, no me volvieron a ver hasta que realmente se me ocurrió ese artículo u otros artículos que podía vender. No importa cuál sea mi historia, mi excusa siempre fue la misma: "sabes que acabo de salir de la cárcel". De alguna manera, estar en la cárcel se consideraba un pase libre, así que jugué esa carta siempre que pude. Sin embargo, lo triste fue que me encerraron mucho.

Cuando estaba en la cima de mi juego, jugaba innumerables traficantes de drogas, uno tras otro por miles de dólares. Bueno, lo creas o no, ¡estaba completamente arruinado de nuevo! Después de limpiar y descansar bien, volví a las calles y me encontré en el lado norte de West Philly cuando me encontré con un amigo.

Era una bella hermana de piel morena a la que, como a mí, le encantaba vivir al límite. Ella me recordó al joven gitano. Ella no tomó nada de nadie y, sabiendo que era atrevida, la invité a ir a marcar conmigo. Sabía que una mujer siempre agregaba efectos especiales y validaba la estafa.

Los dos nos dirigimos a la avenida Cityline. Era tarde, alrededor de las dos de la mañana, y eso siempre fue una buena apuesta para el tráfico. Después de estar fuera por un corto período de tiempo, tuvimos un poco de suerte cuando nuestros dos primeros relojes produjeron unos veinte dólares, nuestro tercer intento ganó cuarenta dólares, y luego detuvimos a una joven universitaria que asistía a la Universidad St. Josephs; ella estaba más que dispuesta a tratar de ayudarnos.

Le dijimos que nuestro auto se había averiado y que necesitábamos dinero para remolcarlo. Esta joven nos dio dinero y su información para que podamos pagarla. Le agradecimos y nos fuimos. Tan pronto como regresamos a nuestra casa de seguridad, nos drogamos. Era temprano en la mañana cuando tuve una idea ... ¿por qué no aprovechar el pozo mientras aún estaba lleno? Es decir, ¿por qué no contactar a esta joven otra vez mientras que el obtener era bueno? No compartí mis pensamientos con mi amiga, solo le dije que viniera conmigo.

Salimos por la puerta de un teléfono público y llamé a la joven. Me di cuenta de que acababa de despertarse. Charlamos y comencé a decirle que necesitábamos ciento cincuenta dólares más para arreglar nuestro auto. Ella estaba muy feliz de ayudar, así que aceptó reunirse con nosotros. Al reunirse y darnos el dinero, notó que mi ropa tenía marcas de grasa por todas partes, que fue puesta en escena a propósito para hacer que todo este encuentro pareciera muy real. Nos deseó lo mejor con nuestras reparaciones y siguió su camino. Sin embargo, no había terminado.

Creé un cheque de nómina, lo completé por varios cientos de dólares y luego volví a llamar a la joven. Compartí con ella que quería pasar por su departamento y dejar su pago. Cuando llegamos allí, estaba muy feliz de vernos. Le dije que había hecho arreglos con mi jefe para que dejara mi cheque de nómina, así que le pedí que depositara el cheque de nómina en su cuenta, restara lo que le debía y luego, por favor, me diera el cambio, que era alrededor de cuatrocientos dólares.

Ella dijo que iría corriendo al banco y nos dijo que nos quedáramos en su casa, que la limpiáramos, y que volvería enseguida. Le dio a mi amiga algo de ropa para cambiarse y, mientras se duchaba rápidamente, me lavé. Tan pronto como terminé en el baño, salí justo cuando la joven entraba al departamento. Me entregó el cambio y entró en su habitación. Esta fue la señal de mi salida, así que salí por la puerta principal y seguí moviéndome, dejando atrás a mi amigo. ¡¿En serio?!

El 29 de marzo de 1990, un año después de mi arresto en Springfield Township, fui contratado en Filadelfia y entregado al Departamento de Policía de Gwynedd Township. Mis días de rastros de papel y de tratos se habían detenido.

<u>Departamento de policía de Filadelfia</u>: acusado de falsificación, cheques sin fondos e intento criminal.

Departamento de Policía de Lower Gwynedd Township: acusado de robo de conspiración criminal por engaño, 2 cargos de robo por engaño, 3 cargos de recepción de propiedad robada, 5 cargos de falsificación, intento de robo por engaño, intento de criminal de robo minorista, intento de falsificación, intento criminal cheques sin fondos y 6 cargos de cheques sin fondos.

Departamento de Policía de Lansdale: acusado de robo de conspiración criminal por engaño, conspiración criminal que recibe propiedad robada, robo por engaño, recepción de propiedad robada y 4 cargos de falsificación.

Departamento de Policía del Municipio de Montgomery: acusado de 2 cargos de robo por engaño, 4 cargos de falsificación, cheques sin fondos y recibir propiedad robada.

Departamento de Policía de Lower Merion Township: acusado de 4 cargos, robo por engaño, 2 cargos de recibir propiedad robada, 4 cargos de falsificación y 3 cargos de cheques sin fondos.

Departamento de Policía de Yeadon: acusado de robo por toma o disposición ilegal, robo por engaño, recibir propiedad robada, falsificación y cheques sin fondos.

Departamento de Policía del Municipio de Hatfield: acusado de conspiración criminal, robo por engaño, recibir propiedad robada y falsificación.

Media PSP: acusado de robo por engaño, recibiendo propiedad robada y cheques sin fondos.

Departamento de Policía de Whitemarsh Township: acusado de 4 cargos de robo por engaño, 4 cargos de falsificación y 4 cargos de cheques sin fondos.

Departamento de Policía de Conshohocken: acusado de 2 cargos de robo por engaño, 2 cargos de intento de robo criminal por engaño, intento de falsificación criminal, falsificación y cheques sin fondos.

Diez departamentos de policía en total. Con todas mis

violaciones y requisitos de libertad condicional, me rebotaban como una pelota de ping-pong yendo a diferentes apariciones en la corte. Este tipo de régimen, entrar y salir de la cárcel cada semana, si no todos los días, me estaba afectando.

No estuve en la cárcel ni un segundo antes de darme cuenta de varias cosas. Primero, sabía que necesitaba ayuda, y segundo, quería irme a casa. Sabía que estaba en problemas y rápidamente me volví hacia Dios. Recé por unos días y me sentí muy mal por muchas cosas, una, en particular, fue cómo traté al joven estudiante universitario que era especial y realmente tenía un corazón de oro. No merecía lo que le había hecho, y me sentí obligada a llamarla y decirle algo. Le hice una llamada.

Cuando ella respondió, me llevó un minuto recuperarme, pero le conté todo. Ella no era como los demás que elegí lastimar. No tenía hurto en su corazón. Ella hizo cosas por la gente por su amor a Cristo y dijo que sus padres siempre la alentaron a acercarse a los necesitados; Sus acciones demostraron todo lo que ella decía.

Después de unos cinco minutos de confesión de mi parte, ella dijo en voz baja y derrotada: "¿Entonces el cheque que me diste tampoco fue bueno?" Confirmé sus temores diciéndole que el cheque no valía nada. El teléfono se quedó en silencio hasta que finalmente dijo: "Que Dios te bendiga". Me di cuenta de que las lágrimas corrían por sus mejillas.

Si sus lágrimas tuvieran voz, habrían estado cantando en perfecta armonía con las lágrimas que corrían por mi rostro. Pensarías que esta experiencia, y mi reacción a ella, habría tenido un mayor impacto en mí y habría dado lugar a un cambio en mí ... pensarías, ¿verdad?

Bueno, habían pasado unas pocas semanas y me trasladaron de Intake a una cápsula en la nueva Instalación Correccional del Condado de Montgomery en Eagleville, PA. Descansé mucho, tres comidas al día y me sentí algo normal.

Me dirigí al pod para ver un poco de televisión, que tenía en las noticias de la noche. Estaba sentado de frente para poder escuchar lo que sucedía en el mundo. A veces es difícil escuchar algo en la cárcel con todos los sonidos de hombres gritándose, aunque solo estuvieran a dos pies de distancia.

La gran historia del día fue que hubo un gran robo y un tiroteo fatal. ¡Noticias como esa atraerán la atención de todos! El dueño de una tienda en West Philly protegió el honor y la seguridad de sí mismo y de su establecimiento disparando al presunto ladrón.

Lo que primero me llamó la atención fue el hecho de que este tiroteo tuvo lugar en el suroeste de Filadelfia. Sentí como si una tonelada de ladrillos se me cayera encima y, al mirar más de cerca la pantalla del televisor, reconocí el vecindario, la tienda, el dueño de la tienda, y luego comencé a sudar frío. ¡Fue el mismo propietario asiático que me disparó varias semanas antes!

Me quedé allí, con los ojos pegados al tubo, mientras mi corazón se aceleró para comprender. Mi vida literalmente brilló ante mí. Las cámaras de televisión se centraron en el suelo donde se encontraban las carcasas de la carcasa numeradas. El área fue grabada y mostraron el terreno donde fue asesinada la víctima. La pequeña voz que siempre había estado conmigo habló en voz alta, "¡Ese pudiste haber sido tú!"

Todo tipo de preguntas comenzaron a inundar mi mente y una se repetía: "¿Por qué me salvé?" Me di cuenta en ese mismo momento de que la única diferencia entre el muerto y yo era que cada una de esas balas que se cruzaban en mi camino estaba cubierta de misericordia ... incluso la que debería haberme quitado la vida.

OPCIÓN SEIS
PRINCESA D

Recibí una sentencia de dos a siete años por mis violaciones con los diez departamentos de policía. Esta vez me dirigiría al norte del estado y todo lo que podía pensar eran las historias que escuché sobre la vida en el interior de la "Gran Casa". Estaba encadenado y esposado, y el viaje en furgoneta consistía en obedecer todas las órdenes que te gritaban. Ir al norte del estado para aquellos en el Centro Correccional del Condado de Montgomery fue realmente como viajar por la ciudad. SCI Graterford se encontraba a veinte minutos en automóvil de una ciudad llamada Collegeville, PA.

Cuando nos acercamos a nuestro destino, lo primero que noté fue la enorme pared de cincuenta pies que rodeaba todo el lugar. Estaba a punto de entrar en un mundo completamente nuevo, un mundo donde el interno era el rey. Así que allí me senté con otros cuarenta hombres en una pequeña celda de admisión y, como yo, estos hombres fueron traídos aquí desde otras cárceles del condado de todo el estado. Lo primero que todos tuvimos que hacer fue desnudarnos con nuestros trajes de cumpleaños y nos entregaron monos de oro amarillo brillante.

Ya había sido un día largo. Me despertaron a las cuatro en punto de la mañana, me apresuré al encierro del condado, me colocaron en una celda, y allí me senté durante horas con los otros que iban al norte del estado. Este proceso en sí mismo debería ser suficiente para que la persona promedio se detenga y piense en lo que él o ella había hecho para llevarlos a la cárcel.

Te apiñan en una habitación muy fría durante cinco a seis horas con otros reclusos que van a la corte u otras cárceles, te desnudaron y gritaron para que te sentaras, te pusieras de pie o cualquier otra cosa que los guardias sientan como orden. Estás encadenado, esposado y entregado a detectives de la policía o sheriffs que comandan un poco más. Luego vas a tu destino y cuando regresas, es el mismo tipo de tratamiento. Estás tan cansado que no puedes esperar para volver a tu celda.

En mi caso, nunca consideré la prisión en casa, pero allí estaba, golpeado, destrozado, con mi ego magullado, y estaba demasiado orgulloso de mostrar nada de eso. Mantuve mi máscara de "hombre malo" para mantener a los demás alejados y, confía en mí, no estaba solo.

Mientras miraba alrededor de la habitación, pude ver a todo tipo de hombres con todo tipo de máscaras. Al principio, la sala comenzó en un silencio mortal, que era típico de todas las celdas de detención con grupos de hombres; Nadie quería romper el hielo. Supuse que nadie quería decir algo incorrecto; sin embargo, en cada multitud siempre hay dos tipos que rompen el hielo: el "sabelotodo" y el "bromista".

En la mayoría de los casos, el sabelotodo es lo primero. Él piensa que tiene tacto al abrir una conversación con una pregunta solo para atraer a alguien para que dé una respuesta que ya sabe. Cuanto más habla, más se da cuenta de que es un mentiroso. En algún momento, su historia se pliega y queda expuesto a lo que realmente es. La única razón por la que la gente se abrió a él fue para obtener información, por lo que generalmente gana terreno muy rápido, pero cuando alguien le hace una pregunta puntual o cuestiona su credibilidad, su propio B.S. lo ahoga. eso no se puede confiar.

El bromista, por otro lado, se burla de todo. El sistema, los guardias e incluso las personas a su lado son un juego justo. Para él, todo es una broma y, aunque a nadie le gusta ser el objetivo, todos quieren reírse. El bromista siempre busca al recluso más débil y expone sus miedos, pero generalmente porque el bromista es realmente el que tiene miedo a la muerte y oculta sus propios miedos.

Sin embargo, el hielo se rompió y antes de que me diera cuenta, la sala estalló en una conversación inesperada que cubría cada tema bajo el sol de las mujeres, los deportes y la música ... luego de vuelta a las mujeres. Ese tipo de charla parecía tranquilizar a todos y se quitó el noventa por ciento de las máscaras que llevaban los hombres.

Solo los guardias, que finalmente llegaron a la puerta y gritaron diez nombres, rompieron el ánimo. Todos los reclusos querían saber qué estaba pasando. Los guardias se fueron y cerraron la puerta, dejándonos a todos en suspenso. No fue hasta que me llamaron que descubrí lo que estaba pasando.

Tuve que cambiar a blues emitido por el estado para pasar por el proceso de clasificación. Todos los que ingresaron al Sistema Estatal de Pensilvania tuvieron que pasar por este proceso. Una vez que me clasificaron, volví a emitir marrones estatales con un gran D.O.C. (Departamento de correcciones) impreso en la parte posterior ... y ahora era propiedad del estado.

Uno por uno, los hombres de la celda de detención fueron llamados para el procesamiento y, en poco tiempo, volvimos a estar todos juntos y la sala estaba llena de discusiones. Solo que esta vez, las conversaciones fueron diferentes. Todos parecían quejarse de esto o aquello: sus pantalones eran demasiado pequeños, demasiado largos, a sus camisas les faltaba un botón, sus zapatos venían sin cordones, y algunos hombres tenían botas marrones mientras que otros tenían zapatos negros. Nadie parecía estar agradecido, incluyéndome a mí.

No mucho después de eso nos alimentaron con almuerzos fríos con bolsas marrones: la comida siempre fue un estímulo moral, pero esta comida en particular era cuestionable. Una vez que terminó el almuerzo, el proceso comenzó de nuevo y se llamó a varios hombres para que les hicieran fotos, toma de huellas digitales, pruebas de audición y exámenes de la vista.

También recibimos un número oficial del estado, el mío era BJ-2279. Desde ese momento me dijeron que este número me llamaría y me llamaría, así que debía memorizarlo. Durante este proceso, nos hicieron una serie de preguntas. No puedo recordarlos todos, pero esta fue una verdadera prueba de realidad no solo para mí, sino también para todos.

Me dijeron que me sentara frente a un empleado del estado que estaba vestido con un uniforme marrón, a diferencia de los guardias que estaban vestidos de gris y negro. Esta persona me hizo todo tipo de preguntas, y recuerdo haberlas preparado. Habiendo sido interrogado tantas veces anteriormente por todo tipo de policías, alguaciles, detectives y personal de la prisión por igual, estaba acostumbrado al simulacro. Nada realmente me tomó por sorpresa ... eso fue hasta que me preguntaron: "¿A dónde le gustaría enviar su cuerpo en caso de que no lo haga?"

La sonrisa que llevaba en mi cara inmediatamente corrió para cubrirse. Mientras trataba de procesar lo que exactamente me estaba diciendo esta persona, mi boca soltó: "¿Disculpe?" La pregunta se repitió con claridad: "¿A qué dirección le gustaría que el estado envíe su cuerpo por correo en caso de que alguien lo mate o muera mientras está aquí en SCI Graterford?"

A partir de ese momento, me di cuenta de que mi vida tenía algún valor ... ¡si nada más que el costo de envío! La realidad de la situación se estaba volviendo clara para mí y este no era un parque de diversiones o algún tipo de juego. Sé que las cosas que practicaba en las calles no iban a ser toleradas en prisión. En ese momento decidí no drogarme ni usar drogas en la cárcel ... punto. ¡Mi objetivo era salir de ese lugar en una sola pieza! Nunca consideré morir en la cárcel y no iba a tener ese pensamiento en absoluto, pero respondí: "Envíame a la dirección de mi madre".

Era un día considerablemente largo y cerca de las ocho de la noche cuando todos nos escoltaron para ver al médico para controles de salud, y luego nos escoltaron a la Unidad de Cama Abierta de Graterford. Nos asignaron literas en un área que albergaba a más de ciento cincuenta hombres. Había un área de ducha, cuatro baños y absolutamente nada de privacidad. Estaba sucio, maloliente y muy ruidoso. El ambiente estaba maduro para casi cualquier cosa. Hubo robos, peleas, gritos y una mentalidad de "todo vale" que solo los fuertes podrían sobrevivir.

Tenías lobos y corderos, pero en mi caso, yo tampoco. De alguna manera, estaba protegido, capaz de correr en compañía de los lobos y los corderos. Creo que las oraciones de mi madre, abuela y amiga ordenaron el amor de Dios hacia mí. Dios respondió una vez más poniendo a las personas en mi vida que se preocupaban por mí y me cuidaban ... pero aun así, pregunto por qué.

Solo para dar una idea de la vida celular, nueve de cada diez de ustedes nunca podrán elegir a su compañero de celda, y tendrán que tratar con quien sea que los arrojen a una celda. Podría ser el primer contador de tiempo para un cargo por DUI que está lleno de preguntas, hasta el asesino asesino sin sentido. Los he tenido todos.

Una noche, mi compañero de celda y yo tuvimos una acalorada conversación sobre algo tan simple que ni siquiera recuerdo por qué discutimos. Este tipo había sido encerrado por un crimen violento, aunque su "profesión reclamada" era vender drogas. Nacido en Jamaica, vivía en la parte alta de Nueva York y de alguna manera se quedó atascado en Pensilvania. Medía cinco pies y diez pulgadas con una complexión delgada y su disposición era de modales suaves y muy tranquila. Sin embargo, él era un asesino y si pudieras soportar mirarlo a los ojos, podrían contar la historia.

La discusión se intensificó hasta el punto en que nos estábamos maldiciendo. Entonces, de repente, se apagó y no tenía nada más que decir, casi como si estuviera calculando su próximo movimiento. Me senté en la litera inferior donde dormí y él saltó a la cima. Más tarde descubrí que en una celda pequeña con literas, la ventaja siempre recae en la persona que tiene la litera superior. ¡Imagínate!

Me caí y comencé a pensar en nuestra discusión y me hizo enloquecer, quiero decir, enojado hasta el punto en que mi corazón se aceleró. Pensé en saltar de mi litera, ponerme las botas y arrancarlo de su litera para que pudiéramos mezclarlo. Sin embargo, tuve una idea mejor: decidí amenazarlo. Sabía que esto lo pondría en su lugar y enviaría un mensaje de miedo directamente a su corazón. Me senté en mi litera y, con mi mejor voz grizzly norteamericana, le dije: "es mejor que no te vayas a dormir esta noche".

Mis palabras resonaron en las pequeñas paredes de las celdas y supe que tenía razón porque todo permaneció en silencio mientras me recostaba para dormir un poco. Me sentí victorioso, emocionado por todos los eventos que tuvieron lugar. Puede que me haya tomado alrededor de una hora tranquilizarme y, cuando lo hice, comencé a darme cuenta de lo que sea que estaba tan enojado unas horas antes que ya no era tan importante. Solo quería hacer las paces y recuperar la paz dentro de la celda.

Comencé a quedarme dormido cuando escuché a mi compañero de celda aclararse la garganta. Sabía que estaba a punto de decir algo, tal vez iba a disculparse ... sí, eso era lo que estaba a punto de hacer. Pensé para mí mismo, "Bien, y luego haré lo mismo". Llamó mi nombre en voz baja de Jamaica ... Pensé: "Está bien, aquí viene y finalmente dormiré un poco y las cosas volverán a la normalidad". Él dijo: "Oye Ron, tampoco te vayas a dormir".

¿QUÉ DEMONIOS ACABA DE PASAR? ¿Qué pasó con la disculpa anticipada? Sus palabras no eran como las mías ... no rebotaban en las paredes ... no, sus palabras perforaron mi alma. Durante las siguientes seis horas, me quedé mirando la oscuridad. Escuché cada uno de sus movimientos. Estaba lleno de miedo, atormentado por mis propias palabras. La ley de reciprocidad tuvo su camino y mis palabras volvieron para agonizarme.

A la mañana siguiente le pedí su perdón. Sí, me humillé y me disculpé para poder avanzar y, después de una buena carcajada, las cosas volvieron a la normalidad. Los dos terminamos siendo buenos amigos, pero he escuchado historias de situaciones como la mía donde los resultados terminaron con la muerte de alguien.

La vida en la prisión del norte era peor que la prisión del condado, y la vida de Federal Penn era un mundo completamente diferente, ¡como el norte del estado con esteroides! Las peleas, los apuñalamientos y las guerras de drogas eran la norma a los ojos de los reclusos. Los guardias y oficiales correccionales incluso tenían sus propias reglas de vida en el Federal Penn que involucraban cierres aleatorios, recuentos, simulacros y pérdida de privilegios para el comisario, el patio o incluso visitantes externos.

Te ordenaron detenerte, irte, pararte o sentarte cuando y donde quisieran. No permitieron más de cuatro personas en un grupo y rompieron cualquier conversación solo porque pudieron. Si los vio venir con un recluso bajo custodia, tenía que darle la espalda y no mirar en su dirección. Si lo vieron mirando, o incluso si no lo hicieron, tomaron su identificación y usted terminó en el agujero por no seguir una orden directa.

El punto es que Federal es una situación en la que no se gana, y si argumenta, solo empeora. Se reduce al cien por ciento de control y al cien por ciento de cumplimiento, fin de la historia. Yo personalmente había visto suficiente y estaba listo para sacar el INFIERNO de allí. Después de reunirme con la Junta de Libertad Condicional y Libertad Condicional, me concedieron la libertad condicional. Había cumplido mis 2 años y llevaba mi etiqueta Upstate en mi pecho muy bien. Pero primero, tuve que regresar a la prisión del condado de Bucks por un corto período de tiempo para satisfacer a su detenido. Finalmente, llegó el día en que pude liquidar mi factura con el condado de Bucks y empaqué, me despedí de la prisión y me mudé con mamá.

Mamá estaba muy contenta de tenerme en casa. Jugué el papel del buen hijo solo por un corto período de tiempo antes de terminar haciendo las mismas cosas que había hecho tantas veces anteriormente. Lo sé, probablemente estés sacudiendo la cabeza en este momento, no sorprendido por mis acciones. Créeme, cuanto más miro hacia atrás en este período de mi vida, ¡también sacudo la cabeza! Sin embargo, los tiempos que estaba pasando nunca tuvieron el impacto suficiente para hacerme cambiar.

Mi oficial de libertad condicional del estado estuvo en mi caso desde el principio. Era desagradable, no me llevaba bien con él, y a mamá tampoco le importaba. Aunque, los problemas que tuve no fueron con él, sino conmigo. Dejé de informar después de la segunda visita y salí corriendo. En aquellos días, a la junta de libertad condicional no le importaba mucho un caso menor como el mío. Si no hubiera permitido el contacto con la policía, habrían permitido que mi libertad condicional caduque, finalice o se detenga. Pero no, no Ronald James. Quería darle una oportunidad al sistema por su dinero y no tardé mucho en atraparme ... ¡otra vez!

Creo que estuve fuera un total de sesenta días antes de estar tras las rejas con nuevos cargos, una violación de la libertad condicional y enviado de vuelta al estado. Por alguna extraña razón, la palabra reincidencia se pone en primer plano en mi mente. Es una de esas palabras cuando la escuché por primera vez, no tenía idea de su significado. El diccionario define la palabra como una tendencia a recaer en una condición previa; especialmente recaída en el comportamiento criminal. Ese era mi estilo de vida y era el estilo de vida de cualquiera que se dedicaba al uso ilícito de drogas y / o adicciones al alcohol, que parecían ser todas las personas con las que me juntaba. Ahora, proporcionaré algunos datos desconocidos pero sorprendentes sobre la tasa de criminalidad.

En la década de 1950, los centros penitenciarios eran pocos y estaban llenos de hombres que habían cometido crímenes horribles, como asesinatos en primer grado, violaciones y secuestros. Las estadísticas revelaron que la mayoría de estos internos eran hombres blancos. No digo nada más que aquellos que dominaron a la población carcelaria durante este tiempo eran blancos.

En la década de 1960, un cambio en la marea comenzó a ocurrir. Creo que la violencia de las pandillas que estalló en las principales ciudades y las calles de Filadelfia puede haber contribuido a lo que ha pasado hoy. Estos niños, hombres jóvenes y bebés, estaban dispuestos a defender sus "rincones" a toda costa luchando, apuñalando y, a veces, disparando para defender su honor.

Fueron enviados a centros de estudio juvenil y escuelas de reforma, que eran solo mini-penitenciarios y cárceles disfrazadas. El propósito era que pudieran ser reformados. Muchos de los muchachos lograron pasar y salieron hombres, poniendo las "esquinas" detrás de ellos y poniendo sus vidas en orden. Sin embargo, la mayoría de ellos no lo hizo.

Aquellos que no lo hicieron se graduaron en prisiones como Homesburgh, Western, Camp Hill y Graterford cuando llegaron a la edad adulta. Para entonces, ya era demasiado tarde porque habían adoptado una nueva mentalidad.

La mentalidad del código de la prisión era muy clara y simple: nosotros contra ellos. Nosotros siendo los contras, y ellos siendo el sistema, el hombre blanco, policías, llaveros, guardias, y no olvidemos al tío Sam.

Una vez que estos muchachos, ahora "hombres", fueron liberados de nuevo en la sociedad, se veían saludables y sólidos por el culturismo, mucho descanso y comer como reyes. Estos hombres eran candidatos principales para un ejército de mujeres que esperaban y, por lo tanto, los bebés de los años 70 estaban en camino.

En los años 70, muchos hombres fueron víctimas de pocas opciones: servir a su país, servir su tiempo o servirse a sí mismo. Aquellos que optaron por servirse solos fueron víctimas de drogas y alcohol, principalmente drogas, y terminaron cometiendo delitos para mantener su hábito. Los que lo vendieron, sin embargo, pasearon con orgullo y alardearon de sus autos, mujeres y dinero ... y aún así lograron escapar de ser atrapados.

De cualquier manera, los hombres de los años 60 no estuvieron allí la mayor parte del tiempo para los bebés de los años 70, lo que significaba que las madres tenían que criar a estos niños solos. Algunos lo lograron y otros no. Esto también significaba que había una creciente clase de delitos, y los nuevos delitos necesitaban nuevas leyes ... y más nuevas cárceles.

Los bebés de los años 70, que tenían pocas o ninguna figura paterna, encontraron fuerza en los modelos a seguir que tenían cosas buenas, y eso significaba que se enfocaban en los traficantes de drogas, los estafadores y aquellos que "mostraban dinero en efectivo". Siguieron estos modelos a seguir y finalmente fueron víctimas del juego, lo que significaba que, al igual que sus padres antes que ellos, terminaron en prisión. De tal padre, tal hijo, repitiendo el problema, repitiendo el ciclo y dejando atrás a sus hijos. Estos fueron los afortunados ... hay quienes siguieron el modelo y a veces fueron asesinados en el juego.

Cuando llegó la década de 1980, el juego cambió para peor. Las calles estaban inundadas de drogas, y tanto los hispanos como los negros estaban siendo utilizados para comercializar este veneno llamado cocaína. La cocaína alguna vez fue catalogada como un hombre rico porque eran los únicos que podían pagarla. Eso pronto cambió también. Este medicamento ahora estaba disponible por tan solo diez dólares.

Más tarde, se comercializó en masa como "crack", que estaba disponible por tan solo tres dólares. Durante los años 80, el crack era el rey y no solo los hombres corrían locamente fumando, yo era una de ellas, también lo eran las madres de esos bebés de los 70, lo que plantea una pregunta interesante: quién estaba criando a los niños ahora que tenían sin padres o madres? La respuesta fue simple y fueron abuelas, familiares, las calles ... o peor, cuando se convirtieron en protectores del sistema. No estoy diciendo que los centros de acogida y juveniles no pudieron ayudar porque algunos lograron pasar por el sistema; Sin embargo, la mayoría no lo hizo.

Durante este tiempo, los crímenes que los jóvenes estaban cometiendo se volvieron más violentos. En lugar de luchar por las esquinas de los años 60, ahora era en algunos lugares los colores de las pandillas de los 80. Las pandillas eran las calles nuevos modelos a seguir. Vieron que el dinero se ganaba con las drogas y la violencia, y simplemente capitalizaron la situación.

Cuando llegó la década de 1990, las ciudades fueron grandes en el cierre de las esquinas de las drogas, las pandillas y la violencia, y eso obligó a los traficantes a salir a los suburbios. Esto significaba que las principales comunidades estadounidenses, y principalmente las blancas, no solo se veían afectadas por las drogas, sino por la violencia asociada a ellas.

Los crímenes comprometidos a obtener dinero para comprar drogas ahora se encontraban en su patio trasero y en sus hogares, lo que obligó a una mayor necesidad de más cárceles, centros de rehabilitación de drogas y centros. Aparecieron en todas partes, y se ha convertido en una industria multimillonaria.

Los bebés ahora estaban haciendo bebés a un ritmo alarmante. Los medios de comunicación pintaron la imagen de que si el crack o el criminal no te mata, el niño de doce, trece o catorce años que porta un arma lo hará. El miedo jugó un factor significativo. Todavía tenemos que ver el producto de los niños de los años 2000 - 2010 que no tenían padre, madre, vecino, familiar o amigos para admirarlos o criarlos. Tuvieron que confiar en sí mismos para salir de la jungla de hormigón, oprimidos por el sistema y expuestos a guerras mediáticas, asesinatos escolares, suicidios y mucho más de forma regular.

Han sido educados por videojuegos que promovieron asesinatos, secuestros, robo de autos y violencia sin más repercusiones que perder el juego y comenzar de nuevo. La afluencia constante de armas y drogas que aparecieron en las calles fue ... y sigue siendo ... un círculo vicioso.

Mis pensamientos son los siguientes: creo que es un esquema bien planificado diseñado para atacar a los débiles. Sus mentes jóvenes estarán llenas de cosas sin sentido a una edad temprana. Habrá trampas para aquellos que sean tan tontos como para perseguirlos, y caerán presas.

William Cooper en su libro titulado Behold the Pale Horse, lo llamó "causa y efecto". Hacemos "esto" para que hagan "eso". ¡Es hora de despertar a la gente! Llámame loco si quieres, pero mi opinión es que la esclavitud está en el horizonte. Sí, la esclavitud moderna y el sistema penitenciario es una parte muy importante de lo que está por venir.

Están construyendo prisiones más grandes cada año para manejar el hacinamiento. El prisionero es el producto para una industria multimillonaria. Creo que llegará un día en que se formarán dos clases. Los que han sido etiquetados, marcados o etiquetados como delincuentes, y los que no. Los que no están etiquetados pagarán mucho dinero para controlar a los que sí lo están. Será este sistema el que dictará lo que podemos hacer, comprar y adónde podemos ir.

Dije todo eso para decir que he presenciado que las drogas y el alcohol llevan a los hombres, incluido yo, a la cárcel antes de ser liberados. Caso en cuestión: me encontré nuevamente con un amigo cercano, Willie, mi chico que me enseñó todo sobre la cárcel cuando me encerraron por primera vez. Willie también regresó por una violación. Los dos nos juntamos juntos e hicimos un pacto para cometer mejor el crimen. ¡¿En serio?!

¿Cómo se nos ocurrió este nuevo plan? Pasamos cada momento hablando de obtener más dinero al mejorar nuestras habilidades de delincuencia. Descubrí que esta era una práctica normal para los infractores reincidentes. Muchos convictos o personas que hacen tiempo se encontraron con convictos similares para armar su imaginación, en su mayor parte para mejorar el crimen, establecer contactos o armar nuevas estafas. La prisión era como una institución de educación superior y algún día incluso podrían otorgar títulos con toda la educación que se está llevando a cabo, ¡al igual que la universidad!

Este día en particular, Willie y yo estábamos afuera trabajando en nuestras mejoras. Probablemente había más de cuatrocientos hombres entre la cuadra ese día. Fue un día realmente agradable, incluso por estar en prisión. Salía el sol, los hombres jugaban a las cartas, el ajedrez o caminaban y simplemente disfrutaban del clima. No había mesas, así que casi todos recogieron un lugar en la hierba.

Estábamos a mitad del camino repasando nuestros planes para que nuestro próximo movimiento fuera nuestro mejor movimiento, y lo que íbamos a hacer una vez que saliéramos. Estaba frente a la única puerta del patio que daba al edificio. Desde la distancia, vi a tres hermanos avanzando hacia nosotros con un propósito, marchando en línea como soldados. Mi hijo y yo seguimos hablando, pero cada vez más y más cerca me distrajeron. Supuse que eran Fruto del Islam ya que el líder de la manada era calvo, bien afeitado y la ropa que llevaba estaba arrugada y apretada. También noté que llevaba debajo del brazo lo que parecía ser un periódico doblado.

Luego, sin previo aviso, el trío se detuvo a unos tres metros frente a nosotros. Toqué a Willie en su brazo y les señalé. Casualmente giró la cabeza para ver de qué estaba hablando. Lo hizo sin problemas para no llamar la atención sobre lo que quisiera mostrarle. Mis ojos permanecieron pegados a la situación en cuestión. No tenía idea de lo que estaba sucediendo, pero podía sentir que algo no estaba bien ... y tenía razón. Mientras seguíamos hablando, todo lo que escuché de Willie fue bla, bla, bla, y no tenía sentido ya que me estaba concentrando en ese trío.

Justo en ese momento, vi un pico de hielo de diez pulgadas saliendo de los confines del periódico. Cuando el periódico cayó al suelo, el líder del ring marchó hacia su objetivo de un grupo de hombres blancos sentados en el suelo jugando a las cartas. Enfocó su vista en un hombre en particular, y cuando vi hacia quién se dirigía, me di cuenta de que conocía al joven de mi cuadra. Él era el hombre indicado si querías tatuajes y estaba en problemas.

El líder del ring rodó justo detrás de él y el joven nunca lo vio. El primer golpe golpeó mi alma cuando el líder del ring lo apuñaló con ese picahielos de diez pulgadas justo al lado de su cuello. Los otros dos hombres que jugaban a las cartas con él se pusieron de pie y huyeron por seguridad en direcciones separadas.

En este momento, el joven fue golpeado con varios golpes más en la espalda y el cofre. Para agregar insulto a la lesión, los tres hombres lo golpearon y patearon.

Nunca escuché a Willie decir: "¡Ron, vámonos!", Pero ya estaba de pie y se alejaba de la escena. Solo me di cuenta de esto porque literalmente tuvo que regresar por mí. Me agarró del cuello y me tiró con fuerza y luego entendí que era hora de salir.

Cuando dejamos la escena, escuché al líder del ring decirle al artista del tatuaje herido la razón detrás de por qué fue atacado. Todo lo que escuché fue: "¡Nunca vuelvas a acercarte a mi señora!" Desde la distancia, vi al líder del ring clavar el picahielo en el suelo con una roca para que nadie pudiera localizarlo.

Para entonces, se había formado un canto y de alguna manera este joven casi muerto se puso de pie y se tambaleó entre la multitud hacia la puerta principal. Su amigo que lo había abandonado antes tomó una piedra y rompió la ventana del pasillo principal. Esto alertó a los guardias y una vez que llegaron y vieron que había alguien herido, lo llevaron en un carrito médico.

El patio fue inmediatamente cerrado para una investigación. Unos quince minutos después, escuchamos que un helicóptero Medi-Vac venía a transportar al joven debido a sus graves heridas. El pudo haber muerto; Sin embargo, recibí noticias unas semanas después de que él logró salir.

Me di cuenta de que la vida realmente no era un juego, especialmente en prisión. Entonces, ¿qué me pasaba que seguía sometiéndome a este tipo de estilo de vida? Estaba atrapado por eso, pero me encantó; era un círculo vicioso.

Mi hijo Willie fue puesto en libertad condicional primero, luego fue mi turno ... o eso pensé. Antes de que pudiera salir a la calle, descubrí que tenía una carga de mi pasado que había vuelto para perseguirme.

<u>Departamento de Policía de Upper Merion Township</u>: acusado de robo por engaño, recibiendo propiedad robada, 3 cargos de falsificación y cheques sin fondos de 1989. Me declaré culpable de una sentencia de 2 años que ejecutó este cargo actual con mi sentencia ya impuesta. En mis ojos,

pensé que había tomado un descanso, pero la realidad de la súplica algún día mostraría su cara fea.

Finalmente, fue mi turno y volví a ponerme en libertad condicional en la sociedad. Me fui a casa a vivir con mi madre y, tan pronto como crucé su umbral, le di un beso grande, tomé el teléfono y llamé a Willie. Nos reunimos y rápidamente pusimos nuestro plan en acción. Quería que viera lo dulce que era el juego de papel.

Te ahorraré los detalles, pero cuando haces las mismas cosas: cheques, drogas, alcohol y mujeres, obtienes los mismos resultados. ¡Así que allí estaba otra vez sentado en un mostrador de reservas de la policía! Cuando el oficial me preguntó mi nombre, les di un alias y una licencia de buena fe, ¡no de mí, por supuesto!

Buscaban a alguien más, alguien que había estado tratando de pasar cheques en una joyería. Bueno, resultó ser una de las identificaciones que estaba en el bolsillo de mi abrigo, pero no iba a dejar pasar ese hecho. Mi juego no era rival para estos oficiales; Conocía el ejercicio demasiado bien. Sin embargo, olvidé que tenían la opción de buscarme, y después de completar uno exhaustivo de mi persona y el camión U-Haul que estábamos usando, se les ocurrió lo que estaban buscando y algo más.

Encontraron cuatro juegos de identificación y subí al arroyo sin remar. Por otro lado, mi compañero Willie no tenía identificación con él y les dio un alias. Después de ser reservado, fuimos a la corte y la fianza se fijó en cinco mil dólares en efectivo para mí y dos mil dólares en efectivo con diez por ciento para pagar por él; él caminó.

El 8 de marzo de 1994, <u>el Departamento de Policía de West Whiteland Township</u>: acusado de 2 casos separados de recibir propiedad robada, conspiración criminal, robo por engaño, falsificación de cheques falsos, informes falsos a las fuerzas del orden público, robo por toma ilegal para deshacerse y uso no autorizado de auto y vehiculos.

OPCIONES

Departamento de policía del municipio de Tredyffrin: acusado de falsificación, robo por engaño, recibir propiedad robada, informes falsos a las fuerzas del orden público, falsificación no jurada a las autoridades, cheques sin fondos, uso no autorizado de automóviles y vehículos.

Me transfirieron del Departamento de Policía de West Whiteland a la prisión del condado de Chester, llamada Chester Farms. Me habían procesado con el nombre de alias que les había dado y nunca lo corregí, con la esperanza de que pagaría la fianza antes de que alguien se diera cuenta. Willie no tardó mucho en encontrar el dinero, pero era demasiado tarde y se dieron cuenta de su error. Por lo tanto, tuve que ir a la corte por mis nuevos cargos, bajo mi nombre real, y estaba claro que regresaría al estado para cumplir el tiempo por esos cargos después de cumplir el tiempo en la prisión del condado por todos los demás cargos.

Rápidamente conseguí un trabajo en el equipo de pintura de la prisión del condado y luego me mudé al departamento de mantenimiento y taller de carpintería. Mi trabajo duro me trajo el favor del personal y el director. Cuando llegó el momento de regresar al norte del estado, pregunté a los encargados si podía pasar el tiempo de mi estado en el condado y, para mi alivio, la solicitud fue otorgada por el alcaide.

Me dijo que estaba satisfecho con los informes que escuchó sobre mí, así como con mi arduo trabajo. El tiempo de Dios no podría haber sido mejor. Digo esto porque el director estaba a punto de retirarse y el director entrante no habría sido tan amable.

Fue en Chester County Farms donde conocí a la Princesa D ... y la razón de este capítulo. Mi madre la había apodado y era una reclusa en la sección femenina de la prisión. Como trabajaba en el equipo de mantenimiento, pude moverme por la prisión, y fue en la sección de mujeres donde tuve el honor de conocerla.

Esta princesa blanca de cinco pies y siete pulgadas tenía ojos azul océano que perforaban las profundidades de mi corazón y estaba literalmente cegada por el amor. Esta mujer llena de figura y desbordante se desbordó de carisma y persuasión, usando lo que fuera necesario para estafar, explotar, controlar, manipular, influir y mentir para salirse con la suya ... ¡ME ENCANTÓ!

Cuando se trataba de egoísmo, ¡había conocido a mi igual! Esta chica tenía más juego que Parker Brothers, pero no podía tener suficiente de ella. Tanto es así que me casé con ella, sí, lo leíste correctamente. Me casé con la princesa D mientras aún estaba casada con Cheryl.

Ok, me tienes ¡También fui culpable de poligamia, pero no pude evitarlo! El matrimonio entre nosotros tuvo lugar mucho antes de que cualquiera de nosotros dijera "Sí, quiero". Después de conocerla por primera vez en el bloque de mujeres, comenzamos a escribirnos y deslizarnos notas. Los dos tuvimos experiencia en la cárcel; sin embargo, ella era más astuta que yo, y de ninguna manera fue su primera estadía en Chester County Farms.

No solo me estaba escribiendo a mí, también estaba escribiendo a varios otros hombres y cuando la enfrenté sobre la situación, ella mintió, diciendo: "Eran solo amigos". Quería creerle, pero la princesa D estaba por la princesa D ... ¿y quién era yo para lanzar la primera piedra? Había estado contactando a una enfermera que trabajaba en medicina, por lo que mis propios actos egoístas también estaban en pleno progreso.

Fue por esta época que me enfermé mortalmente. Un día volví a la cuadra porque me sentí un poco mareado. Mi corazón comenzó a acelerarse mientras me sentaba en mi litera. Se desaceleró tan rápido como comenzó, así que no pensé en nada. Agarré mi taza de agua helada, tomé un sorbo y luego me recosté para descansar un poco más.

OPCIONES

En cuestión de segundos, mi corazón comenzó a latir de nuevo, solo que esta vez en latidos anormales y locos. Me puse de pie, llamé a mi celular y le dije lo que estaba pasando, que pensé que algo estaba muy mal. Me miró y vio que hablaba en serio.

Tomé su mano y puse su palma en mi pecho. Su reacción probablemente me salvó la vida. Retiró la mano como si la hubiera colocado en una estufa caliente. Él me dijo: "¡Yo! ¡Tienes que ponerte en contacto con el médico ahora!", Y si su expresión facial era una indicación de lo que estaba presenciando, me vendieron. Sus ojos se fueron directamente al miedo.

Mi único problema era que era hora de cerrar y contar pronto. Me moví tan rápido como mis pies me llevaron hacia la puerta de arriba que conduce al pasillo principal. El guardia en la puerta esa noche me tenía mucho respeto, así que cuando dije que tenía que ir al médico, nunca me preguntó qué estaba tratando de hacer. Todo lo que le dije fue que algo andaba mal con mi corazón y tenía que ir al médico. Presionó los botones y me entró.

Tienes que entender que este era Dios en plena acción. De todas las cárceles en las que había estado, el prisionero no llegó a tomar decisiones. Si hubiera una emergencia médica, un problema o un problema, los guardias, el C.O. o el personal le dirían que complete un formulario de solicitud y se ponga en línea. Si por casualidad se tratara de una emergencia real, pedirían un código. La misericordia de Dios estaba en acción, de acuerdo, y pude llegar al pasillo que llevaba al médico. Estaba sin aliento y empapado por la transpiración, pero lo había logrado.

Por ahora, mi mente estaba completamente sincronizada con mi corazón: ambos se estaban volviendo locos, estaba totalmente desorientada y necesitaba ayuda. Vi a Amanda y Gi-Gi, dos enfermeras muy amigables que también me respetaban y que ahora considero ángeles desde arriba. Estaban sentados afuera del médico en un banco tomando un descanso para fumar y llamé a Amanda mientras me tambaleaba hacia ella. Todo lo que tenía la energía para decir era "Mi corazón, algo está mal con mi corazón".

Me ingresaron en medicina, pero ambas enfermeras aún no entendían la gravedad de la situación; estaban de humor juguetón. Fue solo después de que Amanda vio mi condición que la diversión y los juegos se fueron por la ventana. Rápidamente se metió en su bolso de lactancia; Era hora de ir a trabajar. Ella agarró su manguito de presión arterial, lo envolvió alrededor de mi brazo y luego metió un termómetro en mi boca.

El pánico comenzó cuando ella trató de leer mis signos vitales y mi presión arterial estaba fuera de la tabla. Ella comenzó a temblar; Sabía en este momento que estaba en mal estado. Llamó a Gi-Gi para pedir ayuda, pidiéndole que vea si algo anda mal con su brazalete y que le dé una segunda lectura sobre la presión arterial. Estas dos enfermeras comenzaron a bailar y moverse en sincronía por todo el departamento médico.

Amanda agarró una pluma y escribió mi presión arterial directamente en mi brazo. Luego se dio cuenta de que mi temperatura era muy alta, por lo que inmediatamente cogió el teléfono y solicitó un respaldo médico externo. Me trajeron un tanque de oxígeno y me colocaron una máscara sobre la boca y la nariz porque tenía problemas para respirar. Todo lo que sabía en este momento de mi vida era que no quería morir y ciertamente quería vivir, pero sabía que estaba en mal estado.

Cuando llegaron los paramédicos, tomaron el control e inmediatamente me conectaron a un I.V. Su objetivo era romper de alguna manera el ritmo esporádico de mi corazón. Rápidamente me dieron una dosis de adrenalina forzándola a mi torrente sanguíneo, pero no pasó nada. Intentaron algo como la morfina, pero mi corazón todavía latía loco. Algo definitivamente estaba mal y sentí que mi vida estaba llegando a su fin lentamente.

Empecé a entrar y salir de la conciencia. Recuerdo que le pedí a Dios que me ayudara. Cuando miré hacia arriba, noté que Amanda nunca se alejaba de mi lado. Una vez más, Dios había colocado una gran cantidad de ángeles a mi alrededor, y mis hijas Amanda y Gi-Gi estaban entre ellos.

Los médicos estaban hablando por teléfono con el hospital, y lo siguiente que supe fue que me ataron y me transportaron al Hospital West Chester. Después de recibir múltiples series de pruebas y de hacer muchas preguntas por parte de todas las personas médicas que ingresaron a mi habitación, finalmente se determinó que tenía la enfermedad de Graves, que era una tiroides hiperactiva.

Tuve que preguntarme sobre el costo en que incurrió el condado por esa estadía de cinco días en el hospital, con todas las pruebas y los oficiales correccionales que me cuidaron durante todo el día, ¡pero esa fue una de las ventajas de ser un prisionero! ... si lo considera para ser una ventaja!

Cuando los médicos determinaron que la condición estaba bajo control, me devolvieron a las granjas del condado de Chester y todos, incluso mi jefe, las enfermeras, los guardias, el personal, los reclusos y la princesa D estaban felices de verme. Me dijeron que lo tomara con calma y eso significaba que podía moverme por la prisión, pero no estaba obligado a hacer nada.

Parecía que mi enfermedad me favorecía con la administración y, finalmente, pude conseguir un trabajo en el centro de pre-liberación de la prisión ... ¿y adivina quién más estaba allí? Princesa D! Fue allí donde tuve la oportunidad de hablar con ella todos los días, y era solo cuestión de tiempo antes de que nos convirtiéramos en un artículo. ¡No pasó mucho tiempo después de que los dos saliéramos a la venta y ya estaba en juego!

Apuesto a que no pasó dos semanas antes de tener un camión de U-Haul y trasladar sus cosas a la casa de mi madre conmigo. La princesa D y yo nos habíamos acercado mucho, y ella y mi madre se hicieron novias. Disfrutaron de la compañía del otro y pasaron horas hablando de la vida, mientras yo me preparaba para hacer las cosas "yo".

Empecé bien: había encontrado trabajo, me reporté a mi oficial de libertad condicional según lo requerido, me mantuve limpio y tuve a la Princesa D como novia. Desafortunadamente, el egoísmo siempre parecía surgir y cuando lo hacía, las cosas terminaban poniéndose feas, fuera de control y fuera de control. Volví a querer drogarme, y esta vez llevé a la princesa D conmigo. Parecía mantener su control, pero yo no tenía ninguno y estaba totalmente fuera de control. Era como si cada vez que me drogué y fui a la cárcel, la locura se detuvo, pero tan pronto como salí de la prisión y retomé lo que dejé, mi vida volvió a enloquecer ... y esta vez no fue diferente.

Mi estilo de vida no era rival para la vida normal y comenzó a ejercer presión no deseada sobre mi madre. Para empeorar las cosas, había comenzado a robar de la casa y terminé llevándole su único televisor. Le había robado a la única persona que nunca me dio la espalda, así que eso debería darle una idea de lo que le haría a alguien que no conocía.

La princesa D estaba indignada con mi comportamiento y exigió que reemplazara la televisión de mi madre y me arreglara. Ella se preocupaba por mí, pero tampoco podía soportar ver a mi madre con dolor. Después de reemplazar el televisor de mamá por uno nuevo, era hora de que nos mudáramos, y con razón, además, mi oficial de libertad condicional ahora estaba en mi camino por no informar.

La princesa D y yo visitamos cualquier hotel, motel, Holiday Inn que pudiéramos encontrar, y la vida era cualquier cosa menos normal. Disfruté viviendo al límite, pero algo sobre vivir a la carrera y drogarme me desanimó. Estaba delirante, paranoico, asustado y nunca pude encontrar la paz.

Cada vez que nos registramos en un lugar, cerraba las puertas del hotel con muebles, colocaba una toalla húmeda en la base de la puerta para evitar que alguien oliera o detectara el olor de la droga y me aseguraba de que las ventanas estuvieran cerradas y las cortinas cerradas. Si había una mirilla, metía papel en ella. Subí el volumen de la radio o la televisión para cubrir cualquier sonido que hicimos y desconecté el teléfono. Literalmente creé mi propia celda de prisión. No quería que nadie supiera que estábamos allí, y ciertamente no quería que supieran que nos estábamos drogando por dentro.

Esto se refería a cualquiera y a todos: la administración, los muchachos de atracos, la policía o cualquier persona a la que robé, estafé o robé. El estilo de vida era horrible y lo odiaba, pero no podía separarme de él. Mantener alejado el mundo exterior parecía fácil en comparación con lo que estaba experimentando dentro de la habitación. El problema era yo, el problema era Maggie Mae, y ahora los demonios que comencé a ver también se convirtieron en un problema. Cuando me drogué pude entrar en otro mundo ... recuerda, te dije que las cosas empeoraron.

Tan pronto como prendiera una cerilla para quemar algo, un ejército de fuerzas demoníacas llegaría para asaltar cada aspecto de mi ser. Todo lo que había preparado para proteger, la princesa D y yo derribamos. Literalmente tomé estas fuerzas en la carne, mientras jugaban conmigo en el espíritu. Les grité y los maldije con todas mis fuerzas.

Estaba loco, y hubo ocasiones en que los perseguí por el pasillo del hotel, allí de pie, desnudo, con un tallo de vidrio roto en la mano. Hubo momentos en que rompí habitaciones en busca de respuestas. Miré en los inodoros, corté colchones abiertos, busqué cajones, detrás de espejos y cuadros en las paredes. Saqué las alfombras, desenrosqué los enchufes eléctricos, desarmé las alarmas contra incendios, nada quedó intacto.

Cuando terminaba, la habitación generalmente parecía una zona de guerra iraquí y allí estaba, sudando, sin aliento, y golpeando en medio de mi propio desastre sin tener idea de por qué. Lo que sucedió fue real para mí, pero para alguien en el exterior, era un loco loco. Estaba seguro de que la respuesta estaba en cualquiera de esas habitaciones de hotel. Nunca pensé en buscar en ese libro que Gideon dejó atrás.

Después de que bajé desde lo alto, finalmente me golpeó y me di cuenta de que necesitaba proteger a la Princesa D y nuestra libertad, así que, una vez más, me tomaría el tiempo para poner las cosas en orden para nuestra seguridad. Ocultaría la grieta y todo lo demás que podría enviarnos de vuelta a la cárcel.

¡No pienses ni por un minuto que Ron James estaba loco! No, estaba en mi sano juicio. Siempre encontré algo en mis búsquedas, y eso fue suficiente para seguir adelante. Encontré efectivo, drogas de otras personas, pipas de crack, tallos y todo tipo de cosas divertidas.

Puedes preguntar dónde estaba la princesa D cuando estaba haciendo todo esto. Ella era una soldado por naturaleza y estaba conmigo porque quería serlo, y así fue hasta el final. Ella permaneció a mi lado a través de toda esa locura. Tal vez estaba loca por quedarse conmigo. Sin embargo, ella me protegió y me entendió.

Cuando hice un desastre, ella me ayudó a limpiarlo. Si había salido corriendo de la habitación, fue ella quien me atrajo de nuevo. Cuando comencé a marcar números de teléfono extraños en el teléfono del hotel, desconectó el enchufe. Sus principales preocupaciones eran que disminuíamos el consumo de drogas y que siempre nos aseguramos de comer algo. Lo mejor de todo para mí, al final del día, ella todavía estaba allí.

Después de visitar todos los hoteles conocidos de crack en la ciudad, nos cansamos, pero no pudimos abandonar el estilo de vida. La princesa D suplicó y me rogó que no permitiera que la arrestaran en Filadelfia, esa fue su única petición. Había escuchado tantas historias horribles sobre cómo las mujeres eran tratadas en el Sistema de Filadelfia, tanto por los guardias como por los reclusos, y no quería tener nada que ver.

A menudo había dejado a la princesa D en la habitación mientras me dirigía a mis misiones, pero las cosas fueron diferentes después de su pedido. Quería cumplir mi promesa con ella y sacarnos de Filadelfia. Tomé un cheque de nómina y me mudé a una tienda de artículos deportivos que todavía estaba bajo el Sistema Telecheck. Pude salir con equipo por valor de dos mil dólares ... ¡para la recaudación de fondos de nuestra empresa ficticia, por supuesto!

Después de vender algunos artículos por el dinero que necesitaba, pude proporcionarle a la Princesa D ya mí varios atuendos de pies a cabeza, además, me detuve y nos compré algo para comer. Fue una de las pocas veces que Maggie Mae fue puesta en espera, pero no por mucho tiempo ... solo lo suficiente para que descansemos y recobremos nuestros pensamientos.

No tenía idea de a dónde íbamos; Nos movíamos donde el viento nos soplaba. A la mañana siguiente cargamos y partimos, cruzando el puente hacia Nueva Jersey. Pensé que sería bueno detenerse y tomar algo de cerveza y algunas instrucciones para llegar al distribuidor de crack más cercano. No tomó sino un segundo caliente encontrar lo que estábamos buscando ... en Camden, y el ciclo comenzó a repetirse. ¿Estaba loco ...? ¡No respondas eso!

Sabía que Camden era una trampa mortal, especialmente porque estaba persiguiendo cocaína con una chica blanca en Hooke Alley y en los hoteles frente al hipódromo.

Las relaciones interraciales no se sentían bien en Camden, y yo nos estaba poniendo en riesgo a los dos.

Después de encontrar lo que estábamos buscando, nos registramos en una habitación que tenía que ser del tamaño de una celda de prisión, tal como me gustaba. Pasé por mi ejercicio de fortificarnos en la habitación, y noté que no había ningún tipo de seguridad en la puerta. Sin cerrojo, sin cadenas, sin pestillo y sin mirillas. Por supuesto, esa habitación en particular no necesitaba una mirilla porque la policía o los posibles ladrones la habían pateado varias veces y estaba entornada hasta el punto en que podía ver claramente el estacionamiento. El espacio era aproximadamente un espacio de ocho pulgadas, pero bien podría haber estado abierto de par en par.

Esa pequeña y suave voz que escuchaba a menudo me volvía a hablar, pero esta vez no era tan suave. Lo escuché fuerte y claro diciendo: "¡SALGA!" No solo fuera de la habitación, sino también de Camden, por lo que nuestra estadía duró poco y nos dirigimos hacia el norte por la I-95 hasta el siguiente sitio de destino.

Durante todo el viaje, fumamos crack y bebimos cerveza hasta que nos quedamos sin ambos, lo que nos obligó a parar en una ciudad que era tan peligrosa como la que nos quedaba. Ahora estábamos en Newark, Nueva Jersey. Tuvimos un desafortunado evento en el que habíamos gastado cuarenta dólares en alguna posible grieta de un posible distribuidor, pero las cosas terminaron siendo paredes de yeso o tiza trituradas. Entonces, acumulamos esto como una pérdida, encontramos un hotel decente en Clifton, Nueva Jersey, y nos desmayamos por agotamiento.

Al día siguiente visitamos algunas tiendas y compramos algunos productos electrónicos. No tenía un buen presentimiento sobre Nueva Jersey, así que volvimos a Filadelfia, descargamos nuestros productos y luego golpeamos la autopista y nos dirigimos al oeste.

OPCIONES

Nuestro lema era "pasar cheques en cualquier tienda que acepte nuestra oferta". Tenía una pequeña maleta llena de cheques, identificaciones y equipo para hacer más identificaciones si fuera necesario, así que esto sería un largo plazo. La maleta era nuestro salvavidas e, irónicamente, la llamamos nuestra "biblia". Lo salvaguardamos y nos aseguramos de mantenerlo cerca en todo momento.

Nuestro Oldsmobile Cutlass de cuatro puertas había visto días mejores. Realmente estaba en su último tramo, pero eso no nos detuvo. Mientras el auto siguiera funcionando, nosotros también. Hicimos paradas en varios minoristas y recogimos algunas colas de langosta grandes, algunas cajas de cerveza y cartones de cigarrillos. Sin embargo, el humo del automóvil ahora era demasiado obvio para ignorarlo y, para empeorar las cosas, el automóvil había comenzado a hacer ruidos extraños, por lo que salimos de la carretera en Harrisburg, PA. Fue allí donde otro evento cambió el curso de nuestras vidas.

Nuestra primera parada fue en un Pep Boys. Sabíamos que tomaron cheques y pensaron en un buen servicio allí. Esperábamos que un mecánico al menos mirara el auto y sugiriera lo que necesitábamos comprar. Nos dijeron que no iban a tomar más autos por el día y que debíamos regresar al día siguiente. Normalmente eso hubiera sido aceptable si hubiéramos llegado tarde en el día, pero aún era temprano con mucho tiempo restante en el reloj de trabajo. Le suplicamos al gerente que alguien mirara el auto, pero nuevamente nos dijeron que no. No estábamos recibiendo buena onda de nadie allí, así que seguimos buscando otro lugar que sería más útil. No lejos de los Pep Boys, vimos una tienda NTW y nos detuvimos. Pudimos hablar con el gerente y, a diferencia de Pep Boys, fue como si la mano de la misericordia de Dios estuviera a cargo de esa tienda.

El gerente nos abrió las puertas del garaje y nos dijo que nos detuviéramos. Puso a su técnico a trabajar en nuestro automóvil, y fue como si alguien hablara con el resto del equipo en el taller y todos vinieron y comenzaron a ayudar. .

El automóvil podía ser rescatado, pero la inspección estatal estaba a punto de agotarse, el balancín estaba roto, el parabrisas estaba roto, necesitaba una puesta a punto, nuevas escobillas de limpiaparabrisas, cuatro neumáticos nuevos, un parachoques trasero y una abolladura en el panel lateral trasero necesario fijo. El único problema con el que nos encontramos fue que tomaría unos días porque el gerente necesitaba llamar para obtener piezas. Sugirió un buen hotel que tenía una piscina y un restaurante. Llamó a un taxi que nos llevó al Days Inn y de hecho pasamos tiempo relajándonos.

NTW nos llamó dos días después y dijo que la buena noticia era que el automóvil estaba listo. La mala noticia fue que la factura por todo el trabajo y las reparaciones era de alrededor de dos mil dólares. En nuestro camino para recoger nuestro automóvil, la Princesa D me preguntó cómo íbamos a pagarlo. Sonreí y le dije que lo tenía todo bajo control; Sin embargo, la realidad de la situación era que no tenía idea de cómo pagaría. Llegué a la conclusión de que tendría que recurrir a mi donación de cheques para que podamos recuperar nuestro viaje.

Tan pronto como llegamos a NTW, tomé el control al permitirles creer que tenían el control. Actué como si necesitara que el gerente revisara cada detalle, explicara lo que le habían hecho a nuestro vehículo y justificara su factura.

Cuando el gerente solicitó el pago, le pedí a la Princesa D que me pasara el cheque corporativo. Lo llené como si fuera lo que hice todo el día, lo que desafortunadamente fue. El gerente dijo: "No hay problema, déjenme ejecutar su cheque a través de nuestro sistema de verificación". ¿SISTEMA DE COMPROBACIÓN? ¡Mi corazón se detuvo y mi mente se aceleró!

Ya había escaneado la tienda, pero no vi ninguna indicación de un sistema de verificación. Le pregunté al gerente qué sistema usaban y él respondió con "Telecheck". ¡Este viaje estaba a punto de estrellarse! Había quemado Telecheck hace mucho tiempo con la identificación que estaba usando actualmente, pero mantuve la compostura; Me negué a romper! Simultáneamente, mi mente estaba trabajando en los planes B a Z.

El gerente sacó la pequeña máquina de debajo del mostrador y marcó la información del cheque y el número de mi licencia de conducir falsa. En menos de un minuto, recibió un número de aprobación. ¡Había tres personas en completo shock! La princesa D y yo nos miramos y nos dijimos OK ... el gerente sonrió y nos dijo que esa fue la aprobación más rápida que había presenciado. Su respuesta fue: "Chico, debes tener buen crédito". Jugamos bien, pero el buen crédito que teníamos era mucho mayor de lo que nos habíamos dado cuenta.

Hoy, creo que el crédito fue de Dios, que mostró su gracia y misericordia con nosotros, y que el crédito no tuvo nada que ver con el automóvil o los cheques y todo que ver con la dirección que teníamos que seguir. La princesa D y yo estábamos tan felices que comenzamos a darle al gerente y a sus trabajadores todo tipo de obsequios. Apreciaron todo, especialmente el caso de la cerveza.

Ahora que nuestro auto estaba funcionando sin problemas, era hora de celebrar. Nos dirigimos al corazón de Harrisburg y compramos algo de crack y luego nos dirigimos de regreso al hotel. Cuando nos detuvimos, me sentí muy arrogante y le dije a la Princesa D que me dejara en la oficina y que la encontraría en la habitación. Ella nunca cuestionó mis acciones. Ella sabía que Ron James estaba tramando algo.

Ingresé a la oficina y solicité pagar el día siguiente por adelantado. El gerente del hotel estaba feliz de complacerme. Saqué mi forma de pago, un cheque de nómina, a nombre de mi alias por un monto de $ 600. Tomó el cheque, lo examinó y me pidió que lo endosara. Luego se acercó a la caja fuerte y cobró mi cheque, dándome la diferencia. Con la habitación pagada y dinero en efectivo en el bolsillo, le agradecí mientras salía del vestíbulo. Cuando volví a la habitación, le conté a la princesa D lo que había hecho y pasamos la noche fumando crack.

A la mañana siguiente nos dimos cuenta de que era hora de salir de Harrisburg y continuar nuestro viaje. En el momento en que llegamos a Pittsburgh, estábamos fuera de lugar y necesitábamos encontrar el distribuidor más cercano. Alrededor de las dos de la mañana, condujimos por el centro de Pittsburgh buscando a alguien que pudiera ayudarnos con las indicaciones para llegar al narcotraficante más cercano. Las cosechas eran escasas; sin embargo, encontré a un tipo que dijo que podíamos encontrar justo lo que estábamos buscando en los proyectos de St. Clair Village.

Entramos en las colinas, dejando atrás el hermoso horizonte de Pittsburgh. Recuerdo pensamientos fugaces de culpa y vergüenza porque realmente quería invitar a la Princesa D a una noche especial en el centro. ¿Qué demonios me pasaba? Odiaba el camino por el que viajaba, pero estaba atrapado en una rutina y no podía salir.

Sabía toda mi vida que algo era especial sobre mí y de alguna manera mis pensamientos me llevarían de vuelta al camino en el que estaba cuando era niña. Recordé la acera que contenía las grietas y cómo, a medida que avanzaba por la acera, se rompió más, pero finalmente regresó a la superficie lisa. Creo que el evento tuvo algo que ver con el camino en el que estaba ahora y me negué a perder la esperanza de que las cosas salieran mejor.

Mis pensamientos sobre mí se vieron interrumpidos cuando vimos los primeros signos de crack ... ¡y tampoco del tipo de acera! Vimos a esta joven caminando sola, a lo largo del camino con su fanfarrón de prostitutas en plena marcha, así que nos detuvimos para pedirle indicaciones. Todas las verdaderas cabezas de crack nunca perderán la oportunidad de drogarse y ella no estaba dispuesta a dejarnos ir. Nos aseguró que sabía dónde estaba el mejor crack de la ciudad y que podía llevarnos allí. Ella comenzó a entrar en el modo de investigación de crack, haciéndonos veinte preguntas. No estaba preparado para muchos juegos o preguntas; Solo quería drogarme. Le aseguré que no éramos policías encubiertos sacando nuestros tallos de residuos de caramelo, lo que era una clara indicación de compañerismo.

El único problema que tuvimos fue tratar de meterla en nuestro auto. Nuestro asiento trasero estaba repleto de artículos electrónicos, equipos y una variedad de artículos comprados en la tienda. Literalmente no había lugar para que ella se sentara, pero de alguna manera logró meterse.

Nuestro destino estaba en una calle larga y oscura y la Princesa D y yo nos miramos para asegurarnos de que estábamos en alerta. Esta chica estaba emocionada ... demasiado emocionada por mí. Quería saber cuánto íbamos a gastar y saqué el fajo de billetes, solo para darme cuenta del error que acababa de cometer. Al hacerlo, vi los ojos de la niña pegados a mi efectivo, así que se lo pasé a la princesa D.

Para empeorar las cosas, después de decirle que quería gastar cien dólares, ella dijo que necesitaba que yo le diera el efectivo y que volvería enseguida ... ¡sí, claro! Le dije que no importara y salga de mi auto. Luego cambió su tono y me dijo que la siguiera.

Cuando llegamos al lugar, me rogó que solo le diera el dinero porque dijo que los muchachos que vendieron el crack le habían dicho que nunca trajera a nadie a su casa. Me mantuve firme, pero cuando uno de los chicos salió y le gritó, supe que era legítimo. Le di el dinero y ella desapareció en la casa.

Unos minutos más tarde, la vi venir y ella se movió con un propósito. Ella me dio los bienes; sin embargo, volvió a entrar, lo cual era muy inusual ya que había estado tan lista para un golpe. Esto fue extraño para mí, pero pensé que iba a regresar para que le cortaran el corte, así que continué hacia el auto. Una vez dentro, rasgué la bolsa y me aseguré de que fuera una buena grieta. Al instante siguiente, esa chica vino corriendo y me gritó que esperara. Ella quería su corte y al menos quería tratarla de manera justa, así que busqué en la bolsa y rompí un pedazo de piedra para esa chica y cuando se la devolví, le pedí que saliera.

¡Mis pensamientos eran alejarme de ella lo antes posible! Simplemente no me sentía bien con ella, pero nos rogó que le permitiéramos tomar una explosión mientras estaba en el auto. Miré a la princesa D, que me dio un gesto de aprobación y siguió adelante con la iluminación, pero estaba demasiado molesta para participar. Mi mente todavía estaba en las extrañas acciones de esta chica y todavía tenía curiosidad de por qué volvió a entrar en eso. casa.

La chica explotó y luego comenzó a hurgar en sus bolsillos, en su bolso y en nuestras cosas, y tuve suficiente. Salté del auto, caminé hacia el lado del pasajero trasero, abrí la puerta y la acompañé a la calle ... y ni un momento demasiado pronto. Cuando volví a mirar calle abajo, fuera de las sombras, tres chicos salían de la casa y se dirigían hacia nosotros.

Sin lugar a dudas, sabía lo que había en la tienda. Salté de nuevo al auto y salí corriendo, alejándome de Pittsburgh esa noche. Condujimos por las afueras buscando un hotel; Sin embargo, hubo una carrera en la ciudad esa semana y no había nada disponible. Nos vimos obligados a mantenerlo en movimiento ... una vez más, la gracia de Dios.

Fumando hacia Columbus, Ohio, encontramos más grietas allí ... lo suficiente como para fumar en el estado de Indiana. El vástago del crack estaba vacío nuevamente, pero estábamos cansados y decidimos salir de la autopista y registrarnos en un hotel. El resto era definitivamente necesario y cuando desperté, no tenía idea de qué hora era, qué día era o dónde estaba. No tenía idea de los eventos actuales, ¡pero sabía con certeza que la Princesa D estaba a salvo y que tenía hambre!

Decidí no despertarla ya que ella tenía el verdadero trabajo de cuidarme mientras yo hacía cosas locas en crack, y ella se debía el resto. Por lo tanto, llené mi bolsillo con efectivo y salí a la calle para sorprenderla con el desayuno. No tenía intenciones de drogarme; Solo quería hacer algo bueno por la princesa D.

Mientras conducía por la carretera principal, lo primero que vi no fue un McDonalds, Burger King o Wendy's. Vi a una hermana que estaba muy bien arreglada de pies a cabeza, y parecía muy fuera de lugar tan temprano en el día. Sabía que si le preguntaba algo, encontraría mi respuesta.

Me detuve junto a ella y le pedí que entrara y, por supuesto, lo hizo. Mi siguiente pregunta no era sobre comida o sexo... Quería saber quién tenía la grieta. Sí, vale, tanto por no querer drogarme y hacer algo agradable. Solo sabía que esta chica tenía que saber dónde estaba el crack. Ella me dijo que continuara conduciendo en línea recta unas dos cuadras más. Si hubiera seguido conduciendo por mi cuenta, habría encontrado un callejón sin salida para mí.

Ella quería saber qué quería obtener y cuánto quería gastar. Le conté cien dólares y eso me hizo decirme que siguiera conduciendo porque quería llevarme a la casa de un concesionario. Esa chica era sofisticada, no la típica mujer con cabeza de crack o azada en el paseo. No, ella estaba pulida y tenía mucho control.

Después de una serie de giros, me detuve frente a una casa y le entregué los cien dólares. Sin complicaciones, sin preguntas ... cien por ciento de confianza. Me recosté en mi asiento y me quedé dormida; Debo haber estado más cansado de lo que me di cuenta. Cuando llegué, sé que habían pasado al menos treinta minutos. Busqué a esa chica por todas partes, pero ella no dejó nada más que un recuerdo.

Realmente no tenía ni idea de en qué casa entró, y no podía ir a llamar a ninguna de las puertas de este vecindario. ¿Qué iba a preguntar? "¿Has visto a una hermosa mujer negra que se supone que está comprando crack para mí?" Ok, admito que fue una muy mala opción darle mis cien dólares sin saber quién era, dónde estaba o dónde estaba yo.

Estaba a punto de llamarlo un día, solo buscaba el desayuno y regresaba con la Princesa D. Había una parte de mí que siempre abrigaba la esperanza, y esta experiencia no fue diferente, así que esperé otros treinta minutos hasta que finalmente decidí admitir que tenía Quemado Tan pronto como giré la llave en el contacto, me sorprendió el sonido de la puerta del pasajero abriéndose, y allí estaba ella.

Se disculpó y explicó que su amiga traficante tenía que romper las cosas y armar algo para ella. Me entregaron el crack sin dudarlo un momento ... Me gustó su estilo. Nos alejamos y conduje hasta una calle lateral alejada del flujo principal de tráfico. Estaba emocionado de probar este producto y, cuando abrí el paquete, descubrí que era el doble de lo que esperaba.

Me acerqué y le entregué una buena porción y ella dijo que era demasiado, más consejos a su favor. Me divertí mucho y luego le di una escopeta boca a boca; sus labios eran suaves y húmedos. ¡Nuestros ojos se conectaron y estaba en problemas! Si no pensara mucho en mis próximas dos opciones, todo lo que sabía de la vida en ese momento cambiaría. Me recosté en mi asiento y pensé mucho.

Encendí el motor y ella quería saber si algo andaba mal. Le sonreí y le aseguré que lo que estaba sucediendo no tenía nada que ver con ella. Ella me preguntó si me importaría recoger a su hija y acepté. Luego me invitó a regresar a su lugar y luché con ese pensamiento, pero algo muy dentro de mí me dijo que no, y luché contra la agradable tentación.

Le agradecí la oferta y la rechacé, declarando que necesitaba completar mi misión. Le pregunté a ella y a su hija si tenían hambre, así que nos detuvimos en un autocine local de McDonalds y compré algo para todos nosotros, incluida la Princesa D, que era mi propósito original. Sabía que si salía corriendo con esa hermosa mujer, la Princesa D no se despertaría hasta la nada, y confiaba en mí lo suficiente como para saber que siempre volvería.

Cuando entré por la puerta de la habitación del hotel a nuestra habitación, la Princesa D estaba despierta y todavía en la cama. Estaba preocupada por dónde había estado, pero feliz de verme a mí y a la comida.

Un día después, salí por la puerta y me dirigí a más crack, por supuesto. Pude encontrar algunos por mi cuenta, pero no se parecía en nada a lo que había recibido de esa joven el día anterior. Nos mantuvo hasta la próxima búsqueda, y la siguiente, y no nos detuvimos cuando se acabó el efectivo.

Luego vendimos cosas del auto por más drogas, y cuando esas cosas se fueron, comenzamos a tomar pedidos de los traficantes de drogas para obtener más artículos al por menor. Nos dimos cuenta de que el tiempo se estaba acabando en esta ciudad y que las drogas tenían una forma de atraer a los invitados no deseados, así que antes de que eso ocurriera, hicimos un último golpe en una tienda de artículos deportivos por mil doscientos dólares en equipo, y luego empacamos y nos dirigimos Fuera del estado.

Nos detuvimos en un área de descanso y llamé a mi primo Peanut, quien siempre fue alguien con quien podía confiar. Como siempre, la invitación estaba abierta para que viniéramos en su dirección, eso nos entusiasmó y encontramos una nueva explosión de energía.

Cuando llegamos a Wichita, Kansas, nos registramos en un hotel y todos salimos a la ciudad. Festejamos en un bar local y comimos como reyes. Desde el principio, dejé caer el papel como si fuera a pasar de moda, y con el efectivo entrando rápidamente, lo di vuelta para comprar cocaína con la misma rapidez.

Nos registramos en uno de los mejores hoteles de Wichita, trayendo nuestras propias comodidades de alcohol, hierba y crack. La única vez que realmente salí a la superficie fue para comprar más crack.

Estaba a punto de desarrollarse una serie de eventos que nos llevaron al santo matrimonio. La princesa D había estado lista para aterrizar y me di cuenta de que con las cantidades de dinero que habíamos detenido y gastado en hoteles, podríamos haber comprado un condominio realmente agradable. Pensamos que esta sería la oportunidad perfecta para comenzar de nuevo, así que nos dirigimos a Oklahoma para visitar a un amigo. Nuestra intención era conseguir un apartamento y establecernos juntos. Le pregunté a un amigo en Tulsa si podíamos sacudirlo con él hasta que pudiéramos conseguir nuestro propio lugar. Ese era el plan ya que sentía que me debía al menos eso de todos mis tratos pasados con él.

Comenzamos nuestro viaje a Tulsa con grandes esperanzas y mentes algo despejadas, pero los cielos estaban a punto de desatar una de las peores tormentas que recuerdo haber presenciado. Estaba soleado y no había una nube en el cielo, se sentía como la calma antes de la tormenta, y los dos nos quedamos callados y pensativos sobre lo que traería este viaje. Miré a la princesa D de vez en cuando. Era hermosa mientras estaba sentada allí y me sentí muy afortunada de tenerla en mi vida.

La pequeña voz dentro de mi cabeza seguía diciéndome que necesitaba enderezar mi vida si quería mantenerla, pero mi actitud egoísta seguía empujando esas palabras más profundamente dentro de mí. La princesa D fue la primera en romper el silencio. Se volvió hacia mí como si recibiera algún tipo de señal o intervención divina y planteó una pregunta que me devolvió a la realidad: "Hemos intentado todo lo demás, ¿crees que deberíamos probar a Dios?"

Su pregunta estaba extremadamente bien planteada considerando que acababa de descartar esa pequeña voz en mi cabeza. Al principio no dije nada, pero su mirada requería una respuesta, así que solté un inconsciente "sí" cuando en el fondo estaba luchando sobre cómo comprometerme con esa respuesta cuando necesitaba ser pecaminosamente egoísta.

No pasó mucho tiempo después de que nos topamos con mal tiempo ... y no solo estoy hablando de una pequeña nube de lluvia. Era como si los cielos se abrieran y nos empaparan con cubos de lluvia. El agua en la carretera salpicaba nuestro automóvil, e incluso con las nuevas escobillas de los limpiaparabrisas en alto, el agua no empujaba el parabrisas. Era como conducir bajo una cascada constante.

A medida que pasaban los tractocamiones, rociaban tanta agua que el auto se sacudía, no había visibilidad, la carretera desaparecía y todo lo que podía hacer era frenar el auto hasta que el camión pasara. Dentro del auto, los dos estábamos temblando de miedo; La princesa D estaba petrificada. Ella quería que me detuviera y me detuviera, pero tenía miedo de que alguien se estrellara contra nosotros porque las líneas en el camino para indicar en qué carril se suponía que estabas no podían verse.

Los cielos eran tan negros y la única luz visible provenía del rayo que rompía el cielo. La princesa D comenzó a llorar; La acerqué a mí y ella enterró la cabeza en mi regazo. Lo mejor que pude hacer para consolarla fue frotarla con mi codo mientras mantenía ambas manos bloqueadas en el volante, mis ojos pegados a las luces traseras del camión apenas visibles delante de mí.

Mantuve una velocidad constante y lenta y le pedí a Dios que nos ayudara a pasar. Las lluvias duraron unos treinta minutos y luego, como si nada hubiera pasado, se detuvo. Descansamos por la noche y al día siguiente terminamos nuestro viaje a Tulsa.

Disfrutamos nuestro tiempo en el auto juntos y en lugar de drogarnos, hablamos, nos reímos y nos divertimos. Cubrimos todos los temas bajo el sol, incluido el matrimonio. Le pregunté si se abría la puerta, si sería mi esposa y ella sonrió y dijo: "Claro". La semilla fue plantada, así que lo único que me impidió hacer la pregunta fue a mí.

Cuando llegamos a Tulsa, estábamos ansiosos por localizar a mi amigo. Lo llamé por teléfono y nos guió a su departamento. Nos invitaron y nos hicieron sentir como en casa. Sabía que esto era solo el comienzo que necesitábamos. Después de unas cervezas y una comida, mi amigo mencionó a su compañero de cuarto, que no había hecho antes, y de repente un mal presentimiento me invadió.

No tuve más remedio que resolver esto lo más rápido posible y planteé la pregunta: "¿Podríamos quedarnos?" Dijo que necesitaba consultar con su compañero de cuarto. ¿Qué? ¡Condujimos todo el camino hasta allí y el compañero de habitación decidió nuestro destino! Definitivamente estaba equivocado acerca de mi amigo y cuando el compañero de cuarto dijo que no, nuestra decisión fue tomada por nosotros, así que nos dirigimos de regreso a Wichita, Kansas.

Una vez allí, nuestro nuevo plan era conseguir algo de crack. Visitamos al distribuidor que siempre estaba dispuesto a cambiar la mercancía por crack. Llegamos a su departamento alrededor de las dos de la mañana y tuvimos suerte. Sus luces seguían encendidas y había gente moviéndose por todos lados, como si hubiera una fiesta. ¡Error, error, error! El primero fue salir del auto, el siguiente se olvidó de cerrar las puertas detrás de mí, que era algo sobre lo que la Princesa D siempre predicó, y mi último error fue dejar a la Princesa D sola y cambiar una nueva videocámara.

Me invitaron a entrar, como siempre, pero desde el principio me di cuenta de que algo extraño estaba sucediendo. Este chico me hizo pasar al dormitorio y me dijo que esperara, algo que nunca se había hecho en el pasado. Luego, de la nada, uno de los amigos borrachos entró furioso en la habitación e intentó tomar la videocámara. Nos peleamos, pero antes de que pudiera ocurrir una pelea total, el distribuidor regresó y nos separó.

El comerciante maldijo a su amigo, alegando que yo era un cliente y que estaba allí como su invitado, pero su amigo estaba enojado y molesto por la situación y se enfureció. En ese momento, lo único que tenía en mente era obtener lo que buscaba y salir de allí. Entonces escuché al tipo y su tripulación bajar por la escalera de incendios ... la misma que había usado para entrar al departamento del concesionario. Mi mente estaba nublada por toda la conmoción y no recordaba que esos mismos pasos condujeran directamente a nuestro automóvil donde estaba la Princesa D.

Cuando me golpeó, salí corriendo por la puerta y bajé por la escalera de incendios, dejando atrás la videocámara y el distribuidor. ¡Pero fue demasiado tarde! Tan pronto como salí al aire nocturno, supe que la situación no era buena cuando escuché la dulce voz de mi querida princesa D gritándome. "¡BEBÉ!"

Una palabra, y el tono en el que ella gritó, exigió mi atención inmediata y me puse en acción como Superman. Salté en medio de lo que ya era un desastre, que era una lucha libre del asiento trasero de los Olds. Como una manada de lobos hambrientos, estos cuatro tipos atacaron nuestro automóvil cargado y sacaron todo lo que pudieron agarrar. No era rival para el cuarteto, pero estaba agradecido de que no se tiraran puños y no se intercambiaran columpios. Simplemente agarraron lo que tenían y corrieron hacia sus autos.

Sin embargo, hubo un problema mucho mayor cuando la Princesa D gritó de nuevo: "¡Bebé, obtuvieron la" Biblia "!" Estos muchachos tenían la maleta con toda nuestra identificación, equipo y cheques, todo lo que necesitábamos para continuar nuestra vida criminal. En lo que a mí respecta, valía la pena luchar por esa maleta, porque sin ella estaríamos perdidos.

Antes de que pudiera acercarme demasiado, uno de ellos dio un paso adelante y sacó un arma, lo que me hizo dudar. Les supliqué que me devolvieran la maleta porque tenía todo lo que necesitábamos para el futuro; esa súplica definitivamente fracasó. Los animó a quedarse con él, como si hubieran apostado en la lotería del millón de dólares. Todo lo que pude hacer fue pararme allí y observar cómo se alejaban en la brumosa noche. Puse nuestras cosas en el auto y cerré las puertas.

Regresé directamente al departamento del concesionario, solo que esta vez no era un campista feliz. Toda mi ira estaba dirigida hacia él y le dije que necesitaba contactar a sus amigos y recuperar mis cosas. Mencionó que sus amigos pertenecían a una pandilla y recomendó que lo dejara en paz. Él procedió a darme para lo que había venido inicialmente ... la grieta. Sabía que la única razón por la que mencionó esto fue para disuadirme de buscar cualquier recurso.

En el fondo, me estaba volviendo loco y sabía que el distribuidor no estaba en el nivel. Tampoco estaba dispuesto a darme ninguna información que fuera a ayudar. Sin embargo, no importó porque ya había decidido en mi mente que iba a prender fuego a su complejo de apartamentos y quemar a este tipo y todas sus cosas en un ambiente nítido.

Bueno, nos fuimos con algo de crack y sin instrucciones sobre qué hacer o dónde ir a continuación. La princesa D estaba claramente molesta por todo el incidente y me preguntó qué íbamos a hacer. Era tarde, más bien muy temprano a la mañana siguiente, así que volvimos al hotel en el que nos alojamos unos días antes.

Cuando llegamos allí, le dije al gerente de la oficina que acababan de ser robados y que necesitaba su ayuda para conseguir una habitación. Solo necesitaba que nos subiera hasta que abrieran las tiendas y pudiera tener algo de dinero en efectivo. Prometí pagar la habitación a primera hora de la mañana, y fuimos bendecidos cuando el gerente nos extendió esa simple amabilidad.

Esa mañana, dejé a la princesa D y fui a una misión. Tomé las únicas cosas que me quedaban y salí por la puerta: un bolígrafo, un juego de identificación y una chequera, junto con mi regalo de gab. Me detuve en una tienda de bagels y pedí una variedad de bagels por sesenta dólares. Le entregué al cajero un cheque personal por la cantidad de doscientos cincuenta dólares y recibí mis bagels y el cambio. Saqué algunos bagels para nosotros y di el resto al hotel por extendernos una noche de estadía. Después de liquidar la factura con ellos, pagué una noche adicional y me dirigí directamente a la princesa D.

Mi vida fue consumida con este estilo de vida negativo; Empecé a odiar la forma en que vivía. Como resultado, comencé a sacar mis frustraciones de la persona más cercana a mí ... Princesa D. En lugar de fumar crack y divertirme, comencé a desperdiciar el producto quemándolo como un fumador en cadena.

Uno justo después del siguiente, prendí fuego a la grieta, a veces sin inhalar. A su vez, me volví mezquino con la princesa D. Era egoísta, tomaba el control de todo y estaba resentida con ella, como si ella tuviera la culpa de todos mis problemas.

Recuerdo haber tomado la última botella de whisky que nos quedaba y, sin ninguna buena razón, la vertí por el desagüe. El alcohol era lo único que me mantenía nivelado y me había librado de él. No era un gran fumador de marihuana, pero después de presumir con el trato escocés, la Princesa D me arregló: me ayudó a fumar tanta hierba que me desmayé. Ella sabía que no podía manejarlo y, a su manera, quería darme una lección.

Después de salir del hotel, nos dirigimos a una ciudad en el condado de Reno, Kansas, llamada Hutchinson. Fue allí donde continuó la locura. Después de reventar algunos cheques en el centro comercial local, vimos un hotel directamente al otro lado de la calle. Los dos estábamos cansados, así que cuando la Princesa D sugirió que nos registramos, definitivamente estuve de acuerdo.

En nuestro camino hacia allí, vi a algunos tipos trabajando en el equipo de limpieza de la autopista y no me llevó mucho tiempo darme cuenta de que eran presos de una prisión. Sus brillantes trajes naranjas los delataron y, aunque todavía estaban encerrados hasta cierto punto, parecían felices de estar fuera de los muros de la prisión y disfrutar de una libertad limitada. En lo profundo de mi espíritu, sabía que era una señal y que esa vocecita dentro de mi cabeza trataba desesperadamente de decirme algo, pero no lo permití. Me negué a escuchar la razón.

La princesa D y yo descargamos el auto y nos acomodamos en la habitación, y luego nos desmayamos en la cama. Una hora después, me desperté y me dirigí al baño a ducharme cuando sucedió algo sorprendente y aterrador.

Me detuve y me miré en el espejo y, al mirarlo, me sorprendió lo que vi. No reconocí a la persona que estaba delante de mí. Era como si un completo desconocido me estuviera mirando. Todo este tiempo, había estado corriendo y persiguiendo esa altura que nunca me tomé el tiempo de mirarme. Quiero decir que nunca me tomé el tiempo para ver en quién se había convertido Ronald James.

Claro, el espejo me mostró mi cabello despeinado y desgarrado que se estaba volviendo gris, mi barba que se estaba volviendo lobo y la tez de mi piel que se estaba desvaneciendo. Sin embargo, lo que reveló cuando miré más profundamente en el reflejo fue el niño perdido que se negó a crecer, alguien tan egoísta que estaba dispuesto a robarle a su propia madre.

Era lamentable, un perdedor. Me había convertido en pecador, malvado, malvado e inmoral. Fui despreciado, odiado por personas que una vez me llamaron su amigo. Me había vuelto menos que nada, sintiendo culpa y vergüenza por mis acciones, y esa revelación salió de ese espejo y entró en mi alma.

A medida que mi yo interior estaba expuesto a lo que realmente era, era como una boca de incendios de la ciudad estallando con la realidad. ¡Sin embargo, mi comprensión de eso era aproximadamente del tamaño de una taza de té! Me quedé allí tratando de atraparlo todo, pero fue demasiado. Yo estaba abrumado. Apreté el puño y apreté los dientes con ira. Maldije a la persona que estaba delante de mí. Lo odiaba y quería que se fuera.

Comencé una búsqueda frenética en nuestra bolsa de viaje y finalmente saqué un nuevo paquete de máquinas de afeitar, un gel de afeitar y una actitud. De pie en el fregadero, todavía pegado a la imagen en el espejo, encendí el agua caliente a todo volumen porque quería asegurarme de que escaldara la concha del hombre que vi ... y dio paso al renacimiento del hombre que se suponía que era. Si pudiera deshacerme de él, tal vez mi vida encontraría una nueva dirección.

Seguí afeitándome la barba y luego el bigote, que me limpió el labio superior. Limpié el vapor del espejo, ¡pero él todavía estaba allí! Frustrado, me afeité la cabeza calva, solo para limpiar el espejo una vez más y aun así él me estaba mirando. Lo odiaba y quería ... no, necesitaba deshacerme de él. Ya no quería ver a esta persona. Luego busqué mis cejas porque estaba tan desesperado, solo para darme cuenta de que no importaba lo que le hiciera a mi ser externo, mi ser interno siempre revelaría su cara fea.

Sintiéndome derrotado, desorientado y triste, dejé todo. Mis brazos se derrumbaron a sus lados y comencé a llorar sin expresión en mi rostro. El gemido comenzó como un eco interno en mi alma y, cuando terminé, se desataron los gritos de todo mi dolor.

Me dejé caer al suelo, me desplomé sobre las rodillas, lloré sin control y le pedí ayuda a Dios. Me había acostado en el piso de ese baño en posición fetal durante más de una hora, llorando, rogándole a Dios que me cambiara. Necesitaba su ayuda; Todos los años de correr y negar no podían esconderse ahora.

Cuando me levanté, no puedo decir que sentí ningún cambio importante aparte de estar cansado. Terminé de limpiarme, agarré una cerveza helada y me senté al borde de la cama. Miré a la princesa D, que todavía estaba profundamente dormida, y me pregunté por qué todavía estaba conmigo cuando estaba tan destrozada.

Luego me concentré en la televisión y comenzaron los Juegos Olímpicos de Verano de 1996. Mientras observaba los eventos de atletismo, noté algo por el rabillo del ojo. Vi la sombra de alguien fuera de la ventana del hotel, como si él o ella estuviera mirando. Me negué a seguir mi primer instinto, que era investigar, y pensé que era alguien del equipo del terreno del hotel cortando hierba.

Entonces sonó el teléfono de mi hotel, así que me acerqué, lo levanté, pero no escuché nada al otro lado, y eso me pareció extraño. Sé que la Princesa D llamó a la recepción para una llamada de atención, pero eso no fue hasta la mañana siguiente.

Sin pensarlo más, lo descarté como un error del hotel y volví a la cama con la princesa D. Pasamos el tiempo restante acurrucados juntos y traté de sacar de mi mente lo que había sucedido antes.

Más tarde esa noche, nos despertó el sonido de alguien golpeando la puerta de nuestra habitación. Poco sabía que mi ayuda había llegado. Dios había escuchado mi llanto angustiante y envió a la policía de Kansas del condado de Reno al rescate. Estaban en plena vigencia, pero no estaban solos; detectives estatales y locales los acompañaron. Me llevó un tiempo abrir la puerta porque la Princesa D y yo nos apresuramos a ocultar los cheques, las identificaciones y la hierba.

Era hora de bajar de este viaje, así que después de varias preguntas, les di mi nombre real y les dije que la Princesa D no tenía nada que ver con esto; ella ya estaba en el camino. Dijeron que no volaría, ya que la consideraban cómplice y que sería tratada en consecuencia. A pesar de que la Princesa D había pasado por el sistema antes, todavía me sentía horrible al llevarla conmigo.

Una vez más, mi estilo de vida egoísta tomó la libertad de otra persona. Me llevaron y me encerraron en la cárcel del condado de Reno en Kansas. ¡Tenía que admitir que esta canción y baile se estaban haciendo viejos y me estaba cansando de eso!

Cuando me desperté a la mañana siguiente en una celda de detención, escuché un grito familiar de la celda de detención que estaba a mi lado ... era la Princesa D. La policía no compró su historia ni la mía. Sabían todo sobre la participación de la Princesa D e incluso me dijeron que estaban seguros de que los federales iban a recoger nuestros cargos porque habían seguido nuestro rastro de papel desde Pensilvania hasta Kansas.

Nuestra descripción fue fácil de seguir, y por eso, la policía dijo que estaba viendo un período muy largo de cárcel, sin mencionar que la Junta de Libertad Condicional de Pensilvania y Parole me habían presentado una detención. Me dijeron que con mi registro, había terminado, sí, ¡podrías meterme un tenedor!

Allí estaba en el corazón de Kansas, con quién sabe cuántos cargos, el auto confiscado y los federales tocando la puerta de mi celda, pero la peor parte fue que mis acciones hicieron que arrastraran a mi amiga, la Princesa D, como bien. ¿Por qué Dios permitió que esto sucediera? Pensé que Él me amaba, y luego me golpeó ... ME AMÓ ... y aún lo hace independientemente de lo que he hecho.

El curso de los acontecimientos que condujeron a nuestro arresto en realidad nos ahorró verdaderas dificultades. La maleta que llamamos nuestra "biblia" había sido quitada y, como resultado, había muy poco que la policía tenía que seguir, por lo que los federales nunca recogieron nuestro caso.

Sí, Dios había escuchado mi grito y me envió ayuda en unas pocas horas. No tenía idea de que su ayuda hubiera sido en forma de pulseras de plata. ¿Dios me puso en la cárcel? No, mis acciones y malas decisiones me llevaron a prisión; sin embargo, Dios tuvo misericordia de mí de varias maneras a lo largo de varios eventos. Sabía en qué dirección iba incluso antes que yo.

La princesa D y yo fuimos separados y enviados a las secciones de hombres y mujeres de la prisión. Pudimos comunicarnos a través de mi madre, MiMi, y logramos enviarnos cartas. En una de esas cartas, reuní la humildad para disculparme por lo ocurrido. También encontré el coraje, aunque estaba muerto de miedo, de preguntarle si aún se casaría conmigo. Envié la carta, sin saber cuándo, o si, recibiría una respuesta considerando la situación en la que la había metido. Cuando llamé a casa, mi madre compartió las buenas noticias conmigo: ¡la Princesa D había dicho SÍ!

Para apurar las cosas en la prisión, los dos suplicamos, lo que fue una bendición para nosotros y pudimos avanzar con nuestras vidas. Nos ofrecieron 2 años de libertad condicional. Nuestro defensor público nos dijo que los detectives sentían que teníamos que enfrentar cargos más grandes en

Pensilvania; Por eso estaban dispuestos a conformarse con la petición a cambio de nuestra rápida salida de regreso a Pennsylvania.

La princesa D y yo pasamos por los tribunales de Kansas con nuestros defensores públicos; pudimos organizar nuestra sentencia y nuestra boda el mismo día ante el mismo juez. Hubo un cierto zumbido entre el personal, y se habló de la cárcel. Fue un evento emocionante para ellos. Nadie había hecho lo que estábamos a punto de hacer.

Nuestro día de sentencia finalmente llegó y nos llevaron a la corte desde la prisión. Fuimos ante el juez Becker y fue muy directo, pero justo. Después de hablar con severidad, nos sentenció a los dos al acuerdo de declaración de culpabilidad de 2 años. Dejó en claro que me iban a retener en el condado de Reno con mi orden de detención hasta que pudiera ser extraditado de regreso a Pennsylvania. Sin embargo, la Princesa D era libre de irse sola y solo necesitaba presentarse a la libertad condicional del condado una vez que regresara a Pensilvania.

El juez Becker continuó con la ceremonia de matrimonio y nos declaró marido y mujer. Nos sonreímos y finalmente nos besamos. Ese fue un momento especial y tuve un buen presentimiento sobre nuestras vidas juntos.

Hay dos cosas sobre las cárceles: pueden afirmar que están superpobladas, pero siempre lograrán encontrar espacio, y es fácil entrar pero es difícil salir. Creo que fue el 15 de octubre de 1996 cuando regresé a SCI Graterford con, una vez más, una serie de cargos a mi nombre y muchas preguntas para responder.

<u>Departamento de Policía del Municipio de Uwchland</u>: acusado de robo por engaño, recibir robos, propiedad, falsificación y cheques sin fondos;

<u>Departamento de Policía de Ambler y Upper Dublin Township</u>: acusado de robo por engaño, recibiendo propie-

dad robada, falsificación y cheques sin fondos;

Departamento de Policía del Municipio de Whipanin: acusado de robo por engaño, recibir propiedad robada, falsificación, cheques sin fondos y robo por toma o disposición ilegal;

Departamento de Policía de Towamencin Township: acusado de robo por engaño que recibe propiedad robada, falsificación y cheques sin fondos;

Departamento de Policía de Malvern: acusado de robo por engaño y 2 casos de recibir propiedad robada y falsificación.

Con todo, y como dije antes, era la misma vieja canción y baile, además de que violé mi libertad condicional estatal y terminé en el norte del estado. Allí, volví a la iglesia, pero esta vez quería darle a Dios todo y sabía que tenía que decirlo en serio, vivirlo y no alejarme de él. Estaba decidido a hacer un cambio; Sin embargo, mi cambio terminó empujando a la Princesa D lejos de mí.

Cuando me di cuenta y traté de arreglarlo, las cosas habían desaparecido demasiado. Ella había intentado algunas visitas y llamadas telefónicas, pero el cristiano súper egoísta ... yo, yo y yo ... Ronald James, teníamos un plan diferente, y nuestra comunicación llegó a su fin ... al igual que los buenos sentimientos sobre nuestras vidas juntos. No reconocí el tipo de emoción con la que realmente estaba trabajando, así que escondí este sentimiento de resentimiento que se deletreaba D-I-V-O-R-C-E.

Era hora de volver a casa en septiembre de 1999, y recuerdo que todos en la prisión habían hablado sobre Y2K y los problemas que pretendía traer. Había estado en todas las noticias y en los periódicos. La mayoría de la gente pensaba que el mundo llegaría a su fin, o al menos todas las computadoras se bloquearían. No podía preocuparme por eso y había centrado toda mi energía en reconstruir mi vida.

Mi hermana, Lori, vino ese día a recogerme. Mientras estaba fuera de los muros de la prisión en SCI Graterford, con mi caja de pertenencias personales en la mano, tenía el brillo de la penitenciaría y tenía una sonrisa gigantesca. Mi hermana tenía mucha fe en mí y estaba muy segura de que este sería mi último combate con el encarcelamiento.

"Comete un crimen y el mundo está hecho de vidrio"
-Ralph Waldo Emerson

OPCIÓN SIETE
LATANYA

Durante los siguientes meses fui una persona de pie en la comunidad. Asistí a la iglesia y ayudé a las personas siempre que pude. Había conseguido un trabajo decente y me ascendieron varias veces. Encontré una nueva mujer con la que entablé una relación, estaba limpia e incluso me salí de mi libertad condicional con poca dificultad. La princesa D y yo habíamos finalizado nuestro divorcio y seguimos adelante como amigos. Fui alentado y apoyado por pastores del estado de Kansas, Illinois y Pensilvania, y tuve capellanes, empleadores, abogados, amigos y familiares todos a mi lado.

Con la cabeza llena de vapor, seguí adelante con mi vida y en la víspera de Año Nuevo de 1999, me comprometí con una hermosa joven llamada Latanya Moore y asumí la responsabilidad de sus tres adorables hijos.

Luego, el 2 de septiembre de 2000, me casé por tercera vez. Espera, espera un maldito minuto ... ¡algo está mal con esta historia! Sí, tiene usted razón. Aunque acabo de compartir que mi divorcio con la princesa D fue definitivo, todavía estaba casado. Si no lo entendiste, ¡yo, Ronald James todavía estaba casado con Cheryl!

Nuestra boda fue muy agradable aunque, cuando el predicador levantó nuestras alianzas de boda, hizo una simple pregunta: "¿Hay alguna razón por la cual estas dos personas no deberían casarse?" Esa voz dentro de mí que solía ser muy sutil ahora gritaba scre ¡NO HAGAS ESTE RONALD JAMES! ¡YA ESTÁS CASADO CON CHERYL! ¡ALEJARSE! CORRE, RON ... AHORA! Sin embargo, era demasiado egoísta y orgulloso de escuchar, así que simplemente lo ignoré.

El matrimonio tiene formas de cambiar a las personas. Por lo general, trabajan juntos y construyen una vida de recuerdos felices. Sin embargo, el tiempo fuera de la prisión y el matrimonio sacó a relucir al egoísta yo, y aunque mi bella esposa ahora estaba embarazada de nuestro hijo, no me importó. Había decidido embarcarme en un alboroto egoísta y estaba a punto de llevarla a ella y a los niños al infierno. Me refiero al infierno puro, sin adulterar, y estoy casi seguro de que si ella escribiera un libro sobre este tema, se titularía ¡Me casé con un monstruo!

Directamente al grano, le robé a Latanya, y no estoy hablando solo de un televisor como le robé a mi madre. Robé todo y cualquier cosa que pudiera empeñar por drogas: sus bolsillos, zapatos, joyas, dinero en efectivo, incluso su ropa ... lo que sea, lo robé.

Robé sus teléfonos y los destrocé porque pensé que estaba teniendo una aventura. Le robé la computadora familiar a los niños, sus videojuegos y, lo creas o no, robé comida del congelador. Luego robé nuestro auto y lo alquilé a traficantes de drogas.

También me alegraría montar con mis compañeros cabezales y azadas y, si eso no fuera suficiente, rompí el parabrisas del auto, rompí la columna de dirección y lo apesté con el crack funk. Entré a la casa a todas horas de la noche, la interrumpí y la acusé de hacer trampa, solo porque lo estaba y era más fácil culparla que asumir la responsabilidad de mis propias acciones.

La atormentaba en el trabajo llamando varias veces al día y jugando todo tipo de juegos de cabeza. También hice que las mujeres la llamaran solo para antagonizarla. Me forcé con ella sexualmente y fumé crack en el sótano, en nuestra habitación, y luego lo hice en cualquier lugar de la casa cuando quería.

Discutí hacia abajo, la menosprecié, la maldije y le mentí. Una noche, salí corriendo de la casa como un loco con su billetera, usando solo un par de pantalones de chándal. Al salir por la puerta, lo único que me retrasó fue que ella trató de colgarme. Me las arreglé para empujarla al suelo, embarazada y todo, y cuando salí, corrí como el infierno porque sabía que venía la policía.

Finalmente dejé de correr esa noche solo porque me caí de una tubería principal de agua de 2 pisos. Mi amada esposa todavía trataba de hacer que las cosas funcionaran. Incluso me recogió más tarde esa noche y me llevó al hospital por mis heridas, solo teniendo que admitirme como paciente debido al estrés. Fue por la gracia de Dios que ella no abortó. Si lo hubiera hecho, este sería un capítulo totalmente diferente de mi vida y dudo que hubiera tenido el mismo final.

Finalmente se separó de mí porque realmente la había abandonado a ella y a los niños. En el proceso, ella también puso una orden de restricción contra mí, que violé más de unas pocas veces. Estaba loco e hice todo tipo de cosas desagradables con ella, como robarle la basura solo para revisarla y ver qué podía desenterrar.

En esas pocas y raras ocasiones en que volvimos a estar juntos e intentamos que el matrimonio funcionara, hice todas esas mismas cosas nuevamente. No había dejado de mis travesuras y creo que estaba aún más loco que antes, así que cuando finalmente tuvo suficiente, nos separamos nuevamente. Solo que esta vez, dejé de pagar la hipoteca de la casa porque había perdido mis dos trabajos, así que esto obligó a mi familia a salir a la calle.

Todo lo que le hice a esta dulce mujer y esos niños inocentes fue extremadamente injusto, incluida la forma en que traté de controlar nuestras finanzas y cuándo pudo ver a sus propios parientes. Era desagradable y francamente desagradable con ella, sus amigos y su familia.

A veces sin una buena razón, tenía odio en mi corazón hacia algunos de ellos. Estoy seguro de que el daño mental que causé a Latanya fue, con mucho, peor que cualquiera de los daños físicos o materiales que causé durante nuestro tiempo juntos. Ella realmente quería que nuestro matrimonio funcionara y yo era demasiado ridículo en ese momento para resolverlo.

Una noche, después de entrar y salir de la casa varias veces, me rogó que me quedara. Tenía lágrimas en los ojos y gritó: "Ron, por favor, quédate", abrazándome y besándome, dando un paso atrás para recostarse en nuestra cama, quitándose la ropa para que le haga el amor ... suplicándome que la acompañe. . Miré a mi esposa que estaba extendida como un águila y luego a la puerta. Me volví hacia ella con mi efectivo en mano y le dije: "Volveré".

Estoy convencido de que estaba devastada mientras me veía girar y salir por la puerta a las calles. No te puedes imaginar el abuso que hice pasar a esta pobre mujer, su familia y nuestra hija. Estoy avergonzado y estoy compartiendo todo esto porque el mundo necesita saber que mi amada ex esposa Latanya hizo todo lo posible para que nuestro matrimonio funcionara. No hice nada para ser el verdadero hombre de la casa y seguí con una mala opción egoísta tras otra. Después de un amargo divorcio, solo Dios sabe por qué ella seguía siendo una amiga que me apoyaba, pero estoy agradecida y agradecida.

Me gustaría conducir este punto a casa. Mis elecciones egoístas me llevaron más lejos de lo que quería ir. Me costó más de lo que estaba dispuesto a pagar y me mantuvo más tiempo de lo que quería quedarme. ¿Terminaría esto alguna vez? Una vez más, me había subido al loco tren que no iba a ninguna parte.

OPCIÓN OCHO
YO, MISMO Y YO ... OTRA VEZ

Quería explorar algunas áreas nuevas, así que hice un breve recorrido por Washington, DC, pero volví a Kansas. Ya había hecho tanto daño en Wichita que estaba seguro de que mi foto estaba en cada panel de servicio comunitario en cada entrada de la tienda con un título en letra grande y muy audaz "Se busca para pasar cheques sin fondos". Esto solo confirma mi nivel de egocentrismo, como si el mundo girara en torno a Ronald James y yo fuera ese gran estafador de cheques que estaba siendo perseguido.

Un amigo decidió llevarme de compras el viernes negro y terminamos arrestados en el condado de Harvey, Kansas. La fatalidad y la tristeza aparecieron cuando el intercomunicador de la policía sonó y me dijo que saliera del camión y pusiera mis manos donde pudieran verlas. Había al menos cinco autos de la policía, todos estacionados frente a nuestro camión, todos con la puerta del conductor abierta, todos los oficiales listos, y pensé para mí mismo, "¡qué lío estás otra vez, Ron James!". Cuando los oficiales volvieron a gritarme para que levantara mis manos sobre mi cabeza, miré mi camisa y me pregunté qué eran todas esas pequeñas luces rojas centradas en mi pecho. "Hola gente, ¿qué demonios está pasando aquí? No es como si hubiera matado a alguien ... ¡Acabo de publicar un cheque sin fondos!

Mientras caminaba hacia atrás, tuve mucho cuidado porque no quería tropezar con mis propios pies. ¡Si lo hiciera, creo que estos yahoos habrían confundido mis movimientos con otra cosa y me habrían disparado!

Increíble: solo había pasado un cheque sin fondos en la Dairy Queen local por cien dólares; los otros dos lugares no fueron para mi "tomar un cheque personal que, según yo, era una estafa de cheques de viajero".

Así que allí estaba, encerrado en el condado de Harvey, Kansas, sin nada a mi nombre, excepto otras listas de cargos y una fianza de doscientos ochenta dólares. No es gran cosa lo que dices, pero fue muy importante cuando quemaste todos tus puentes y no tienes dinero, así que me instalé.

Había algo muy sorprendente en ser encerrado. Después de que sucedió, siempre pensé en las declaraciones de "Ojalá pudiera tener" o el "Hombre, debería tener" o "si solo tuviera"; Sin embargo, hubo algo más que sucedió justo después del impacto de ser atrapado.

Fue, y sigue siendo, llamada la ventana de oportunidad para la rendición. Esa ventana fue de corta duración, siempre fue seguida por la autocompasión, y luego concluyó con algún tipo de resentimiento hacia uno mismo, alguien u otra cosa. La realidad te golpea y todo lo que puedes pensar es que tienes que salir de ese lugar si fue lo último que hiciste. Para mí, casi se convirtió en un juego de ajedrez.

La fianza del condado de Harvey se estableció de esta manera: no importa cuál sea su fianza, y para ser liberado bajo fianza, necesitaba que alguien lo firmara conjuntamente. Sin ningún teléfono celular en mi poder, no tenía pistas ni números de teléfono posibles para llamar, y los pocos números que podía recordar eran de mi primo Peanut, que todavía estaba molesto conmigo, y de un puñado de traficantes de drogas. Me encantó saber de mí. Definitivamente se sintió como un jaque mate con tan poco para continuar, así que mi siguiente movimiento fue formar una alianza con alguien de la cárcel.

En su mayor parte, era una víctima ambulante y estaba dispuesto a hacer casi cualquier cosa para salir de la cárcel. Ahora bien, si el robo estaba en tu corazón, que estaba en el mío, era fácil para ti aprovecharte y convertirte en una víctima.

Busqué a alguien que escuchara mi grito y cada vez que hablaba con alguien, se trataba de mi situación. Fue entonces cuando finalmente conocí al Sr. Match. Lo llamé así porque realmente era mi pareja. Se abrió paso, escuchó mi grito y luego se puso fuerte con una solución para mí. Se ofreció a que su esposa firmara en mi nombre para que yo pudiera salir.

Regla número uno: si suena demasiado bueno para ser verdad, ¡generalmente lo es! Sin embargo, estaba tan desesperado que nunca había considerado que el Sr. Match podría haberme jugado.

Para resumir, hice que mi hermana transfiriera todo su cheque de beneficios de desempleo a su esposa, que fue por ochocientos dólares. El acuerdo fue que pagué el dinero de la fianza más doscientos dólares a su esposa por su parte en el acuerdo, y el resto se destinaría al alquiler después de que me invitaran a quedarme en su casa.

Estaba claro que el Sr. Match no quería que yo saltara la libertad bajo fianza, ¡él condujo ese punto a casa! Sería más fácil para su esposa vigilarme si me quedara en su casa. También me dijo que su esposa no era broma y que era mejor que volara justo cuando llegué allí. Acepté y el trato estaba hecho ... bueno, al menos por mi parte.

Después de recoger el dinero, me dijeron que tenía que esperar hasta que su esposa viniera a buscarme. Esto, por supuesto, nunca sucedió y probablemente ya descubriste esa parte de la historia ... Sin embargo, no lo entendí tan rápido.

Esperé dos días, luego una semana, y luego al final de la segunda semana, la realidad se instaló y se hizo evidente que me habían tomado por tonto. ¿Cuál fue mi próximo movimiento? ¡Tenía calor y le iba a sacar una sección de la cabeza! Toda mi palabrería sobre cómo iba a arreglar a ese tipo me sacó del bloque. ¿Cómo pudo ese tipo ponerme así y escaparme con mis ochocientos dólares? ¿Qué le dio el derecho de robarme? ¿Quién era él para engañarme? Me sentí violada, avergonzada y llena de rabia y resentimiento ... ¡y quería sangre! ¡Observe nuevamente que me negué a responsabilizarme por ninguna parte!

No fue divertido cuando el oso tenía el arma. Odio decirlo, pero estaba experimentando solo un bocado de lo que había distribuido a cientos de otras personas desprevenidas de forma regular. ¿Quién era yo para pensar que estaba más allá de ser tomado? En su mayor parte, había perdido la mayor parte de mi vida debido a mis propias elecciones, así que no tenía a nadie a quien culpar sino a mí mismo.

Tomé mis lamidas y trabajé otro ángulo. Realmente quería que mi vida volviera a estar en línea con la buena moral y la vida adecuada; Sin embargo, estaba golpeado y había perdido tanto que no estaba listo para darle a Dios lo que él quería: la muerte de mí mismo. Me aferré a Ronald James con todas mis fuerzas y estaba lejos de dejarlo ir. Era tan egoísta que me aferré a lo que se me exigía para poder vivir.

Al aferrarme a Ronald James, lo estaba matando. Todo lo que tenía que hacer era rendirme, pero la tuya realmente frustraba todas mis buenas intenciones y planes positivos para vivir mi vida finalmente y completamente para Jesús.

Teniendo varios días para pensar qué hacer a continuación, hice algunas llamadas telefónicas; Me sentí optimista de que me rescatarían. Hice que la compañía de fianzas llamara a un amigo que les dijo todo lo que querían escuchar, y al día siguiente me llamaron a la oficina de Admisión para que el fiador pudiera cerrarme la sesión. Me encantó cuando surgió un plan ... ¿o no? Justo cuando pensaba que se había abierto la puerta a la libertad, parecía una vez más que mi pasado había vuelto para perseguirme.

Fue en Pennsylvania donde el Centro Nacional de Información sobre Delitos (NCIC) notó mi actividad en el estado de Kansas. Tenía varios cargos de cheques abiertos con los condados de Chester y Montgomery en Pennsylvania, pero nada que estuvieran dispuestos a perseguir individualmente. Comenzaron a trabajar colectivamente con Kansas y acordaron extraditarme de regreso a Pennsylvania. Tuve la suerte de que lo que podía salir mal, simplemente salió mal. Me mantuvieron en una celda de detención porque aparentemente la cárcel del condado de Harvey en Kansas estaba esperando una llamada telefónica de Pensilvania sobre si debía retenerme o dejarme ir.

Luego le pregunté al oficial si podía hacer una llamada telefónica para al menos informar a mis amigos lo que estaba sucediendo. Accedieron a mi solicitud y estuve agradecido de descubrir que mis amigos todavía venían a recogerme. Me senté en esa celda durante otra hora antes de tener una idea ... Oye, para eso estaban hechos los think tanks, ¿verdad?

Le pregunté al carcelero, que era una mujer blanca mayor y de aspecto severo, si podía usar el teléfono una vez más, alegando que no había podido conectarme con mis amigos para recogerme. Ella estuvo de acuerdo y una vez que me puse al teléfono, simplemente llamé a la prisión. ¡Has leído eso correctamente! Llamé a la misma cárcel en la que estaba y hablé con el carcelero de popa.

Mientras hablábamos, pude verla detrás del cristal. Todo lo que dije fue: "Sí, este es un detective del Estado de Pensilvania, no tenemos necesidad de Ronald James y puedes soltarlo o hacer lo que fueras a hacer con él". Gracias."

Antes de que pudiera colgar el auricular, el carcelero me gritaba que bajara el teléfono. Ella me dijo lo que ya sabía y quería escuchar. "James, Pennsylvania no te necesita, así que vamos a sacarte de aquí". Bueno … me desconecté, pagué la fianza, me dieron mi dinero en efectivo y volví a las carreras. Sí, me había escapado! Sin embargo, de lo que realmente necesitaba escapar era de mí mismo. Ronald James no iría a ningún lado excepto a la cárcel.

Dos semanas después de mi gran escape, me encontré de regreso por tercera vez en la prisión del condado de Sedgwick … esta vez por falsificación. Las dos visitas anteriores fueron por robo minorista y posesión de drogas, y en ambas ocasiones me dieron de alta al día siguiente.

Así que allí estaba en otra cárcel, en otro tanque de retención, y una vez más sentí pena por mí. Sin embargo, el Dios de la comprensión estaba allí para mí, pero aún no me daba cuenta de lo que tenía que hacer.

Nunca tuve la oportunidad de instalarme en la prisión del condado de Sedgwick. Antes de darme cuenta, estaba siendo arrastrado a la entrada para ser procesado fuera de su prisión. Como ya había estado allí y había hecho eso con esta prisión dos veces antes, conocía el simulacro y pensé que el Transcore estaba allí para extraditarme de regreso a Pennsylvania. Sin embargo, las cosas fueron diferentes esta vez.

Me condujeron a un avión y me acompañaron dos detectives, uno del condado de Chester y el otro del condado de Montgomery, y antes de darme cuenta, estaba justo en el medio de las granjas de prisiones del condado de Chester.

¿Por qué seguí sometiéndome a este círculo vicioso de dolor, esposas, grilletes, miedo a lo desconocido, tanques de retención, cientos de preguntas, registro despojado, fotografiado, huellas digitales, audiencias de fianza, comparecencias, conferencias previas al juicio, abogados, público defensores, jueces, alguaciles, más aislamiento, compañeros de celda, presos con máscaras, oficiales correccionales y guardias con actitudes, viviendo en un baño con otro hombre, durmiendo en un colchón de dos pulgadas de grosor y más y más preguntas ... y eso fue solo para entrantes ?!

Como en mi pasado, me encontré dentro y fuera de la cárcel con lo que parecía una serie diaria de nuevos cargos. Parecía que todos querían un pedazo de mí y me encontré en el Tribunal del Condado de Chester con los siguientes cargos:

Departamento de policía de Easttown Township: acusado de robo por toma o disposición ilegal, robo de servicios, robo de identidad, equipo ilegal de fabricación de dispositivos y falsificación. Luego me llevaron a los brazos del Departamento de Policía de Towamencin Townsmen: Para su conveniencia y la mía, me pidieron que trabajara con ellos y, si aceptaba renunciar a todas las audiencias ante los tribunales superiores, consolidarían todos mis casos. . Eso significaba que solo tendría que comparecer ante un juez de cuatro municipios del condado de Montgomery y todos sus cargos. Estuve de acuerdo y fue algo como esto:

Departamento de Policía del Municipio de Towamencin: acusado de robo por engaño, recibir propiedad robada, falsificación, cheques sin fondos y robo de identidad.

Departamento de Policía del Municipio de Lower Providence: acusado de 3 cargos de falsificación, 2 cargos de cheques sin fondos, robo por engaño, recepción de propiedad robada y robo de identidad.

Departamento de policía del municipio de Montgomery: acusado de recibir propiedad robada, 2 cargos de cheques sin fondos y 3 cargos de robo por engaño.

Departamento de policía del municipio de Whitpain: acusado de 2 cargos de falsificación, robo por toma o disposición ilegal, robo por engaño, recepción de propiedad robada, cheques sin fondos y robo de identidad.

El detective de la policía de Towamencin estaba tan contento con la forma en que fueron las cosas que se ofreció a invitarme a un almuerzo gratis. Conozca a esta gente ... ¡Nada es gratis cuando un oficial del sistema se lo ofrece a un prisionero esposado!

Me preguntó: "¿Qué tal un sabroso y jugoso filete de queso Philly, James?" Rápidamente dije: "Claro". Continuó con "¿Qué pasa con un refresco, también?" No dudé con un "Sí señor y que sea una Coca-Cola".

Normalmente, hubiera esperado comer cualquier comida en los confines de una celda de retención, solo o con los demás que también están en el tanque, pero por alguna razón, me trajeron el almuerzo y pude comer justo en frente a la otra policía y detectives.

No me di cuenta de que algo andaba mal, que estaban tramando algo, que me habían jugado ... eso fue hasta la mitad de mi sándwich, el oficial preguntó: "James, ¿cómo sabe ese sándwich?" Afirmé que era bueno, pero el sándwich era normal en el mejor de los casos y tenía un sabor extraño. Sin embargo, sabía que se necesitaban muchas cosas trabajando juntas para lograr un gran filete de queso de Filadelfia, así que pensé que era una tienda promedio donde la policía siempre había comprado el almuerzo.

El oficial continuó compartiendo información conmigo y me dijo: "James, ¿sabes que este sándwich de queso vino de la pizzería que robaste con esos cheques sin fondos?" Para entonces, había tomado otro bocado y pensé cuál podría ser la razón por la que me estaba diciendo esto.

Bueno ... mientras miraba al detective y a los otros oficiales que estaban sentados alrededor de la mesa, todos habían comenzado a reírse y reír. Recibí mi respuesta con solo un cuarto del sándwich restante. Me di cuenta de que algo andaba mal con mi emparedado y cuando lo abrí para investigar ... ¡oh, no, simplemente no hicieron eso!

No puedo decir con un cien por ciento de certeza, pero en mi opinión, lo que vi cuando abrí el sándwich parecía ser una mierda ... mierda de perro o mierda de gato que no sé, pero de cualquier manera fue una mierda ... en mi sandwich ... eso ¡Acababa de comer!

¡No es de extrañar que fuera gratis! ¡No es de extrañar que se estuvieran riendo! Mi interior comenzó a girar, pero mantuve la compostura. No iba a dejar que me vieran sudar y, desde luego, no iba a lanzarme, aunque eso habría sido un intercambio uniforme en lo que a mí respecta.

En general, supongo que merecía ese truco cruel, y tuve que comparar este incidente con la perspectiva de la vida en la cárcel en que eran más o menos lo mismo. Siempre tenías que mirar lo que le dijiste o le hiciste a alguien porque si no le gustaba, definitivamente podías contar con un montón de reembolsos ... ¡sin juego de palabras!

Pasé mi tiempo en el condado de Chester y el 5 de mayo de 2004 me mudé para completar mi detención en el condado de Montgomery.

Departamento de policía del municipio de Upper Gwynedd: acusado de recibir propiedad robada, conspiración criminal, robo, 2 cargos de posesión de un instrumento delictivo, armas ofensivas prohibidas, robo por extorsión, intimidación de testigo / víctima, robo por engaño, robo por intento de robo por engaño, y el intento de robo criminal al tomar o deshacerse ilegalmente. Parecía como si me hubieran acusado de todo menos del fregadero de la cocina.

El 16 de octubre de 2005, terminé mi detención en el condado de Montgomery y me transfirí a Hershey, Pennsylvania, también conocida como Chocolatetown USA ... el lugar más dulce del mundo. Uno pensaría que habría acceso gratuito a todos los besos de Hershey que quisiera, pero no exactamente, y eso fue una decepción ya que me encanta el chocolate.

Llegué allí para ingresar a un programa de rehabilitación de drogas y alcohol en Conowago Place con la esperanza de finalmente romper mi hábito de drogas. Completé el programa programado y luego me trasladé a Gate House for Men, una casa intermedia en Lititz, Pennsylvania. Estuve allí unos meses y pensé que tenía mi actuación juntos ... al menos actué de esa manera ... así que me otorgaron mi liberación y volví al mundo. Desafortunadamente, con o sin rehabilitación, me dejaron solo y, como has leído, eso nunca fue algo bueno. En unos meses, recaí.

Era el 17 de noviembre de 2006 cuando el Departamento de Policía de Manheim Township me reservó cargos relativamente simples de depositar un sobre vacío en la cuenta corriente de mi banco con la intención de retirar dinero que no estaba allí.

Después del proceso de reserva, me llevaron a la prisión del condado de Lancaster, donde traté de que alguien me pagara la fianza, pero finalmente me quedé sin recursos. Había hecho demasiado daño para que alguien se acercara a mí.

Entonces allí me senté; le dio tiempo al Condado de Montgomery para trabajar en todo el papeleo y, dentro de una semana, presentaron una serie de nuevas violaciones en mi contra. Las cosas se veían así:

Departamento de policía del municipio de Manheim: acusado de robo por engaño y 2 cargos por intento de robo criminal por engaño y robo de intento criminal por toma o disposición ilegal. Los cargos adicionales agregados fueron 2 cargos de falsificación e intento de robo por engaño, 5 cargos de robo de identidad y 10 cargos de conspiración criminal de robo de identidad.

Departamento de policía del municipio de Warwick: acusado de robo por toma o disposición ilegal, falsificación y robo por engaño.

Departamento de Policía de Lancaster: selló el acuerdo con nuevos cargos de fraude de seguros, falsificación no autorizada a las autoridades, informes falsos a las fuerzas del orden público y, por último, pero no menos importante, el

OPCIONES

Condado de Montgomery agregó 4 violaciones separadas de casi la misma descripción. Mi carrera criminal y mi estilo de vida finalmente habían llegado a su fin. Después de aproximadamente una semana de encarcelamiento, me di cuenta de que no iría a ningún lado pronto. Estuve en esto por mucho tiempo.

*"Si otros aprenden de nuestros errores y los salva
del dolor que nosotros mismos experimentamos,
entonces no todo fue en vano.*
                                   -Nuestro pan diario 15/03/12

OPCIÓN NUEVE
EL REY

¿Rey? ... Sí, rey ... Así que actúa como uno y vive como uno. Este grito se escucha fuerte y claro todos los días en mi alma. Después de la carrera que tuve, pensarías que ya era hora de que empezara a vivir como tal. Me llevó mucho tiempo y muchas opciones llegar a esta etapa del juego, pero finalmente lo hice.

14 de mayo de 2012 Fui liberado de prisión. Puedes preguntarte: ¿dónde está Ron James ahora? ¿Ha vuelto a sus viejas costumbres como siempre y se ha visto atrapado en las drogas una vez más? "Bueno, ¡odio decepcionarte, pero la verdadera historia de mi vida apenas comienza! Mi vida desde ese día se resume mejor con la canción "Changed" de Rascal Flatts:

'Finalmente pude ver a dónde iba
No soy el mismo hombre que era entonces
Me golpeé las rodillas, ahora aquí estoy
Ahí estaba, ahora aquí he cambiado "

Desde mi liberación, no he tomado una bebida alcohólica, no he buscado, perseguido o buscado drogas de ningún tipo. No he visto gente como un policía de tránsito, un oficial de admisión o un guardia interno ... ni el interior de ninguna estación de policía o prisión para el caso.

He conseguido un trabajo en una organización internacional de franquicias y he sido ascendido a director de un centro de llamadas dentro de esa organización. He experimentado la alegría de obtener y pagar honesta y legalmente un departamento y un auto nuevo. Estoy involucrado con Toastmasters International y he sido orador destacado en muchos eventos, incluso gané varios concursos y he sido elegido presidente de nuestro grupo local.

¡Tengo una mujer maravillosa a mi lado que conoce mi historia y me acepta por lo que soy hoy, y quiere estar conmigo por el resto de su vida! De hecho, ¡nos casamos el 21 de septiembre de 2013!

También he recibido buenas noticias ... no, buenas noticias de la Oficina de Libertad Condicional. He sido liberado del Departamento de Correcciones y ya no debo informarles diariamente. ¡Soy libre de vivir mi vida, en mi propio departamento, haciendo obras para Dios y mis vecinos todos los días! Estoy verdaderamente bendecido y agradecido con todos los que hablaron en mi nombre y participaron para hacer que esta libertad condicional suceda.

Quiero vivir como un rey ... El Rey ... todos los días de mi vida por el resto de mi vida, y eso es todo lo que quiero para ti también. Las elecciones que haga lo permitirán si solo las deja.

América, la hermosa tierra de oportunidades para todos, y quienes tienen la suerte de trabajar en el país más grande del mundo saben que el sueño americano está al alcance de todos. Parte de ese sueño es ser financieramente independiente y eso se logra de varias maneras.

Ser propietario de su propio negocio, en mi opinión, sería la forma más fácil de lograr la ganancia inesperada del éxito. Mi sueño era tener éxito a través del estado de King Pin. Otros de ustedes pueden preferir las palabras jefe, CEO, presidente o fundador, pero para mi analogía, juguemos con la palabra King Pin. Bueno, tal vez solo la palabra "rey", ya que el propietario es técnicamente el rey de su negocio.

Es su responsabilidad asegurarse de que las cosas funcionen y funcionen con sinergia. Un rey necesita un reino

OPCIONES

para conducir sus asuntos ... seguramente, ¿de qué sirve un rey sin un reino? Si no tiene dominio, no tiene reglas y su autoridad no tiene sentido, sus órdenes no tienen sentido. Sería soberano sobre su propia sombra y eso era solo cuando el sol brillaba. Hay algo incrustado en lo profundo de cada uno de nosotros que nos impulsa a querer ser rey y tener el control de, si nada más, su propia vida.

Para mi ejemplo, usa tu imaginación y comparte conmigo la imagen del tablero de ajedrez. Parece apropiado usar esto como una comparación, ya que definitivamente encuentras un rey allí. El juego de ajedrez consta de treinta y dos piezas, dieciséis para cada jugador y, por supuesto, cada lado tiene un rey, su reina, dos torres, dos caballeros, dos castillos y ocho peones.

Tontamente, la mayoría argumenta que la reina es la pieza más importante en el tablero debido a su movilidad, que interpretan como poder. Sin embargo, la reina en realidad tiene menos valor que el rey, y el juego puede continuar sin ella.

En contraste, el juego cesa sin el rey; por lo tanto, sería considerado la pieza más importante en el tablero.

Estratégicamente, el juego tiene muchas facetas; sin embargo, está configurado para que un lado finalmente conquiste y derrote al rey del lado contrario. Para que el rey sobreviva y permanezca de pie, todas las piezas son temas de juego. Esto también incluye el sacrificio de la reina, si es necesario.

Si nunca has jugado el juego, intentaré proporcionarte una mejor comprensión del juego. Si ha participado en el juego o en un acto de guerra (ajedrez), sabe que hacer su próximo movimiento su mejor movimiento es la manera de mantenerse a la vanguardia y ganar el juego. Digo esto porque la mayoría de las personas que juegan al ajedrez saben lo que es ganar. El rey entiende ganar porque ganar es el único nombre del juego para él.

Ahora usemos nuestra imaginación una vez más y veamos la vida como este gran gran tablero de ajedrez. Mejor aún, vamos un paso más allá y consideremos la vida como un número ilimitado de tableros de ajedrez en los que cada persona tiene que jugar.

A medida que una persona se mueve a lo largo de su vida, se encuentra en una serie de tablas que llamaremos vida cotidiana. Cada persona tiene la opción de jugar en cualquiera de los tableros que elija. Algunas de las juntas tienen títulos para ayudarlo con su selección, pero de ninguna manera son representativas de todas las oportunidades de la vida.

Ser un padre para sus hijos, un padre productivo, un modelo a seguir dentro y alrededor de su comunidad, permanecer en la escuela, graduarse de la escuela secundaria, avanzar a la universidad, comenzar una carrera, servir en nuestras fuerzas armadas, casarse, tener hijos, invertir, crear e inventar cosas, ser dueño de su propio negocio, practicar deportes, ser artista, cantante o pintor. Estas son todas las opciones disponibles para cada uno de nosotros todos los días. ¿Cuál eliges? Con tantos por ahí, ¿cómo comienzas a tomar estas decisiones?

Luego está el otro lado, el lado inmoral con una serie de tableros para jugar también. Las calles, la prostitución, el proxenetismo, los juegos (estafa), la violencia de pandillas, la venta de drogas, el robo, los tiroteos, el comercio interno, la malversación de fondos, el robo al por menor, el robo de identidad, el robo del empleador por horas o la mercancía... La lista podría continuar, pero usted obtiene mi punto.

Algunos pueden decir que la mano con la que fueron repartidos en la vida no fue una mano justa y que es el único tablero en el que tienen que jugar. Además, hay un número infinito de factores que podrían ayudarlos o evitar que hagan cualquiera de las cosas enumeradas anteriormente: pro, con o ambas. La riqueza, el entorno, la clase social, el estado, la educación, la cultura, las habilidades y una serie de otras cosas de una persona pueden ser factores en el juego, dependiendo del tablero que elijas. Sin embargo, el libre albedrío es SU opción junto con la voluntad de Dios en todo.

Mi pensamiento principal aquí es expresar el hecho de que si aprovechamos todas nuestras habilidades creativas, recursos y pasiones que nos impulsan, al tiempo que reconocemos el propósito de Dios para nuestras vidas, podemos vivir nuestras vidas como reyes y jugar en el único tablero que importa .

Eso significa eliminar el pecado y la iniquidad, junto con nuestros deseos egoístas de servir a la carne con la lujuria que el mundo tiene para ofrecer, y hacer lo correcto por las razones correctas. Para mí, eso significa servir a los demás, porque los verdaderos reyes hacen lo que pueden para cuidar de sus reinos. Buscan ayudar a otros y finalmente glorificar al Rey de Reyes (Mateo 22:37). Por lo tanto, un rey es solo un rey cuando realmente cree y glorifica al Rey.

Finalmente me entregué a mí mismo y tomé la decisión de glorificar a Dios. He hecho mi próximo movimiento mi mejor movimiento y es servirlo. Cualquiera que esté dispuesto a mirar no solo mi vida pasada de malas elecciones, sino a sí mismo y a quienes lo rodean, con perdón y gracia, se convertirá en el rey en el que has sido llamado a convertirte.

Hay innumerables tableros para elegir, pero una vez que elijas jugar para King of Kings, ¡ganarás! El tablero en el que elegí jugar es "Ama a tu prójimo como a ti mismo" (Mateo 22:39) y cada día tomo decisiones en torno a esta decisión de que nadie merece ser tratado menos de lo que yo quiero ser tratado. Rezaré por cualquier persona que sufra dificultades, que necesite bendición, salud o apoyo emocional. Haré que mi misión sea tratar a todas las personas que conozco con respeto, lo merezcan o no, porque así es como Dios amó y cómo quiere que amemos a nuestro prójimo.

Mi madre, MiMi, dijo una vez: "Ronnie, amas mucho". Lo que ella quiso decir es que tengo un impulso interno, una pasión y una determinación de seguir adelante para obtener lo que quiero. Me llevó mucho tiempo resolver esto, ya que la mayor parte de mi vida la había pasado complaciéndome. Ahora que me he rendido y he elegido jugar para el Rey, toda esa energía se destinará a servirte, mi vecino ... ¡Mundo, ten cuidado!

"No puedo cambiar el pasado, pero soy completamente responsable de las acciones y las decisiones que tomo ahora y en el futuro y haré una restitución viva".
                                                                -Autor desconocido

OPCIÓN DIEZ
CONCLUSIÓN DE LAS OPCIONES

No pretendo ser un profeta o alguien que pueda leer en el futuro. Sin embargo, creo que han sucedido ciertos eventos en mi vida para preparar el escenario para mi conciencia, comprensión y claridad de aquellos que son espiritualmente ciegos, sufren adicciones y luchan contra el problema del yo para ayudarlos a reconocer lo que son. hacer o la forma en que viven es moralmente incorrecto.

Cuando comencé mi carrera en la cárcel en Pensilvania en 1986, era ajeno a la vida en prisión de primera mano, pero no ignoraba la mentalidad que me rodeaba: egocentrismo y egoísmo. La mentalidad de los prisioneros era "mantenerse a sí mismo, ocuparse de sus propios asuntos, mantener los ojos abiertos, mantener la boca cerrada y respetar a los demás".

La mentalidad correccional era "si una persona quiere ayuda, se la proporcionaremos". Aparte de eso, el alcance de lo que proporcionaron fue que todos estaban vestidos, bien alimentados y tenían un lugar para dormir. Una vez que se pagó la deuda con la sociedad, se aseguraron de que la persona fuera liberada. La mentalidad de la sociedad era "cualquiera y todos pueden cometer un error".

Sin embargo, algo sucedió para cambiar la mentalidad de los tres sistemas: prisionero, prisión y sociedad. Drogas, principalmente cocaína, se vertieron en nuestras calles, nuestras comunidades y nuestros hogares. Una vez que el hombre rico estaba drogado, ahora estaba disponible para el Joe promedio por tan solo cinco diez dólares. La oferta tuvo que mantenerse al día con la demanda y miles y miles de personas se convirtieron en traficantes de drogas durante la noche. Luego se introdujo la cocaína crack y fue un nuevo juego de pelota. Los traficantes de drogas ya estaban listos para ser peones.

Entre heroína, cocaína en polvo y crack, los medios tuvieron un día de campo. Crearon miedo en los Estados Unidos convencionales al mostrar las alocadas acciones del drogadicto y adicto. Los políticos y los medios de comunicación pintaron una imagen de una epidemia fuera de control, que resultó en una declaración de la guerra contra las drogas. Recuerde, el gobierno, los mismos que permitieron la entrada de toneladas de drogas a nuestro país, creó la guerra.

Detengámonos aquí por un momento y reflexionemos sobre ese comentario … ¿está sucediendo algo detrás de escena que los estadounidenses deberíamos saber? ¿Por qué los principales jugadores en el juego de las drogas, mejor conocidos como el gobierno, intercambian armas con países que comercializan en masa toneladas de venenos, mejor conocidos como drogas, que terminan inundando nuestro país, calles y vecindarios?

¿Cómo es que estos mismos medicamentos están disponibles para un grupo de personas oprimidas? ¿Las películas y la televisión han creado modelos falsos para imitar? ¿Cómo demonios aterrizaron Ann Walther, Smith y Western, Colt, Glock, armas automáticas y una gran cantidad de otros en manos de las mismas personas oprimidas? ¿Por qué los medios asustaron a la luz del día fuera de la corriente principal de los Estados Unidos con sus historias constantes sobre los carteles de la droga, el tráfico de armas a cambio de drogas, los adictos corriendo como locos por las calles?

La declaración política de guerra contra las drogas creó un montón de peones caídos en el tablero de ajedrez de otra persona. Su declaración creó una necesidad de dinero: más protección contra la violencia del narcotráfico y más cárceles para albergar a los delincuentes de esa violencia. ¿Por qué ... porque todo el juego de drogas fue provisto por el gobierno, y ahora era ese mismo gobierno dando discursos sobre qué tan malas eran las drogas y que todas las personas malas necesitaban encerrarse? Se convirtió en el juego de nosotros (prisioneros) contra ellos (todos los demás).

En el proceso, millones se volvieron adictos y no solo estoy hablando de drogas. El estilo de vida también; creando así más empleos para jueces, secretarios, abogados, agentes judiciales, oficiales del condado, alguaciles, oficiales correccionales, políticos, detectives, policías, defensores públicos, trabajadores de la construcción para construir más cárceles, más de todo para procesar a más personas malas, etc. Un verdadero impulso en nuestra economía; Sin embargo, una vez que las cárceles crecieron, la mentalidad cambió.

Los prisioneros que estaban encerrados eran niños y adolescentes, y las leyes habían cambiado a aquellos jóvenes de catorce, quince, dieciséis o diecisiete años que son fácilmente certificados como adultos, clasificados como delincuentes mayores y enviados al estado por delitos violentos para cumplir términos de año tan drásticamente. alto podrían ser números que verías en un partido de baloncesto de la NBA.

Sin embargo, en la mayoría de los casos fueron condenados a vida o muerte. Estos adolescentes amargados que compraron la mentira no tenían padres, o la falta de ellos por una razón u otra, estaban resentidos y llenos de ira. En algunos casos, les dicen a los tribunales y a sus víctimas que se jodan. Han mostrado poco o ningún respeto por la autoridad y han convertido la mentalidad de la vida en la prisión en una actitud de tipo "F-it". Todo por egoísmo.

La mentalidad de la corrección se ha centrado estrictamente en los números, y cualquier programa ofrecido por ellos no es voluntario ni forzado para el recluso, quien se resiente del hecho de que alguien le diga qué hacer. Sus padres no estaban allí para decirles, ¿por qué deberían escucharte?

Estos programas simplemente no funcionan, por lo que la principal preocupación de la corrección se convirtió en la seguridad y en cuidar a la mayoría de las personas en la cárcel por delitos relacionados con drogas. Esto, en mi opinión, tiene millones y millones de dólares de los contribuyentes que se desperdician.

La mentalidad de la sociedad se ha convertido en miedo. Son esos y ellos a los que se apuntan los dedos. El delincuente y el delincuente son tratados casi como si tuvieran una enfermedad mortal. Ya no se considera a los que son víctimas del sistema (por opción o por casualidad) como ciudadanos de todos los días. No, ahora no, su imagen mediática es delincuente, criminal, ex delincuente; Una clara separación entre clases.

Aquellos con registros ... nosotros o ellos, como quiera que lo vean, la mentalidad es encerrarlos y mantenerlos encerrados, demonios ... tirar la llave.

El futuro como lo veo es el infierno. Si eliges no creerme, no es mi culpa. La mentalidad del prisionero ve la injusticia, oye acerca de la injusticia y la siente porque está justo en medio de ella. Está derrotado, cansado y atrapado. Sus gritos ya no se escuchan, y cualquier intento de hablar se trata con repercusiones extremas como si fuera un terrorista armado.

Ahora, no estoy diciendo que no hay esperanza, ¡no! La esperanza es lo que me ha mantenido vivo y me ha animado a mí y a otros en la dirección del cambio positivo. Lo que digo es el resultado de lo que veo es la esclavitud moderna, tanto mental como corporal.

Los prisioneros están en un sistema que se conformarán o superarán al máximo: los años de sentencia serán tan altos que significará una cadena perpetua. ¿Quién quiere eso?

OPCIONES

La mentalidad de las correcciones: construir nuevas cárceles y vendrán. Las nuevas leyes dictarán que los que tienen delitos sexuales deberán ser monitoreados las veinticuatro horas del día, los siete días de la semana de por vida. Comenzarán a usar chips de tipo GPS para rastrear el paradero de estos delincuentes. Estas fichas se incrustarán en la piel de una persona y se le dirá que es indoloro y no es un gran problema, pero para ser liberado, llevará este chip para que podamos rastrear cada movimiento. Esto se trasladará a los delincuentes violentos y, por último, a todos los delincuentes. Su única opción será aceptar este dispositivo o maximizar (cadena perpetua)

La prisión aceptará estos contratos federales o estatales recién formados debido al dinero que se puede generar. La mentalidad de la sociedad estará en línea. ¿Por qué deberíamos pagar por estos criminales por más tiempo? Son la otra clase, o separada. Nos hacen daño, nos roban, violan las leyes y gravan nuestros impuestos. Los políticos que buscarán aprobación y opción o reelección aprobarán nuevas leyes para todas las personas en prisión para campos de trabajo, fábricas, industrias, granjas o cualquier otro lugar donde puedan beneficiarse del trabajo de los reclusos.

Pagarán a cada preso un salario por su trabajo de centavos a unos pocos dólares por hora. Ahora nuestro gran país podrá competir con México, China y otros países extranjeros y sus fuerzas laborales. Podremos crear productos a un costo muy bajo, impulsando nuestra economía aún más.

Además, ¿para todos esos ilegales a quienes les gusta cruzar la frontera? ¡Tenemos algo para ti también! ¡Llegado uno vienen todos! Algunos podrían decir que esto nunca sucederá. Bueno, odio darte la noticia, pero ya está vigente.

Hay personas que están desempleadas, perdiendo sus hogares y todo lo que han dedicado toda su vida a lograr. Los precios de la gasolina son altísimos y el costo de vida ha aumentado. No tienes idea de lo que la gente hará bajo presión y estas cosas y otras solo se sumarán a los números que normalmente enfrentarían, sin embargo ahora se encuentran frente a un juez, o peor aún ... en prisión.

Entonces, cada estado se declarará en bancarrota, lo que los obliga a hacer recortes en todos los niveles, y creo que uno de estos recortes que veremos será dejar ir a los prisioneros ... pero esto será solo para activar algo que está ocurriendo en el panorama.

Cuando veamos este movimiento masivo para liberar prisioneros en los Estados Unidos (estado por estado), entonces busquemos una ola de nuevos crímenes que los medios exagerarán. El temor moverá a la corriente principal de Estados Unidos al pánico, presionando así a los funcionarios electos para sellar el acuerdo, lo que justifica el gasto por la necesidad de más y más cárceles ... y será este ciclo de personas que comenzarán a trabajar como esclavos.

Tenga cuidado, lo que parece una solución sobre qué hacer con los ex delincuentes se convertirá en cientos de campos de esclavos en todo Estados Unidos. Es hora de despertarse, encontrar y aceptar el propósito de su vida y glorificar a Dios.

Mi último intento de mostrar mi punto de vista sobre el futuro de la prisión es este: ¡la cárcel no es divertida! Veo el daño que me ha causado a mí y a otros. Si está encerrado, corre el riesgo de perder su riqueza, salud, reputación, posición, seguridad, familia, amigos y mucho más.

Ya no puedes proteger las cosas de la vida que son importantes o valiosas para ti. Lo que sea que haya visto retratado en la televisión sobre la vida en prisión NO INCLUSO se acerca a su realidad. Es mucho peor, y no tienes idea de cómo los humanos pueden tratar o maltratar a otros; Es indescriptible.

No vengas a la cárcel. Si lo haces, te espera un largo recorrido. Sí, usted que engaña a sus impuestos; quien sigue conduciendo borracho; la persona que brinda información falsa a las compañías de seguros; todos aquellos que roban de su trabajo; robo de empleados; el consumidor de drogas; la persona que pone sus manos sobre las personas; el cónyuge abusivo; la persona que dice algo fuera de orden o que amenaza a un policía o agente de la ley; el traficante de drogas; levantador de tiendas; delincuente sexual; o cualquier pequeña cosa que viole la ley ... y amigo, te encontrarás en un campo de trabajo de la prisión.

Es hora de ser apartado y vivir vidas productivas para glorificar a Dios. Ahora hágase esta pregunta: "¿Quiero ir a la cárcel hoy?" Si está pensando en hacer algo inmoral o que infrinja la ley, pregúntese: ¿Quiero ir a la cárcel hoy? Su respuesta no es importante para mí, pero su opción es ...

SOBRE EL AUTOR

Ron James, un orador y autor muy solicitado, enseña, entretiene e inspira al público de todas las edades. Su experiencia de hablar en Toastmasters International le brinda la capacidad de ofrecer presentaciones humorísticas, pero al punto. Sus palabras hacen que el oyente se emocione con lo que está escuchando y, por lo tanto, piense en las circunstancias que rodean su propia vida o la vida de las personas cercanas a él.

Se basa en más de 25 años de experiencia para enseñar a las personas cómo tomar mejores decisiones. Sus programas sobre eventos de la vida, junto con un enfoque directo y asustado de las duras realidades de la prisión, le abrirán los ojos a un lugar cada vez más fácil de acceder, pero extremadamente difícil de abandonar. Ron incita a las personas a decidir sobre opciones mejores y más sabias para la vida cotidiana.

Hoy en día, los discursos, seminarios, talleres y eventos de capacitación principales de Ron atraen a muchos públicos diversos, desde estudiantes de primaria hasta los empleados minoristas y equipos de administración de "Big Box", y de padres a profesionales.

Su libro, CHOICES, nació como una forma de inspirar y ayudar a cambiar vidas.

Ron vive en el centro de Pensilvania con su esposa Annie y sus familias mezcladas.

Si esta historia te ha conmovido o inspirado de alguna manera, avísanos. Estamos aquí para escuchar sus historias y compartir sus momentos que cambian su vida porque cada opción tiene una consecuencia: queremos que disfrute plenamente de los beneficios positivos que conlleva una buena opción de vida.

Ron James está ansioso y dispuesto a participar en conferencias y asambleas de cualquier tamaño. Desde las notas clave hasta el Coaching de vida, el contenido se personalizará y se entregará para satisfacer las necesidades específicas de su organización.

Ron James compartirá sus experiencias con cualquier persona, desde el aula hasta la sala de juntas, y los talleres pueden incorporar actividades en grupos pequeños, juegos de roles, estudios de casos, videos, estadísticas y preguntas directas. Los materiales de presentación incluyen historias situacionales a medida y libros más vendidos.

Para obtener más información sobre la reserva de Ron James para su próxima reunión, capacitación o presentación:

Visita ronljames.com
Correo electrónico ron@ronljames.com
Llama al 717-433-2551
Únete a Ron en Facebook Choices with Ron James

Choices: Lessons Learned from a Repeat Offender Censored

Ronald James knows about choices, both good and bad. Unfortunately, he also knows all too well about the personal cost and tragic results that bad choices bring. After spending more than twenty-five years of his life incarcerated in a nine-by-nine cell with nothing but an uncomfortable bed, a steel toilet and sink, and a roommate, James learned one important lesson: choices determine destiny.

With a determination to help others make better choices, James chronicles his emotional, heartfelt, amusing, and thought-provoking journey through his personal battles, decisions, and the consequences that led him to pay the ultimate price with his life and time. As he details his experiences from an early age, James provides insight into how he developed a survival mode of thinking that evolved into a powerful tool of manipulation. He began to believe in his own lies and became deceitful in order to remove himself from tight situations.

While reflecting on his own path through life and the chain of events that eventually led to his downward spiral, James encourages and empowers others to learn from his mistakes, consider their choices, and trust in God to experience a life greater than ever imagined.

Choices is a compelling, inspirational autobiography that shares life-changing wisdom for anyone who wants to begin making better choices today.

Censored
Retail: $23.95
ISBN: 978-1-945169-07-6

Uncensored—Original Version
Retail: $23.95
ISBN: 978-1-945169-06-9

A Year of Choice A Year of Change: Success Made Easy Through Monthly, Weekly, and Daily Practices

The goal of this book is to allow you to see yourself as I see myself, which is AMAZING, so you may pursue your dreams of becoming Successful (capital S). The rules are simple: Week 1, days 1-7 Allow me to speak into your imagination so that I can help you See it! (See your thoughts) Week 2, days 8-14 Discover each of your dreams and follow them when you Say it! (Say the words that bring life into your being) Week 3, days 15-21 Discover each of your dreams and follow them when you Speak it! (Speak life into your being) Week 4, days 22-the end of the month Become yourself when you Be It! (Walk your life out as you see it) As you reach your goals and grow into your new self, spend time with the new you. Be there for you and your family (If that means less or no time for TV, entertainment, and unfruitful vices, then so be it!) See It — Say It — Speak It — Be It This is your time. Your year. A Year of Choice, A Year of Change. Are you ready for your Success?

Retail: $19.99
ISBN: 979-8-645717-90-2

Living in Your Next Choice

Have you ever faced a situation or a problem that was monumental in your life? Instead of running away or giving up. You make the choice to meet that challenge head-on and after countless hours and hard work, you find yourself victorious! That's what "Living in your Next Choice" is all about. It's the resolve of what life is all about after you've made a wise choice. Now! What will you do with your next Choice?

Retail: $10.95
ISBN: 978-1-945169-08-3

CHOICES BIBLE STUDY

This Bible Study is for you to dig deeper into the themes presented in the book and movie.

Retail: $10
ISBN: 978-1-945169-09-0

CHOICES WORKBOOK

This Workbook is designed specifically with classrooms in mind. Teachers can utilize this tool with their students in broaden the
concepts found in the movie and book as our nation faces a critical epidemic.

Retail: $10
ISBN: 978-1-945169-10-6

Life Coaching

I am a son, a brother, a friend, an employee, a husband, a father, a published author, a productive member of our society, a business owner, a partner, an entrepreneur, the co-founder of The Your Choice Foundation and Philanthropist, and now travel the world as a Keynote and Motivational Speaker ... "make your next choice your best choice. "

Focus Areas:
- Addiction
- Couples Counseling
- Teenager Issues

Anger Management
It is the hope to help individuals see themselves in a different light. Moving from where they are at to where they would like to be once a person has seen what it is they want, he helps them understand that it is their own inner voice that speaks to them to form their own belief systems that eventually they will follow. This transformation is a process that is well worth it.

Speaker

The person I am today is not the person I was back then.

I was released from prison on May 14, 2012. Since that day I have not had an alcoholic drink or chased after drugs of any sort. I have not been arrested or detained for breaking the law. As a published author I've been invited all over the United States as a motivational speaker. I have experienced the joy of legally obtaining and paying for my home and a new car. I have been involved with Toastmasters International as a featured speaker, won speech competitions, and been elected club president. I have a wonderful wife by my side who knows my story, accepts me for who I am today, and wants to be with me for the rest of her life! We enjoy a blended family that includes four children and three grandchildren.

How did that complete change happen? The answer is: CHOICES – good, conscious, moral choices – and a relationship with a loving and merciful God. There are countless bad choices to be made every day, just as there are countless good choices. The choices you make today will determine your tomorrow. So make your next move your best move. Make your next choice your best choice.

CHOICES, The Movie

Please visit our website to learn more about the movie and connect with us on social media to receive updates.

www.ChoicesMovie.org

Your Choice Foundation's goal is to enrich individuals to build on their gifts to empower others.

Please send your support for this mission to:

Your Choice Foundation
1245 W Princess St.
York, PA 17404

717-850-3538

www.YourChoiceFoundation.org